이슬람경제의 이해(1)

-이란의 경제정책과 말레이시아 산업정책-

정영규 저

연경문화사

KAZAKHSTAN
Aqtau
(Aktau)
UZBEKISTA
Nukus
Caspian
Sea
(lowest point in
Europe, -28 m)
Dasoguz
MOUNTAINS
AZERBAIJAN
Sumqayit
Baku
Yerevan
Türkmenbasy
TURKMENISTAN
Balkanabat
Turkmenab
GARAGUM
KOPPEH DAGH
Ashgabat
Mary
Tabrīz
Lake
Urmia
Rasht
Zanjān
ELBURZ MTS.
Qolleh-ye
Damāvand
Mashhad
Qazvin
Tehrān
Kirkuk
ZAGROS MOUNTAINS
Qom
Arāk
Kermānshāh
dad
DASHT-E LŪT
Eşfahān
IRAN
Q
Ahvāz
Kermān
Nāşirīyah
Abādān
Al Başrah
Zāhedān
Shīrāz
Kuwait
KUWAIT
Būshehr
Ḩafar
al Bāţin
Bandar
'Abbās
Persian
Gulf
Al Jubayl
Strait of
Hormuz
Ad Dammām
Manama
Dhahran
BAHRAIN
QATAR
OMAN
Dubai
Doha
Gulf of
Oman
Abu
Dhabi
Riyadh
Muscat
UDI
UNITED ARAB
EMIRATES
no defined
boundary
De Facto Boundary
ABIA
OMAN

Guangzhou
Shantou
Nanning
Hong Kong S.A.R.
Hanoi
Zhanjiang
Haiphong
LAOS
Vientiane
Vinh
THAILAND
Nakhon Ratchasima
Bangkok
Hue
Da Nang
VIETNAM
PARACEL ISLANDS
South China Sea
CAMBODIA
Phnom Penh
Nha Trang
Ho Chi Minh City
SPRATLY ISLANDS
Manila
PHILIPPINES
Iloilo
Cebu
Bacolod
Zamboanga
Kota Kinabalu
Bandar Seri Begawan
BRUNEI
Ipoh
MALAYSIA
Kuala Lumpur
Melaka
Singapore
SINGAPORE
Kuching
Pontianak
Celebes Sea
Manado
Samarinda
Palu
Sumatra
Palembang
Banjarmasin
Kendari
Makassar
Java Sea
Jakarta
INDONESIA
Semarang
Bandung
Surabaya
Denpasar
Kupang
Christmas Island
Ashmore and Cartier Islands
Indian Ocean

머리말

세계경제질서는 1980년 중반 이후 구소련의 붕괴로 동서 간 이념대립과 냉전체제가 종식되면서 경제적 이해관계에 따라 급속히 재편되는 양상을 보이고 있다. 특히 세계경제는 1995년 범세계적 차원의 무역자유화를 추구하는 세계무역기구(WTO)체제가 정식으로 출범하면서 다자주의 기능이 크게 강화되었음에도 불구하고, 미국 EU(유럽연합) 일본 등이 세계경제의 주도권을 놓고 각축을 벌이는 과정에서 지역주의가 오히려 심화되는 이율배반적인 모습을 보이고 있다. 이런 상황에서 세계경제는 각국의 자유화 및 개방화 정책, 운송수단의 발달, 정보·통신기술의 획기적인 발전에 힘입어 국가 간 무역 및 투자가 활발해졌다. 이로 인해 기업의 경제활동은 범세계화 경향을 띠게 되었고 이를 지원하기 위한 국가 간 경제협력도 크게 강화되었다.

앞으로 세계경제는 다자주의 원칙에 입각하여 범세계적 무역자유화를 추구하는 WTO 체제가 큰 틀을 유지하겠지만, 그 주도권 쟁탈과정에서 지역주의가 심화·확대되어 미주경제권, 유럽경제권 및 동아시아 경제권의 3극 체제를 형성해 나갈 것으로 보인다. 이러한 지역주의의 심화·확산은 역내국과 역외국뿐만 아니라 역내국간 비교우위 현상도 바꾸어 놓음으로써 역내국과 역외국의 교역 및 산업구조의 변화를 초래하여 대외 통상 및 산업정책에도 영향을 끼치게 된다.

| 머리말 |

최근 세계경제의 개방화 및 운송수단의 발달, 정보통신기술의 발전과 개방으로 인해 국제금융시장에서의 금융거래가 완전 개방되고 그 결과 상당한 폐해를 입는 부작용이 국제금융시장에서 나타나고 있다. 오늘날 동남아시아를 강타한 국제금융 위기와 한국금융위기의 심각성을 고려해 볼 때 앞으로 국제경제현상에 신속히 대처하지 않으면 한 국가의 생존 자체가 어려워지는 것이 국제적인 현상이라고 할 수 있다.

한편 빈약한 우리나라는 부존자원과 협소한 국내시장으로 인하여 대외지향 적 경제성장 전략을 구사할 수밖에 없는 입장이다. 그 결과 동북아지역의 정치·경제적 특수성으로 인해 개방적 지역주의를 천명하고 있는 APEC의 일원으로만 참여하고 있을 뿐 세계경제의 지역주의화 움직임에 소극적으로 대처함으로써 상당한 불이익을 감수하고 있다. 따라서 우리나라는 원자재 확보차원에서 가장 중요한 지역인 중동에서 세계 2위의 원유및 가스수출국인 이란과 동남아시아 국가중에서 IMF 사태 이후 지속적으로 경제가 발전하고 있으며 이슬람국가의 하나인 말레이시아 등을 한국의 경제성장과 원자재확보차원에서 교두보를 확보할 필요성이 증가하고 있다. 이에 현재 우리나라와의 정치적·경제적 유대관계, 경제적 상호보완성 등을 고려하여 볼 때 이란과 말레이시아가에 대한 연구가 부족한 상황이다.

| 머리말 |

이란은 한반도의 7.5배 정도의 큰 영토를 지니고 있고 세계원유 및 천연가스 수출에서 세계 2위를 차지하고 있으며 OPEC국가중 반미의 대표적인 국가이기에 한국의 입장에서는 경제성장과 원자재 확보차원에서 매우 중요한 국가의 하나이다.

한편, 말레이시아는 1997년에 발생한 외환위기의 영향에도 불구하고 고도성장을 구가하고 있으며, AFTA를 실질적으로 주도해 나가고 있는 나라이기도 하다. 또한 원유, LNG, 임산물 등 많은 천연자원과 저렴한 노동력을 보유하고 있어 풍부한 자본과 기술을 지닌 우리나라와 경제적으로 상호보완성이 높기에 우리 기업들이 AFTA에 진출하기 위한 생산거점을 구축하는 데 유리한 경제 환경을 갖고 있다. 이에 우리나라는 중동 및 AFTA의 진출 거점 국으로 적합한 국가중 하나인 이란과 말레이시아의 경제에 대한 체계적인 연구가 필요하다.

그러나 이러한 경제적 이유의 필요성에도 불구하고 중동 및 동남아국가 경제에 관한 연구는 매우 부족한 실정이다. 최근까지 정부는 지역연구의 필요성을 인식하여 각 대학교에 지역연구를 활성화시키기 위한 재정 지원 및 기타 지원을 하였으나 지역연구 자체의 특수성으로 인하여 체계적인 연구 및 성과가 미흡한 실정이다.

한편, 지역연구를 심도 있게 추진하기 위해서는 첫째, 경제학 또는 일반 사회과학의 이론체계와 방법을 알아야 한다. 지역연구는 사회과학의 개념이나 이론체계를 원용해야 하기 때문이다.

둘째, 지역연구대상 국가 및 지역에 대해 정통해야 한다. 즉 그 지역에 대한 관심과 공감, 그 지역에서의 체제 경험, 그 나라 국민의 가치관, 친구 등 인맥관계와 어학 능력이 필요하다. 또한 그 지역에 대한 전문적인 개설서가 필요한 실정이다.

따라서 본 저서는 중동 및 동남아의 지역을 연구하는 학생들을 주 대상으로 하는 개설서로서의 그 의미가 있다. 또한 이란과 말레이시아로 진출하는 기업 및 관련 종사자, 그리고 이 지역에 관심 있는 사람들에게 경제상황을 조금이나마 이해시키는 데 도움을 줄 것으로 기대해 본다.

제 1편(제 1장 및 제 2장) 에서는 이란의 일반경제 환경과 최근 경제동향을 다루고 있다. 3장에서는 외국과의 경제협력 현황 및 확대방안을 살펴보고자 하였다. 제 2편에서는 말레이시아 투자환경과 경제정책에 대해 설명하고 있다.

본서는 한국학술진흥재단의 지원비에 의해 연구되었으며 이 책이 나오기까지는 많은 분들의 도움이 있었으며, 특히 본서의 출간을 기꺼이 허락해 주신 연경문화사의 이정수 사장님과 편집에 관계하신 모든 분들께 감사의 말씀을 드린다.

2008년 연구실에서 저자

Contents

제 1 편 이 란

Contents

말레이시아 제 2 편

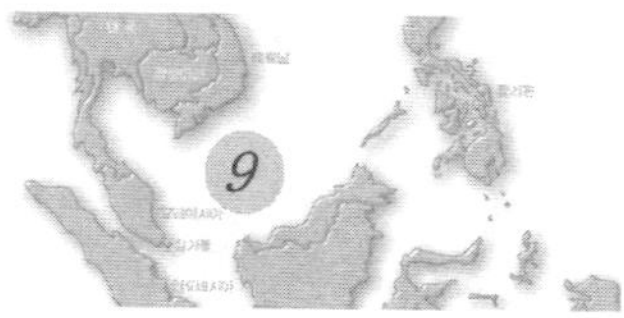

제1편 이 란

제1부 이란의 일반경제 환경과 최근 경제동향

제2부 이란의 경제정책과 경제협력

KAZAKHSTAN
Aqtaû
(Aktau)
Nukus
Caspian
Sea
Dasoguz
MOUNTAINS
Sumqayit
AZERBAIJAN
Baku
Yerevan
Türkmenbasy
TURKMENISTAN
Balkanabat
GARAGUM
KOPPEH DAGH
Ashgabat
Tabriz
Rasht
Mashhad
Zanjān
ELBURZ MTS.
Qazvin
Tehrān
Kirkuk
Qom
ZAGROS MOUNTAINS
Arāk
Kermānshāh
DASHT-E LŪT
Eşfahān
IRAN
Ahvāz
Kermān
Abādān
Al Başrah
Zāhedān
Shiraz
Kuwait
KUWAIT
Būshehr
Bandar
Abbās
Hafar
al Bāţin
Persian
Gulf
Al Jubayl
Ad Dammām
Manama
Dhahran
BAHRAIN
QATAR
OMAN
Dubai
Doha
Abu
Dhabi
Gulf of
Oman
Riyadh
Muscat
UNITED ARAB
EMIRATES
De Facto Boundary

제 1 부

이란의 일반경제 환경과 최근 경제동향

◈ 이란의 기본사정

*위　　　치 : 아프가니스탄·러시아·파키스탄·이라크·터키와 접경
*면　　　적 : 1,648천 ㎢ (한반도의 7.4배)
*인　　　구 : 70백만 명 (2006)
*수　　　도 : Teheran (7백만 명)
*민　　　족 : 페르시아인 (51%), 아제르족 (24%),
쿠드르계 (7%), 아랍인 (3%)
*언　　　어 : 페르시아어 (Farsi), 터키어, 쿠르드어, 알바어
*종　　　교 : 회교 (시아파 89%), 조로아스터교
*G　D　P : 2558억 달러 (2007)
*1인당 GDP : 3,607 달러 (2007)
*화 폐 단 위 : Rial (IR)
*산 업 구 조 : (2007) 농업 12.7%, 공업 34.5%, 서비스업 52.8%
*주 요 수출품 : 석유, 원유·가스, 과일·견과류
*주 요 수입품 : 운송·기계류, 화학제품, 식품·동물
*주요부존자원 : 석유, 천연가스, 석탄
*경제적 강 점 : 석유, 천연가스, 석탄자원 풍부
*경제적 약 점 : 석유위주의 산업구조, 기술인력 부족
*정 부 형 태 : 대통령중심제
*국 가 원 수 : Mahmud Ahmad-Nejad 대통령

제 1 장

일반경제 환경과 특징

중동지역의 자원부국인 동시에 넓은 국토를 지니고 있으며 반만년의 이슬람 문화를 지닌 거대 정치, 경제 대국인 이란은 최근 국제사회와의 핵문제 갈등으로 잠시 어려움에 봉착하였으나 최근 국제유가의 상승으로 경제가 안정을 되찾고 있다. 풍부한 자원과 저렴한 노동력을 보유하고 있어 성장 잠재력이 매우 큰 나라이다. 따라서 본 연구에서는 이란의 경제협력을 통한 경제성장이라는 측면에서, 이란의 일반적인 경제 환경과 특징에 관하여 살펴보고자 한다.

1. 넓은 국토, 많은 인구

중동지역의 경제 대국인 이란은 2007년말 기준으로 7,090만 명의 인구를 지닌 거대국가인 동시에 한반도의 7.5배가 넘는 넓은 국토를 가진 성장 잠재력과 함께 반만년의 이슬람 문화와 역사를 간직한 중동의 정치·경제대국이다.

<표 1-1> 중동 주요국의 면적과 인구

(2007년말 기준)

	이 란	사우디아라비아	쿠웨이트	아랍에미레이트
면적(㎢)	1,648천 (한반도의 7.5배)	2,150천 (한반도의 10배)	18천 (한반도의 1/2)	84천 (한반도의 1/3)
인구(만명)	7,900	2,700	3,200	550

자료 : 각국의 자료에 의거 작성

2. 풍부한 천연자원

세계에서 풍부한 부존자원을 가진 국가 중의 하나인 이란은 석유는 매장량 세계 5위이고 생산량은 세계 2위이고, 천연가스 부존량은 세계 3위와 생산량 세계 2위를 유지하고 있으며, OPEC회원국중에서도 니켈, 주석 등의 자원도 매우 풍부하게 매장되어 있다.

3. 석유중심의 산업구조

이란 경제의 핵심은 석유 부문의 수출이 전체 수출의 약 80~90% 차지할 정도로 석유산업에 크게 의존하는 경제구조를 지니고 있어서 최근처럼 국제유가가 배럴당 147달러까지 인상이 될 때는 무역수지 흑자가 급속히 증가하다가 국제유가가 다시 하락하면 무역수지 흑자가 급속히 줄어드는 산업구조 체제를 유지하고 있다.

따라서 이란정부에서는 석유자원의 고갈을 대비해서 1980년대부터 비석유제조업을 꾸준히 발전시켜왔으며 특히, 섬유, 의류 등 노동집약적인 산업 등 비석유 제조업이 일찍부터 발달해왔다.

이란은 비석유제조업을 발전시키기 위하여 일찍이 경제개발계획을 추진하여왔으며, 현재 4차 5개년 경제 및 사회개발 5개년 개발 계획을 수립하여 추진하고 있으며, 2010년 3월까지 비석유 제조업중 자본집약적이고 기술집약적인 산업을 발전시킬 계획으로 추진하고 있다.

<표 1-2 > 이란의 주요경제지표

	단 위	2002	2003	2004	2005	2006
GDP	억 달러	1,341	1,354	1,632	1,812	1,796
1인당 GDP	달러	1,985	1,986	2,372	2,607	2,565
경제성장률	%	7.5	7.1	5.1	4.4	4.3
재정수지/GDP	%	−4.0	−4.0	−3.5	−3.6	−8.2
소비자물가상승률	%	14.3	16.5	14.8	13.4	15.8
환율(달러당, 평균)	IR	6,907.0	8,193.9	6,614.0	6,964.0	9,170.9
경상수지	백만 달러	6,585	816	1,442	14,037	11,098
상품수지	〃	6,164	4,439	7,761	17,199	20,900
수 출	〃	28,200	34,000	44,400	59,700	67,200
수 입	〃	22,036	29,561	36,639	42,501	46,300
서비스수지	〃	−3,800	−4,700	−5,100	−6,000	−6,700
자본수지	〃	..	..	..	..	..
외환보유액	〃	21,409	24,427	32,909	45,209	58,209
총외채잔액	〃	9,180	12,325	13,622	12,500	12,300
단기외채	〃	2,357	3,204	3,519	..	..
총외채잔액/GDP	%	7.9	9.2	8.4	6.6	6.1
DSR	%	4.8	4.5	4.1	3.6	3.2

제 2 장

최근의 주요 경제동향

1. 소비자물가

이란의 소비자물가는 최근 수년간 광범위한 보조금 지급 등 정부의 가격 통제정책에 따라 2003년 16.5%에서 2004년 14.8%, 2005년 13.4%, 2006년 11.6% 등으로 인플레이션이 진정되는 추세를 보여 왔었으나, 2007년도부터 유가 상승에 따른 유동성 확대, 부동산 및 식음료 가격 급등 등의 영향으로 2007년에는 최근 10년간 가장 높은 17%를 기록하였다.

현 정부는 석유안정기금(OSF)의 자금 인출 제한, 국영기업 민영화 등 인플레이션 방지를 위한 다양한 정책을 추진 중이나, UN 및 미국의 경제제재 등으로 인해 원재료 및 부품 수입이 원활하지 않고 안전자산인 부동산으로 자금 이동 현상이 뚜렷하고 2008년 들어서 최근까지 국제유가가 147달러까지 상승하면서 최근 들어 18%까지 상승하는 등 당분간 소비자물가는 상승할 것으로 전망된다.

2. 경제성장률

이란의 경제성장률은 2003년 국제유가 상승, 대규모 투자 사업 등에 힘입어 7.1%를 달성할 정도로 양호하였나 미국의 핵문제 갈등으로 인한 경제제제조치이후 투자 및 내수 경기 부진 등으로 인해 2004년 5.1%, 2005년 4.7%, 등으로 하락하다가 국제유가가 상승을 시작한 2006년 이후부터 국제 유가 상승 지속에 따른 수출 증가, 건설, 농업 등 비석유부문의 점진적 성장, 신정부의 공공 지출 확대 등으로 경제가 회복되면서 2006년 5.9%, 2007년 5.4% 등의를 유지하였으며 2008년에는 국제유가의 급격한 상승에 힘입어 6.5%를 달성할 것으로 전망된다.

<표 2-1> 주요 국내 경제 지표

(단위 : %)

구 분	2003	2004	2005	2006	2007
경제성장률	7.1	5.1	4.7	5.9	5.4
재정수지/GDP	-4.2	-3.6	-3.2	-7.5	-9.3
소비자물가상승률	16.5	14.8	13.4	11.6	17.0

자료 : IFS, EIU

3. 재정수지

정부의 공공지출 확대와 보조금 지급 등으로 공식 재정수지 적자폭은 2003년 4.2%에서 2004년 3.6%, 2005년 3.2%에서 감소하다가 2006년 7.5%, 2007년 9.3%로 큰 폭으로 확대되었다. 그러나, 석유 안정 기금 전입액 등을 감안한 실질 재정수지는 2007년 여전히 7% 내외의 흑자를 기록하였으며, 2008년 들어서면서 국제유가가 배럴당 147달러까지 급격히 상승하면서 5%대의 실질 재정수지의 흑자규모가 예상된다.

4. 대외거래

2000년 이후 유가의 지속적인 상승으로 인해 무역수지 흑자를 기록하여 2003년 80억 달러이던 경상수지 흑자가 2004년 140억, 2005년 160억 6천 2006년 200억 7천, 달러를 기록하였는데 이는 정제유 수입 급증에도 불구, 고유가 지속으로 인한 수출 증가에 힘입어 사상 처음으로 경상수지가 200억 달러(GDP의 9.3%)를 돌파하였다. 2007년 210억 6천달러를 기록하여 GDP중 경상수지가 8.5%로 감소하였는데 이것은 원유 수출 증가, 국내 석유 수유 감축을 위한 석유 배급제 실시에 따른 수입 증가율 둔화로 상품수지 흑자 규모는 증가하였으나, 서비스 수지 적자 규모 확대로 경상수지 흑자는 소폭 감소한 것으로 보인다. 그러나 2008년에는 국제유가의 급격한 상승으로 대략 경상수지가 280억 달러를 기록할 것으로 전망된다.

<표 2-2> 주요 대외 거래 지표

(단위 : 백만 달러, %)

구 분	2003	2004	2005	2006	2007
경상수지	800	1,400	16,600	20,700	21,600
경상수지/GDP	0.6	0.9	8.8	9.3	8.5
상품수지	4,439	5,700	21,300	26,200	27,700
수 출	34,000	43,900	64,400	75,500	81,400
수 입	29,561	38,200	43,100	49,300	53,700
외환보유액	24,427	32,909	45,209	58,209	64,209
총외채잔액	12,325	13,622	13,900	13,800	14,400
총외채잔액/GDP	9.5	8.7	7.3	6.2	5.6
D.S.R.	4.5	4.1	3.4	2.6	2.3

자료 : IFS, EIU

5. 외환보유고 및 외채

이란의 외환보유고는 원유가격의 상승과 원유수출 증가와 더불어서 에너지산업에 대한 외국인 직접투자의 대폭적 증가 등에 힘입어 2003년에 244억 달러이던 것이 2004년 329억달러, 2006년 582억달러, 2007년 642억달러로 최근 5년간 250%이상 증가하였다.

이란의 총외채잔액은 2003년 GDP의 9.5%인 123억달러에 이르렀으나 이후 2004년 GDP의 8.7%, 2005년 7.3%, 2006년 6.2%, 2007년 GDP의 5.6% 수준인 144억 달러 규모로 추산되어, D.S.R.은 2.3%에 불과하여 대외채무 상환 부담은 매우 낮은 수준으로 경제가 안정적으로 보인다. 그러나 실질적인 대외 변수는 미국이 UN 제재와는 별도로 추진하고 있는 금융제재의 영향으로서 이의 향방이 향후 이란의 대외채무 상환 위험 및 대외신인도를 결정지을 중요한 요인으로 작용할 것으로 예상된다.

제 2 부

이란의 경제정책과 경제협력

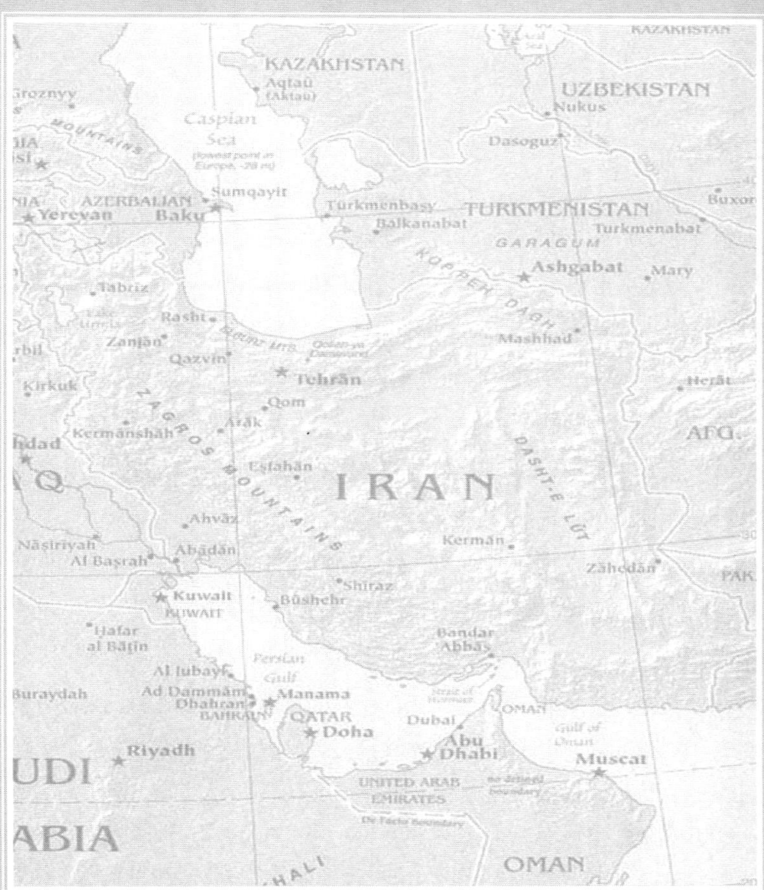

제 1 장

이란의 경제환경과 경제협력 확대방안

1. 서론

현재 세계 경제질서는 WTO체제가 큰 틀을 유지하면서 그 주도권 쟁탈과정에서 지역주의가 심화 확대되면서 미주경제권, 유럽경제권 및 아시아경제권의 3극체제를 형성해 나가고 있다. 이러한 지역주의의 심화 확산은 역내국과 역외국뿐만 아니라 역내국간 비교우위도 바꾸어 놓음으로서 역내국과 역외국의 교역 및 산업구조의 변화를 초래하여 대외 통상 및 산업정책에도 영향을 미치고 있다.

한편, 최근 들어 국제유가의 급격한 상승[1)]은 중동국가들의 경제 활성화에 크게 기여하고 있다. 이들 국가들은 2006년말 기준 세계 원유매장량의 71%, 생산량의 37.2%, 수출량의 46.2%를 차지하고 있으며, 천연가스는 매장량의 46%, 생산량의 15.1%, 수출량의 16.3%를 차지하고 있다.[2)] 석유와 천연가스의 생산과 수출이

---

1) 2007년 상반기에 서부텍사스유 기준으로 이미 75달러를 상회하기도 하였다.

2) 특히 중국과 인도 등 신흥개발도상국들의 경제성장은 필연적으로 석유수요를 동반하고 있어 세계 에너지 시장에서 중동지역 산유국들의 위상은

주요 수입원인 중동경제는 1980년대 중반 이후 세계에서 가장 낮은 경제성장률을 기록하기도 하였으나[3] 2000년 하반기부터 시작된 국제유가의 지속적인 상승으로 최근까지 이들 국가의 경제성장률이 5%대 이상의 고도성장을 지속하고 있다. 특히 우리나라는 1970년대부터 최근까지 중동 건설시장 진출을 통해 경제성장을 하였고 최근의 고유가의 지속으로 중동지역 국가들의 경제가 활성화되고 있어 우리나라 기업이 진출하는데 유리한 환경이 조성되고 있으며 대기업 및 중소기업의 진출이 가속화되고 있다.

이들 국가 중 원유 및 천연가스에서 전 세계 생산 및 수출에서 2위를 차지하고 있으며[4] 인근 중앙아시아 국가로 진출하는데 유리한 위치에 있으며, 중동지역 최대의 시장으로서 교육수준이 높고 경제성장 잠재력이 큰 이란은 한국의 입장에서 중동지역에 진출하는데 교두보를 확보한다는 차원에서 매우 중요한 국가이다.[5]

따라서 본 연구는 최근 고유가시기에 중동 걸프지역 국가 중 경제적 비중이 크고 한국과의 경제협력 대상국으로 중요하게 여겨지고 있는 이란경제에 대해서 심도 있게 분석해보고 한국과의 경제협력에 대해서 살펴보고자 한다.

계속적으로 높아질 수밖에 없다.

3) 이 기간 동안 중동지역 1인당 소득의 연평균증가율은 1%내외에 불과하였다.

4) 원유 수출이 총 수출의 80~90%를 차지하고 있다.

5) 1970년대 두 차례의 석유가격 폭등은 세계경제에 큰 위협으로 작용했지만, 이란 및 산유국들에게는 인프라 투자와 상품수입증대의 경제적 효과를 가져왔다.

2. 이란의 경제현황 및 특징

중동지역 국가중에서 원유 및 가스의 생산 및 수출관점에서 중요한 국가인 이란의 경제특징과 현황을 살펴보면 대략 다음과 같다.

1) 경제특징

이란은 다양한 관점에서 선진국은 물론이고 다른 후진국과는 구별되는 경제특징을 지니고 있다. 이란 경제의 특징은 대략 몇 가지로 요약할 수 있다.[6] 첫째, 이란은 한반도의 7.5의 넓은 국토와 풍부한 천연자원(원유매장량, 천연가스 매장량 각각 세계 2위)을 보유한 국가이다. 이란 경제는 석유산업에 대한 의존도가 높은 구조적 문제점이 있으나 2000년 이후 국제원유가격의 지속적 상승으로 5%이상의 경제성장을 지속하고 있다.

둘째, 석유 의존적 경제구조에서 탈피하기 위하여 비석유제조업산업육성을 통한 경제성장전략을 취하고 있어 주변 걸프국가와는 다르게 철강, 자동차, 농산물가공업 등 비석유 제조업부문의 산업이 일찍부터 발달하였다. 전체 GDP 중 석유·가스 산업이 차지하는 비중이 대략적으로 25%를 차지하고 있다.

셋째, 정부의 경제개입이 광범위하고[7], 조세구조에서 소득세나 부가가치세와 같은 직접세가 아예 없거나 있어도 매우 낮기 때문

---

6) 한국수출입은행, 「수은해외경제」,참조

7) 이러한 특징 역시 석유 의존적 경제구조의 직접적인 결과라 할 수 있는데, 걸프지역의 정부는 모든 분배국가(allocation state)혹은 지대수입형 국가(rentier state)의 성격을 갖고 있다. 즉 정부가 석유나 가스 등 천연자원을 판매하여 그 이익을 국민에게 분배하는 것이다. 유전자원을 직접개발하거나 관리-판매를 통해 벌어들인 수익을 보조금의 형태로 국민에게 배분하는 것이 정부의 역할이 되면 생산, 교환, 분배의 모든 영역에서 정부가 큰 비중을 차지할 수밖에 없다.

에 에너지수출로부터 벌어들이는 수입이 재정의 주요 원천이 되고 있다.[8] 따라서 정부의 공공지출 확대와 보조금 지급 등으로[9] 공식 재정수지 적자폭이 계속적으로 증가하고 있다.[10]

넷째, 정치적 불안정 및 지정학적 요인에 따라 경제에 미치는 파급효과가 매우 크다. 1980년에는 호메이니 혁명과 같은 정치적 격변기에 정치적 변화를 겪었고, 최근에는 핵문제와 같은 군사적 긴장으로 경제안정을 위협하고 있다.

2) 경제현황

이란은 중동지역 국가중 인구가 6,900만명으로 대국이고, 장기간의 전쟁후유증과 미국으로부터의 경제제재 등의 어려움을 겪기도 하였으나 최근의 국제원유가의 상승으로 1인당 국민소득이 3,300달러로 증가하였다.

◈ 경제현황

경제는 2000년 이후 국제원유가격의 상승으로 연평균 5~7%수준의 안정적인 경제성장을 지속하고 있다. 2007년에도 국제원유가격의 상승이 지속되고 있어 7%이상의 경제성장을 지속할 것으로 보인다.[11]

---

8) 에너지산업이 정부재정이나 수출에서 차지하는 비중은 GDP에서 차지하는 비중에 비해서 대단히 높다.

9) 정부는 대규모산업시설을 직접 설립하고 경영할 뿐 아니라, 무역장벽을 통해 공기업이나 민간기업을 보호한다. 그리고 공공서비스를 제공하고 인프라를 확충하는 데서 나아가 국민들에게 일자리를 최종적으로 보장하는 역할까지 하게 된다.

10) 2005년 3.6%에서 2006년 7.2%로 크게 확대되었다.

◈ 산업구조

2006년 기준으로 GDP의 산업별구성비는 서비스업 52%, 제조업 35.6%, 석유화학 10.4%, 농업 12.9% 등이다. 석유산업은 GDP 점유비중이 70년대의 30~40%에서 최근에는 10~20%로 크게 하락하였으나 원유수출수입이 약 80%를 차지하고 있어 아직도 경제의 중심축을 형성하고 있으며 외국인투자도 대부분 석유관련산업에 집중되어 있다.

◈ 무 역

미국의 경제제제가 지속됨에 따라 유럽, 아시아 국가들과의 경제교류를 활성화하고 있다. 2006년을 기준으로 주요 수출국은 일본(18.6%), 중국(9.8%), 이탈리아(6.1%), 한국(5.5%), 남아프리카공화국(5.4%) 등이며 주요 수입국은 독일(12.4%), 프랑스(8.6%), 이탈리아(7.5%), 중국(7.6%), UAE(7.4%)등이다.

<표 1-1> 이란의 주요 경제지표

	단위	2000	2001	2002	2003	2004	2005	2006
G D P	억 달러	1,941	1,041	1,122	–	1,373	1,261	1,948
1인당GDP	달러	–	–	–	–	1,991	1,750	3,223
실 질 GDP성장율	%	6.1	3.5	6.5	3.0	6.7	5.0	5.7
인 구	백만명	백만명	–	–	–	69	69	68.6

11) 반면 재정수지규모는 2007년중 원유수출로 인한 수입증대에도 불구하고 Oil Wealth의 공평한 분배를 주장하고 있는 신정부의 공공지출 증대 및 공공요금 동결 등의 조치로 재정수지규모가 점차 줄어들 것으로 보인다.

원 유	생산량	만bld	380.8	365.0	390.0	–	387.9	–	
	수출량	만bld	260.5	–	–	–	–	–	
	수출액	10억달러	24.2	18.5	14.6	–	–	–	
물가상승율		%	14.0	14.0	15.8	–	15.6	14.6	10.2
실 업 율		%	14.6	–	–	–	–	–	–
수 출		10억달러	–	23.7	28.1	–	20.9	60	60.0
수 입		10억달러	–	18.1	23.7	–	17.0	40	40.9
경 상수 지		10억달러	126	52.5	3.7	40.0	23.9	15	14.0
총 외 채		10억달러	87	70.8	9.2	–	125.9	17	14.8
외환보유고		10억달러	–	–	–	–	–	–	46.3
환율(연평균)		IR/달러	8,095	7,908	7,925	8,305	9,093	9,115	9,242

자료 : MEED, EIU Country Report 등
주 : 환율은 2006.1.31 기준

3. 이란의 경제정책

이란의 경제정책의 특징은 첫째, 석유중심의 산업구조에서 비석유·제조업중심으로의 산업구조를 변화 발전시키고 있다. 둘째, 국영기업의 비효율성 제거와 경제전반에 대한 효율성 증대를 위하여 국영기업의 민영화를 적극적으로 추진하고 있다.

1) 산업정책

이란의 산업정책의 첫째 특징은 석유중심의 산업구조에서 비석유·제조업중심으로 산업구조를 개편하여 발전시키고 있다. 이 정책의 핵심은 석유와 가스 등 원자재의 판매를 통해 얻는 수입을 안정적으로 유지함과 아울러 이들 원자재의 고갈에 대비하여 비석유-제조업 산업을 육성하는 것이라고 할 수 있다.12)

2000년 이후 국제유가는 20달러대에서 75달러대로 3배 이상

급등하여 이란에 경제적 이득을 가져다주었지만 정부의 생각은 유가의 급등이라기보다 경제에 큰 충격을 주지 않는 수준에서 유가가 점진적으로 상승하는 것이다.[13] 유가의 급락은 국내경제에 결정적인 타격을 가하고 심지어 보조금의 축소와 실업문제 등으로 체제의 안정까지 위협할 수 있기 때문에 가장 우려하는 것이다.[14]

최근의 에너지정책에 있어 가장 중요한 정책은 생산량 조절에서 원유의 생산능력을 확대하는 쪽으로 전환이다.[15] 중국과 인도의 원유소비의 증가는 당분간 지속될 것으로 예상하고 그 수요를 충당하기 위해 최근 석유개발투자에 대규모 자본을 투입하고 있다.[16]

서비스산업역시 정부가 육성을 추진하고 있는데 금융, 관광, 물류, 비즈니스서비스 등을 주제조업이나 농업, 서비스산업의 육성은 미래를 대비하는데도 중요할 뿐 아니라 현재 가장 큰 사회경제적 문제로 대두되어 있는 실업문제를 해결하는데도 절실하기 때문이다.

---

12) 제조업이나 농업, 서비스산업의 육성은 미래를 대비하는데도 중요할 뿐 아니라 현재 가장 큰 사회경제적 문제로 대두되어 있는 실업문제를 해결하는데도 절실하기 때문이다.

13) 반대로 유가의 급등은 세계경제의 침체를 가져오거나 대체에너지의 개발을 촉구하여 원유수요의 감소를 초래할 우려가 있기 때문에 이것 역시 이란뿐만 아니라 OPEC국가들이 바라지 않는 것이다.

14) 이란 및 걸프국가들은 국제유가를 자신들이 원하는 수준으로 관리하기 위해 OPEC를 통해 생산쿼터를 조정하는 방식을 사용하고 있다.

15) 제조업에서는 에너지관련 산업인 석유화학, 알루미늄, 비료 산업 등이 주요 육성대상이다. 이러한 산업은 이란의 풍부한 에너지를 바탕으로 가격경쟁력을 확보할 수 있을 뿐만 아니라 중국으로부터의 수요도 증가할 것으로 예상되는 업종이다.

16) 그리고 천연가스도 환경친화적 연료로 에너지 소비에서 차지하는 비중이 증가하고 있어 가스개발에 대한 투자도 크게 증가하고 있다.

2) 경제개혁정책

이란의 경제개혁정책의 가장 중요한 특징은 국영기업의 비효율성 제거와 경제전반에 대한 효율성 증대를 위하여 국영기업의 민영화를 적극적으로 추진하는데 있다. 이란 정부에서 20년 이상 산업다각화 정책을 실시하였음에도 불구하고 미미한 수준의 성과를 달성한 것은 이란이 안고 있는 구조적 문제점 때문이다. '지대수입형 국가'로서 정부가 압도적인 경제적 역할을 하고 민간경제가 거의 발달하지 않은 상태에서 정부주도의 산업정책만으로는 한계를 가질 수밖에 없다.

그리고 정부가 일자리를 제공하고 보조금을 통해 일정한 생활수준을 보장하는 상황에서는 취업은 물론이고 직업교육이나 인적자원 개발에 대한 인센티브가 낮을 수밖에 없다. 인적자본이 축적된 노동력의 부족과 근로인센티브의 부족은 산업다각화 정책의 성공을 가로막는 가장 중요한 장애요인이라 할 수 있다.[17)]

이러한 경제구조적인 문제를 해결하기 위해 1990년대부터 정부의 경제적 역할을 축소하고 경제개방을 통해 민간경제를 활성화하고 보조금 축소, 대기업 및 중소기업 육성정책 등을 추진하였다.

이란의 외국인투자유치와 관련 규제의 완화 역시 2002년 이후 중요한 경제정책 변화중 하나이다.

---

17) 그리고 기업의 투자를 어렵게 하는 제도적 장애요인, 불투명하고 불공정한 행정절차, 부패와 같은 문제도 매우 심각하다. 이러한 문제점은 내외국인투자 뿐만 아니라 외국인투자의 결정적 장애요인으로 작용하였다. 이러한 이유 때문에 외국인투자실적이 1990년 때까지 낮은 수준에 머물렀다.

<표 1-2 > 민영화실적 및 외국인투자관련 제도

	민영화	실적
년 도	2003	2004
기업명	Khouzestan Cement Company	Iran Marine Industries Company
규 모 (백만달러)	246	21
	외국인투자관련	제도변화
법안	외국인투자보호	및 촉진법 제정(2002년)
내용	비석유부문	투자촉진
	석유부문	투자보장

자료 : EIU Country profile; Meed

3) 에너지개발정책

◈ 석 유

이란은 세계에서 두 번째로 많은 1,325억 배럴의 석유매장량을 보유하고 있으며 2006년에는 석유생산량이 하루 440만 배럴에 이르러 걸프지역에서는 사우디아라비아 다음으로 많은 석유를 생산하고 있다. 이중 원유가 400만 배럴 정도를 차지하는데 원유의 최대생산능력이 420만 배럴 미만인 점에 비추어볼 때 여유생산능력도 하루 20만 배럴 정도에 불과한 것으로 추정된다.[18)]

기존 유전의 자연감모율은 8~11%, 즉 하루 30만~50만 배럴에 이르는 것으로 추정된다. 따라서 이란이 세계 석유수요 증가에 부응하여 생산능력을 확충하기 위해서는 신규 유전의 탐사 및 개발, 그리고 기존 유전의 회수율 향상을 위해 많은 투자가 필요한 상황이다.

---

18) 많은 전문가들은 이란의 경우 신규유전이 시급히 개발되지 않으면 생산능력이 감소할 가능성이 있는 것으로 판단하고 있다.

이란은 1974년 하루 600만 배럴의 원유를 생산하였고 충분한 매장량을 갖고 있기 때문에 투자가 이루어지면 생산능력을 확충하는데 큰 어려움은 없을 것으로 예상된다. 현재 이란은 2010년까지 원유생산능력을 하루 480~500만 배럴까지 증가시킨다는 목표를 세우고 있다. 하지만 기존 유전의 생산감소속도,[19] 이란의 자금사정과 기술수준 등을 고려할 때 외국의 자본과 기술이 획기적으로 투입되지 않으면 이러한 목표는 달성되기 어려울 것이라는 전망이 지배적이다. 이란 헌법은 천연자원에 대한 외국기업의 소유를 금지하고 있는데, 이란은 1990년대말 이후 석유부문에 대한 해외투자를 촉진하기 위해 소위 '바이백(bay-back)'형태의 계약을 통해 외국석유회사의 진출을 허용하고 있다.[20] 이 계약에 따르면 외국석유회사의 이란 지사가 이란국영회사(Nationnal Iranian Oil Company: NIOC)와 개발계약을 체결하고 투자를 하면, NIOC는 경상비용과 자본비용 그리고 약간의 위험 프리미엄을 생산된 석유나 가스의 형태로 지불하게 된다.[21] 그리고 5~7년 정도의 계약기간이 만료되면 운영권을 NIOC에게 이전한다.

바이백 계약의 도입 이후 이탈리아의 ENI(Darkhovin 유전), 프랑스의 Total(Doroud유전), 일본의 Inpex주도의 컨소시엄(Azadegan

---

19) 1979년 이슬람혁명과 그 후 8년간의 이라크와의 전쟁으로 석유생산시설이 파괴되었음, 최근 들어 투자가 재개되어 생산능력이 증가추세임.

20) 바이백 계약으로 이란은 지금까지 약 200억달러의 외국자본을 유치했지만, 이 거래는 계약기간이 너무 짧을 뿐만 아니라 수익률이 고정되어 있기 때문에 외국석유업에게는 고유가의 혜택을 보기 어렵다. 그리고 개발이 성공해도 유전에 대한 운영권을 확보한다는 보장이 없다. 이러한 이유 때문에 투자유입이 예상만큼 많이 이루어지지 않자 이란 정부는 조건을 더 개선하여 했지만 국내에서의 반발 때문에 실현하지 못하고 있다.

21) 박복영, 황주성, 박철형, 「고유가시대의 중동경제와 대중동 경제협력 확대방안」, 대외경제정책연구원

유전), 중국의 CNPC(MIS 유전)등이 신규유전개발 및 기존유전 개선 프로젝트에 참여하고 있다. 특히 30년 이래 최대유전으로 260만 배럴의 매장량을 가진 아자데간 유전의 경우 일본 Inpex사를 주관회사로 한 외국석유기업 커소시엄이 20억 달러의 투자계약을 체결했지만 최근 이란의 정권교체와 금융문제 등으로 인해 사업이 계속 지연되는 것으로 알려지고 있다.[22]

◈ 천연가스

이란은 현재 북부지역에서 터키로부터 가스를 수입하고 있기 때문에 천연가스 순수입국이지만 앞으로는 대규모 순수출국으로 전환될 것이다.[23] 사웃파 가스전 개발 사업은 이란 최대의 에너지프로젝트인데 이미 150억 달러 이상의 자금이 투자되었다. 이 사업은 30단계까지 진행될 것으로 예정되어 있는데, 2005년말 현재 18단계까지는 사업자가 선정되었으며 1~5단계 사업에서는 이미 가스가 생산되고 있다. 초기단계에서 생산된 가스는 대부분 국내

---

22) OPEC에 따르면 이란은 석유생산능력 확충을 위해 2012년까지 15개의 프로젝트를 추진중이거나 추진할 계획이다. 그리고 이 계획이 예정대로 추진되면 석유생산능력은 2012년까지 하루 200만 배럴이 추가 증가되겠지만 모든 프로젝트가 예정대로 실시될 가능성은 낮은 것으로 보인다.

23) 하지만 사우스파에서 가스 생산이 본격화되고 생산량이 증가하면 이란은 이를 수출해야 하는데, 이미 이란은 파이프라인 및 LNG형태로 수출을 하기 위해 많은 노력을 기울이고 있다. 파이프라인 수출의 경우 터키를 통해 그리스를 비롯한 서유럽으로 수출하는 방안은 이미 오래전부터 논의되었고 우크라이나를 경유하는 방안에 대해서도 논의가 진행중이다. 그리고 인근 쿠웨이트와 파키스탄에도 파이프라인을 통해 공급하는 방안을 예상하고 있다. 인도와는 연간 750만 톤의 LNG를 30년간 공급하는 계약을 체결하였으며 중국과는 연간 1천만 톤을 25년간 공급하는 계약을 체결하였다. 이란은 이러한 LNG 장기도입의 대가로 인도와 중국에 유전개발권을 부여한 것으로 알려지고 있다.

수요를 충당하는데 사용될 예정이다. 특히 국내 석유소비를 천연가스로 전환하여, 국내소비를 증가시키거나 유전의 압력을 높이기 위해 유전에 주입하는데 사용된다.[24]

<표 1-3 > 에너지개발계획

원유생산능력(배럴/일)	천연가스생산량	특 징
480만(2010)	하루 8억㎥ 2010	석유생산목표 달성 위해 외국기술과 지본필요

4) 경제자유구역 육성정책

최근 국제무역과 국제자본이동이 활성화되면서 세계경제의 통합이 크게 진전되어왔음에도 불구하고 이란은 각종 정부규제와 보호정책, 낙후된 규범 등으로 상당히 폐쇄적이었다. 비관세장벽과 행정편의주의가 만연하여 세금과 관세를 제외한 교역비용이 총 교역액의 약 11%에 달하는 것으로 추정되는 실정이다. 이란은 국가경제발전을 위해 해외자본과 기술의 도입이 절실함에도 불구하고 이처럼 열악한 투자환경으로 인해 외국인직접투자 실적 역시 극히 저조하였다.

<표 1-4> 경제자유구역현황(2004년)

경제자유 구역 수(개)	업체수 (개)	고용인원 (천 명)	전체 노동력 대비 비중	주요 부문
4	2,035	-	-	가죽 및 섬유, 신발, 금융 및 법률서비스

자료: ILO(2003); World Bank(2004); UNCTAD(2004), pp.
「고유가시대의 중동경제와 대중동 경제협력 확대방안」 132의거에 작성

24) 박복영, 황주성, 박철형, 「고유가시대의 중동경제와 대중동 경제협력 확대방안」, 대외경제정책연구원

4. 주요국의 대이란 경제협력 전략

1) 미국

2001년 9.11 사태 이후 이란은 미국에게 정치적차원에서 더욱 더 중요시 되었다. 이슬람 원리주의자들이 테러를 통해 미국 본토의 안전을 위협하기 때문에 미국 안보와 직접적인 관련을 갖기 때문이다.[25)]

둘째, 에너지공급원으로서 중요성이다. 미국의 석유생산은 1970년을 전후로 정점에 이르렀지만 소비는 1980년대 이후 꾸준히 증가하여 현재 미국의 전체 원유소비의 60%이상을 해외에 의존하고 있다. 그 중 약 절반가량을 캐나다, 멕시코, 베네수엘라 등 미주지역으로부터 수입하고 있다. 2006년에는 걸프지역으로부터 23%를 수입하고 있다. 특히, 공식적으로는 경제협력관계가 이루어지지 않고 있지만 비공식적으로는 원유 수입의 전체 수입의 약 3%에 이르고 있다[26)].

2) EU

EU는 에너지확보차원에서 이란과는 매우 긴밀한 경제협력을 유지하고 있다. EU는 이란으로부터 원유를 지속적으로 수입하고 있으며 최근까지의 국제원유가격의 급속한 상승은 무역수지 적자가 지속적으로 증가하고 있으나, 플랜트, 공산품, 소비재, IT, 기계류

25) 중동지역에 대한 부시행정부의 인식은 이라크와 이란의 살상무기개발은 중동지역의 장기적인 안정과 평화에 결정적인 위험이 된다. 이들 나라가 핵무기보유까지 한다면 중동지역이 돌이킬 수 없는 국면에 접어들 것이라는 인식이다.

26) 미국에너지협회 보고서 참조

와 수송장비, 화학제품의 수출이 급격히 증가하고 있다.

3) 일본

일본은 안정적인 원유 확보차원에서 이란과 매우 긴밀한 경제협력관계를 유지하고 있다. 특히 장기간 원유를 안정적으로 확보하기위하여 이란유전개발에 참여하고 있으며 현재 원유 수입의 25%를 이란으로 수입하고 있다.

4) 중국

경제성장으로 원유수요가 급증함에 따라 대이란과의 경제협력이 지속적으로 증가하고 있다. 2004년 이란과의 양해각서 체결을 통해 야다바얀(Yadavaran) 유전개발에 참여할 수 있는 토대를 마련하였고, 전체 원유수입중 약 12%를 이란으로부터 수입하고 있다.27)

<표 1-5> 중국의 대 걸프지역 원유수입현황

구 분	2003		2004	
	수입액	국별비중	수입액	국별비중
	19,824	100.0	33,912	100.0
걸프지역 소계	9,785	49.4	14,588	43.0
사우디아라비아	3,264	16.5	4,635	13.7
오 만	1,980	10.0	4,275	12.6
이 란	2,640	13.3	3,535	10.4
예 멘	1,521	7.7	1,425	4.2
U A E	194	1.0	413	1.2
쿠웨이트	186	0.9	305	0.9

자료 : KOTRA(2005)

27) 2006년 현재 전체원유수입중 이란으로부터 약 12%를 수입하였다.

<표 6>에서 보는 바와 같이 야다바린 유전참여를 목적으로 LNG 구입 계약을 체결하였다. 야다바린 유전개발과 관련된 중국과 이란 간 계약에 따르면 중국은 야다바린 유전개발 사업에 51% 지분을 보유하고 25년간 이란으로부터 15만 b/d를 공급받기로 되어 있다.

<표 1-6> 중국의 걸프지역 에너지 분야 진출현황(2006년 현재)

진출국	내 용
사우디아라비아	-전략비축사업 협력방안 논의 중(2006) - '에너지, 무역, 투자관련 협정' 체결(2006, 압둘라 국왕 방중 시 -Singopec 정유설비에원유제공 추진(2005) -3억달러 규모의 러브 알칼리 바신 천연가스 개발계약 체결(2004)
쿠웨이트	- '석유-가스분야 협력협략' 체결 -프로젝트 쿠웨이트 관련 컨소시엄(85억달러)에 10% 지분 참가
UAE	-아부다비 가스전 개발참여 추진(2006)
이라크	-알아다브(al-Ahdab) 유전개발 협상중(2006) -쿠르드 자치지역 유전개발 참여 모색
이란	-가스전 개발 참여 협상중(2006) -200억 달러 규모의 LNG 장기도약 계약 체결(2004) -야다바란유전 개발 참여(2004)

자료: 대외경제정책연구원 자료 참조

5. 한국의 대이란 경제협력 확대방안

1) 한-중동 무역

우리나라의 중동과의 경제협력분야는 에너지부분에 집중되어 있고 인프라 건설을 위한 대형플랜트 사업을 많이 발주하고 있어서, 우리나라의 에너지 수입과 플랜트 수출차원에서 걸프지역은 매우 중요하다.

우선 무역을 살펴보면 2006년을 기준으로 GCC 6개국과 이란 및 이라크에 대한 우리나라의 수출은 104억 달러로 전체 수출의 3.0%에 불과한 반면, 우리나라의 수입은 600억 달러로 전체 수입의 19.4%를 차지하고 있으며, 수입의 90% 이상은 석유나 천연가스가 차지할 정도로 한국의 입장에서는 매우 중요하다.

<표 1-7> 우리나라와 걸프지역 국가별 교역현황

(단위:억달러)

국 가	수 출			수 입		
	2004	2005	2006	2004	2005	2006
사우디아라비아	1,708	2,093	2,978	11,800	16,106	20,552
U A E	2,587	2,733	2,895	7,290	10,018	12,930
쿠웨이트	419	458	669	3,832	5,977	8,133
오 만	157	304	344	2,475	3,705	5,128
카 타 르	226	521	760	3,650	5,599	6,985
바 레 인	82	118	125	288	308	341
이 란	2,134	2,141	2,559	2,435	3,535	5,049
이 라 크	125	68	109	408	675	905
합 계	7,438	8,436	10,439	32,178	45,923	60,023
(우리나라전체중 비중)	(2.9)	(3.0%)	(3.2)	(14.3%)	(17.6%)	(19.4)

자료 : 통계청

한국의 걸프지역 수출을 국가별로 보면 사우디아라비아, UAE, 이란 등으로 집중되어 있다. 수입의 경우는 원유를 주로 수입하고 있기 때문에 이란, 사우디아라비아, UAE, 쿠웨이트에 고루 분포되어 있다. 또한, 우리나라의 에너지수입은 중동의 걸프지역의 비중이 2005년 기준으로 전체석유수입의 72%, 천연가스 수입의 47%를 이란과 GCC 6개국이 차지하고 있다.

<표 1-8> 우리나라의 대중동 에너지 수입현황(2005년)

	사우디아라비아	UAE	쿠웨이트	오만	카타르	바레인	이란	이라크	합계
원유 (백만배럴)	249	151	80	39	53	0	71	15	657
가스 (천 Mt)	0	62	0	4,244	6,211	0	0	0	10,517

자료 : 한국석유공사

2) 경제협력의 방향

경제협력차원에서 이란은 우리나라에 매우 중요한 의미를 부여하고 있다. 특히, 산업구조 및 에너지분야에서 우리에게 상호보완적인 경제협력 파트너로서 의미가 아주 크다. 첫째, 이란은 세계경제 전체에서 차지하는 비중은 작지만 원유 생산 및 수출에서 세계 2위를 차지하고 있기 때문에 세계경제에 미치는 파급효과는 매우 크다고 할 수 있다. 이러한 이유 때문에 중국과 일본이 미국과의 정치, 경제적인 관계에서 밀착된 사이지만, 경제협력차원에서 독자적인 에너지자원 확보 전략을 지속하고 있다. 특히, 중국과 일본은 이란의 에너지 개발에 대한 투자를 증가시키고 있고, 앞으로도 한국 및 외국인의 투자가 지속적으로 증가할 것으로 보인다.

둘째, 이란은 우리와 매우 상호 보완적인 산업구조를 가지고 있어 협력의 가능성이 매우 높다. 이란의 경제구조는 에너지산업 뿐 아니라 제조업 육성을 도모하고 있으므로 우리의 자본, 기술, 경험이 매우 필요하다. 그리고 무역측면에서 이란은 원유를 수출하고 있고, IT, 전자 및 기타 공산품수입을 지속적으로의 증가시키고 있어 한국의 입장에서 매우 중요한 경제파트너로서 부상하고 있다.

3) 경제협력 전략 및 방법

우리나라는 이란과 경제적 측면에서 상호 보완성이 매우 높은 만큼, 원유, 상품무역, 직접투자 외에도 다양한 경로를 통하여 경제협력을 지속적으로 강화하고 있다.[28) 따라서 경제협력에 있어서 가장 중요한 것은 원유확보차원에서 장기적인 정책이 필요하다. 우리의 주변국인 일본과 중국은 이미 오래전부터 원유를 안정적으로 확보하기 위하여 유전개발투자에 상당한 금액을 투자하고 있기 때문이다.

둘째, 기술지원 경제협력의 확대이다. 우리나라는 이란이 추구하고 있는 산업구조고도화에 맞추어 기술수출을 통한 경제협력을 확대하고 있으며 앞으로 더욱 더 기술 분야의 경제협력을 증대될 것이기 때문이다. 특히 최근 들어서 IT 수요와 전자산업에 대한 이란의 기술협력 요청이 증가하고 있어, 이 분야에 대한 기술협력이 계속적으로 증가할 것이다.

셋째, 건설 진출 협력이다, 우리나라는 이란이 최근 고도성장에 힘입어 건설수요가 폭발적으로 증가함에 따라 이에 맞추어 건설사업에 적극 참여하고 있다.

넷째, 위에서 살펴본 것과 같이 금융, 건설, IT, 항만, 물류 등 다양한 분야에서 경제협력을 추진해야 할 것이다. 지금까지 이란과 우리나라와의 경제협력은 에너지 수입, 상품수출, 건설 및 플랜트 수주의 세 가지에 거의 한정되어 있다. 하지만 최근 이란의 경제발전전략이 다양한 분야에서 나타나고 있기 때문에 이에 대응하여 우리도 협력분야를 다변화해야 한다. 금융, 부동산, 개발, 물류, 관

---

28) 이란은 아랍 국가들과는 구별되는 독자적인 정체성을 지니고 있을 뿐만 아니라, 인구, 경제규모, 자원 등의 측면에서 다른 아랍국가와는 비교할 수 없을 정도로 큰 잠재력을 지니고 있기 때문이다.

광, 비즈니스지원, 의료 등 서비스산업의 육성정책에 대응하여 이 분야에서의 협력 및 진출가능성을 적극적으로 모색해야 한다.

다섯째, 이란의 정치, 경제적 상황을 고려하여 민간기업차원에서 사안별로 경제 협력을 구사하는 것이 바람직하다. 이란은 공공부문의 비중이 매우 높고 의사결정이 매우 집중되어 있기 때문에, 사안별로 문제를 해결하는 것이 보다 효과적이다.

여섯째, 기업의 이란 진출에 대한 정부의 지원은 직접적 지원 중심으로 전환되어야 한다. 기업의 진출을 정부가 직접적으로 지원할 수 있는 방법이 매우 효과적이다. 예를 들어 플랜트수출을 지원하기 위한 수출보험확대나 정책금리인하 등의 정책은 매우 큰 효과가 있다.

일곱째, 대이란 정치 외교를 강화하는 정책이 필요하다. 특히 정상외교는 국내적으로 정부와 기업을 포함한 사회 각 분야에서 이란에 대한 이해와 관심을 높이는 계기가 되고, 양국관계에서는 신뢰를 높이는 중요한 역할을 한다. 따라서 정상외교를 통한 경제협력을 더욱 활성화할 필요가 있다.[29]

---

29) 한미관계의 특수성과 미국과 이란 사이의 대립관계 때문에 국제외교무대에서 우리나라와 이란 사이에 갈등과 불신이 야기될 소지가 매우 높다. 2005년 이란이 우리 상품에 대해 부분적인 수입제한조치를 취한 것은 그런 징후의 일부라고 할 수 있다. 하지만 이란이 막대한 잠재력을 지니고 있고 현재의 미국과의 대립관계가 개선될 가능성도 높다는 점을 고려하여, 이란과의 관계강화에 더욱 노력할 필요가 있다.

◈ 참고문헌 I

• 김흥종, 2002, 「중동 주요국의 교역구조분석 및 한국의 대중동 통상확대전략」, 정책연구, 대외경제정책연구원

• 박복영, 2004, 「1990년대 이후의 중동의 경제개혁」, 대외경제정책연구원

-----, 2004, 「중국과 중동 석유화학 투자환경 점검」,대외경제정책연구원

-----, 2005, 「중동 오일달러 규모와 그 파급 효과」,대외경제정책연구원

-----, 2005, 「석유를 매개로 한 아시아와 중동간의 관계강화」, 대외경제정책연구원

• 황주성, 박철형, 2005, 「고유가시대의 중동경제와 대중동 경제협력 확대방안」, 대외경제정책연구원

• 배희연, 2002, 「UAE의 외국인투자 유치정책」, 대외경제정책연구원

• 오승국 외, 2006, 「중동오일머니의 활용방안」, 삼성경제연구소

• 유　훈, 2002, 「공기업론」제5정판, 법문사

• 윤성식, 1998, 「공기업론」, 개정판, 박영사

• 정영규, 2006, 「국제경제론」, 연경문화사

-----, 2004, 「국제지역경제론」, 연경문화사

-----, 2003, 「동남아 경제의 이해」, 다해출판사

-----, 2002, 「말레이시아 문화경제론」, 정론여행비즈니스

-----, 2007, 「인도네시아 경제학」, 연경문화사

- 주동주, 1997, 「히데마 대통령의 이란, 개혁과 개방 기대」, KIET 실물경제, 103호
  -----, 2006,「고유가시대 일본의 대중동 경제협력과 시사점」, 산업연구원
  -----, 1998,「이집트, 구조조정으로 성공으로 경제호전」, KIET 실물경제, 120호
- 차홍선, 2005,「중국과 중동 석유화학 투자환경 점검」, LG경제주간
- 한국무역협회, 종합무역정보(www. kita.net)
- 한국석유공사, 페트로넷(www.petronet.co.kr)
- 한국수출입은행, 해외투자 데이터베이스(www.koexim. co.kr)
  ------------, 2005. 「수은해외경제」 각호
  ------------, 2006. 「수은해외경제」 각호
  ------------, 2007. 「수은해외경제」 각호
- 해외건설업협회, 해외건설수주 데니타베이스(www.icak.or.kr)
- 한국플랜트산업협회, 플랜트산업정보(www.plantkorea.com)
- 한국무역협회,「중국의 대중동 경제협력 강화 동향과 우리에 미치는 영향」, 현안리포트05-06
- 日本通商産業省, 2006, 通商白書』
- Al-Atrash, H. and T. Yousef. 1990. *Intra-Arab trade: Is it too little?* IMF Working Paper.
- Arab Monetry Fund. 2003. *Unified Arab Economic Report (in Arabic)*.

제2편 말레이시아

제1부 말레이시아 일반경제 환경과 최근 경제동향
제2부 말레이시아 투자환경
제3부 말레이시아 산업 정책

Guangzhou
Shantou
Nanning
Kaohsiung
Taiwan
Hong Kong S.A.R.
Hanoi
Zhanjiang
Macau S.A.R.
Haiphong
LAOS
Chiang Mai
Vientiane
Vinh
Hainan Dao
PARACEL ISLANDS
THAILAND
Nakhon Ratchasima
Da Nang
VIETNAM
South China Sea
Manila
Bangkok
CAMBODIA
Nha Trang
Phnom Penh
Ho Chi Minh City
Long Xuyen
Bacolod
SPRATLY ISLANDS
Zamboanga
Kota Kinabalu
Bandar Seri Begawan
BRUNEI
Ipoh
MALAYSIA
Kuala Lumpur
Melaka
Singapore
SINGAPORE
KEPULAUAN NATUNA
MALAYSIA
Kuching
Borneo
Celebes Sea
Pontianak
Samarinda
Palu
Padang
Sumatra
Banjarmasin
Palembang
Tanjungkarang-Telukbetung
Makassar
Java Sea
Jakarta
INDONES
Semarang
Surabaya
Bandung
Lombok
Flores
Denpasar
Sumbawa
Kupang
Christmas Island
Ashmore and Cartier Islands
Indian Ocean

제 1 부

말레이시아 일반경제 환경과 최근 경제동향

◈ 말레이시아 개요

* 국　　명 : 말레이시아(Malaysia)
* 국　　체 : 입헌군주제(국왕은 9개 주의 주왕이 교대로 수임)
* 정부형태 : 의원내각제
* 독 립 일 : 1957. 8. 31(말레이시아 연방 독립)
* 국 경 일 : 8월 31일(Malaysia Day)
* 수　　도 : Kuala Lumpur
  (인구 약 130만, KL생활권역 인구 약 400만)
* 국토면적 : 329,733㎢
* 인　　구 : 2,720만 명(2007)
* 민　　족 : 부미 뿌뜨라(58%), 중국인(25%), 인도인(7%),
  기타(3%), 외국인 체류자(7%)
* 종　　교 : 말레이인은 이슬람교가 국교이나,
  종교의 자유는 헌법으로 보장
* 언　　어 : 말레이어가 공용어이나 영어가 널리 통용
* 1인당 국민소득 : US$ 6,100(2007)
* 경제 성장률(실질 GDP 성장률) : 8.5%
* 화폐단위 : Ringgit Malaysia (RM) 4

제 1 장

일반경제 환경과 특징

AFTA(동남아시아 자유무역지대)를 주도하고 있는 말레이시아는 이미 개발도상국 지위를 벗어나고 있으며 풍부한 자원과 저렴한 노동력을 보유하고 있어 성장 잠재력이 매우 큰 나라이다. 따라서 본 장에서는 말레이시아의 경제협력을 통한 AFTA의 진출이라는 측면에서, 아시아의 일반경제 환경과 특징에 관하여 살펴보고자 한다.

1. 다양한 민족

1957년 영연방국으로부터 독립한 말레이시아는 <표 1-1>에서 보는 바와 같이 국토에 비해 인구가 적으며 다양한 민족으로 구성되어 있다. 국토면적은 약 33만㎢로 우리나라 남북한 면적의 약 1.5배에 달하며 남한면적의 약 3.4배이다. 인구는 23.8백만 명으로 우리나라(남한)인구의 절반수준으로 말레이계(58%), 중국인(25%), 인도인(7%), 외국인 거주자(7%)로 구성된 다민족국가이다.

<표 1-1> AFTA 10개국 인구와 면적

(2007년 말 기준)

구분	인도네시아	싱가포르	말레이시아	태 국	필리핀	브루나이	미얀마	라오스	베트남	캄보디아
면적(㎢)	2,027,569	618	329,758	513,115	300,000	5,765	67,658	23,680	33,169	18,104
인구(천명)	243,613	3,299	24,018	63,046	74,375	326	51,511	5,965	77300	12,808

자료 : 「AFTA 주요국의 통계지표」

<표 1-2> 말레이시아 민족별 인구구성 및 소유비중 추이

(단위 : %)

구 분	인구구성비	1970	1990	1999	2006
부미푸트라	58.1	1.5	19.3	19.1	27.8
비부미푸트라	41.9	36.4	55.3	48.2	70.4
-중국계	24.3	22.8	45.5	37.9	36.2
-인도계	6.9	0.9	1.0	1.5	1.40
-기 타	3.2	12.7	8.8	8.8	15.4
외국인	7.5	62.1	25.4	32.7	34.2
계	100.	100.0	100.0	100.0	100.0

자료 : KOTRA

말레이시아 정부의 부미푸트라 정책의 시행결과 1970년 부미푸트라의 자산소유 비중이 1.5%에서 2006년에는 27.8%로 증가하였으며, 중국계는 1970년에 22.8%에서 2006년에는 36.2%로 증가하였다.

2. 풍부한 천연자원

말레이시아는 '세계자원의 보고'라고 불릴 만큼 풍부한 천연자원을 보유하고 있다. 넓은 국토에 다양한 광물자원이 풍부하게 매장되어 있을 뿐만 아니라 적도상 열대지방에 위치하고 있어 열대작물과 임산물도 많다.

<표 1-3> 주요 광물자원 매장량

광물종류	단위	(A)	세계(B)	A/B(%)	세계순위
주 석	톤	1,200,000	9,600,000	12.5	3
희토류	톤	30,000	100,000,000	0.03	9
이트륨	톤	13,000	510,000	2.55	5

자료 : 대한광업진흥공사

<표 1-4> 주요 광물자원 생산량

광물종류	단위	1996	1997	1998	1999	2000	2006
보오크사이트	천 톤	218.7	279.0	149.8	222.4	141.5	212.5
고령토	톤	324,578	221,769	198,930	213,972	n,a	-
철광석	톤	325,114	269,087	376,009	337,462	n,a	-
동광석	천 톤	20.2	18.9	13.9	10.2	n,a	-
주석광석	천 톤	5.2	5.1	5.8	7.3	7.	8.2
주석금속	톤	38.1	38.4	27.0	28.9	25.5	27.2
석 탄	톤	73,747	105,231	349,849	308,502	n,a	-
금	톤	2.8	4.5	3.4	3.5	4.3	4.6
은	톤	9.0	9.6	7.2	2.7	0.0	1.2
티 타 늄	천 톤	129.3	89.3	55.0	65.0	64.6	66.5
중 정 석	톤	17,458	2,608	1,580	13,506	n,a	-
정 련 연	천 톤	36.0	35.9	29.0	33.0	33.0	36.0
견 운 모	톤	5,501	5,708	3,642	3,678	n,a	-
지 르 콘	톤	4,511	4,050	3,057	1,763	n,a	-

주 : 생산량은 금속량 기준임

자료 : World Metal Statistics Yearbook, World Mineral Statistics yearbook

말레이시아는 이와 같은 천연자원으로 성장잠재력이 크며 이러한 자원의 개발과 이용이 말레이시아 경제발전에 크게 영향을 미칠 것으로 보인다. 특히 주석, 원유, 천연가스는 매장량뿐만 아니라 수출부문에 있어서도 중요부문을 차지하고 있다.

3. 부미푸트라 정책

「부미푸트라 정책」이란 1971년 이후 신경제정책(New Economic Policy : NEP)하에 추진된 말레이인 우대정책의 총칭으로 부미푸트라란 말레이어로 '토지의 아들'이라는 의미이다. 부미푸트라 정책을 시행하게 된 배경을 살펴보면 첫째, 1969년 부의 편중으로 인한 말레이・중국계 간 유혈사태가 발생하였고, 둘째, 1970년대부터 시작된 신경제정책(NEP)에서 인종간 부(富)의 편중배분현상을 시정하기 위하여 말레이계를 정책적으로 우대하기 시작한 데서 비롯된다.

이 정책의 주요 목적은 빈곤세대가 많은 농촌 말레이인의 소득향상과 경제참여 기회의 확대를 통해 중국인이 좌지우지하는 경제를 재편하여 말레이시아 종족간의 격차를 시정하려는 것이다. 구체적으로는 ①고용기회에 인구의 종족 구성비를 반영시킨다.(말레이인의 참가비율을 늘린다) ②말레이인의 근대 경제부분 자본소비비율을 20년간 (90년까지)에 30%까지 끌어올린다. 자산 지분비율 추이를 보면 70년에는 2.5%에서 90년 19.2%로 95년 20.6%, 98년 19.4%로 증가하였다. ③인구증가정책(2020년 3200만) 및 외국인 영주권 부여를 제한한다. ④외국기업 합작 선으로 말레이계(Bumi) 기업 추진 및 공사 우선 할당과 ⑤외국인의 부(富) 소유 제한 정책으로 첫째, 외국인의 환(換) 투기 방지와 부동산 소유 제한 및 외국인의 직접 투자를 장려하는데 초점을 맞추고 있다. ⑥또 4회에 걸친 경제 5개년 계획 실시에 따라 공업화를 적극 추진하여 제조업의 비중을 13.5%에서 35.1%로 올리고, 제조업의 성장 목표는 연평균 12.2%, GDP(국내총생산) 전체 비중으로는 8.0%로 한다는 야심적인 내용을 담고 있다.

신경제기간 중 거시경제 실적을 보면 목표치에 근접한 성과를 거뒀다. 즉 GDP는 1985,86년의 경기후퇴기를 제외하고는 1991~90년 평균인 6.7%를 달성하였다. 또 빈곤비율에 있어서는 1970년의 52.4%에서 90년에는 17.1%로 떨어져 목표를 실현하였다. 이와 같은 4차례에 걸친 5개년의 경제개발계획을 성공적으로 추진한 결과, 정치・경제・사회적 안정을 이루고 수출지향 형 제조업이 경제발전을 주도하는 공업화에 성공하였다.

현재는 제 3차 장기발전계획(OPP3: 2001~2010)추진 중에 있으며, 2020년까지 선진국에 진입한다는 야심에 찬 목표 달성을 위해 연 7.5%의 경제성장을 실현하기 위해 노력하고 있다.

<표 1-5> 민족별 직종분포 추이

(단위 : %)

	1990				1999				2006			
	부미푸트라	중국계	인도계	기타	부미푸트라	중국계	인도계	기타	부미푸트라	중국계	인도계	기타
회계사	11.2	81.2	6.2	1.4	15.9	77.0	5.8	1.3	18.4	75.2	5.4	1.0
건축가	23.6	74.4	1.2	0.8	28.9	69.3	1.5	0.3	31.2	67.2	1.2	0.4
의 사	27.8	34.7	34.4	3.1	36.7	30.9	28.4	4.0	38.9	31.6	25.2	4.3
치과의사	24.3	50.7	23.7	1.3	34.8	42.1	21.0	2.1	37.4	40.2	20.2	2.2
변호사	22.3	5.0	26.5	1.2	31.3	41.0	26.8	0.9	33.5	60.4	6.1	0.0
조사원	44.7	49.6	3.7	2.0	47.8	47.4	3.0	1.8	47.2	29.5	22.4	0.9
수의사	35.9	23.7	37.0	3.4	42.6	26.8	28.5	2.1	51.4	44.4	2.1	2.1
계	20.7	59.3	17.5	2.5	28.9	53.9	15.5	1.7	44.4	29.7	24.2	1,7

자료 : Bank Negara Malaysia

4. 대일 편중적 경제구조

말레이시아는 신경제정책(경제개발계획)을 추진하는 과정에서 일본의 지원과 투자가 늘어나 일본경제에 대한 의존도가 구조적으로 심화되는 문제점을 지니게 되었다. 말레이시아는 경제개발에 소요되는 막대한 자금을 자원 개발로 조달하고자 하였던 반면, 일본은 자원 확보를 위해 적극적으로 해외투자에 나섰던 것이다. 어쨌든 이로써 양국간 경제교류가 활발해졌고 일본은 교역 및 투자의 확대를 통하여 말레이시아 경제에서 절대적인 지위를 갖게 되었다.

이러한 말레이시아의 대일 편중적 경제구조는 1980년대 중반 들어 개선되는 조짐을 나타내고는 있지만 아직도 말레이시아 경제 발전의 중요한 역할을 수행하고 있다. 말레이시아와 일본의 경제 관계는 무역과 투자를 중심으로 하여 대단히 밀접한 관계로 발전하여 왔다. 또 1980년 마하티르 수상이 "룩 이스트 정책(Look East : 동방정책)"을 내걸어 일본을 모델로 한 경제발전을 추진하고자 하였다. 이를 통해 두 나라는 인적왕래, 경제계 교류 등에 있어서 활발한 접촉을 시도해 왔다.

2007년도 무역거래를 살펴보면, 일본 입장에서 말레이시아는 주요 수출대상국 중 4위(14.1%)와 수입대상국 2위(20.1%), 60년대부터는 2007년까지 투자대상국 2위를 차지하고 있다. 2007년도 중에는 미국에 이어 2위(RM38.8억)의 투자국이다. 이외에도 일본은 말레이시아와 공적개발 원조 확대를 시도해 긴밀한 경제협력 관계를 유지하기 위해 노력해 오고 있다. 그러나 말레이시아는 이러한 대일 편중적 경제구조로 인한 폐해를 시정하기 위하여 AFTA 결성 이후 역내 국가들을 비롯해 미국, 유럽지역 국가, 한국, 대만 등으로 무역, 투자 등 대외거래 분야에서 적극적인 다변화를 시도하고 있다.

5. 역내 경제협력의 강화

말레이시아는 ASEAN을 주도하면서 역내경제협력[30]에 소극적이었으나 1980년대 후반 이후 세계경제환경이 급변하면서 적극적인 태도로 자세를 바꾸었다. 우선 말레이시아를 비롯한 여타 ASEAN(인도네시아, 싱가포르, 태국, 필리핀, 브루나이)국가들은 EU를 중심으로 한 범 유럽 경제권의 형성과 NAFTA의 결성 등으로 세계경제의 지역주의화 경향이 확산됨에 따라 이들 지역에 대한 수출 감소를 우려하게 되었다. 특히 ASEAN 경제성장의 큰 힘이 되었던 외국인 투자가 멕시코로 빠르게 전환되었을뿐만 아니라 중국, 베트남 등 저렴하고 풍부한 노동력을 보유하고 있는 기존 사회주의 국가들이 주요 투자유치 경쟁국으로 새롭게 등장하였다.

이러한 가운데 말레이시아는 미국, 일본, 유럽 등 주요시장에서 후발 개도국과의 경쟁 우위를 확보하고 경제개발에 소요되는 막대한 자금을 유치하기 위해서, ASEAN을 중심으로 한 역내경제통합체 결성의 필요성을 절감하게 되었다. 이와 같이 말레이시아가 ASEAN을 중심으로 한 역내경제협력에 적극성을 보이면서 1992년 싱가포르 제 4차 정상회담의 합의에 따라 마침내 1994년 AFTA가[31]가 창설되었다. 이후 베트남(1995), 라오스와 미얀마

---

30) AFTA의 추진 경위 및 경제적 평가 등에 관한 자세한 내용은 정영규,「국제경제학」, 연경문화사 2007 참조.

31) AFTA는 공동실효특혜관세(Common Effective Preferential Tariff:

(1997), 캄보디아(1999)가 AFTA에 차례로 가입함으로써 '하나의 동남아시아'라는 거대한 경제 블록을 형성하게 되었다.

이러한 AFTA의 창설은 말레이시아를 비롯한 역내국들에게 ① 역내 제품들이 세계 시장으로 나가기 전에 AFTA시장에서 먼저 경쟁을 거침으로써 경쟁력을 제고 할 수 있고 ②성장잠재력이 큰 AFTA에 외국인 투자를 유인하는 데 크게 기여하며 ③국제무대에서 AFTA 국가의 협상력을 제고시켜 EU, NAFTA 등 다른 경제 블록들이 배타적으로 흐르는 것을 유효하게 제어하는 등 경제적·비경제적으로 큰 혜택이 기대된다. 아울러 최근 중국과의 AFTA체결로 AFTA역내협력이 지속적으로 증가하고 있다.

CEPT) 제도를 도입하여 부문별 관세인하를 유도함으로써 관세인하의 실효성을 높이고 있으며 이러한 계획도 당초계획보다 5년 빠른 2003년까지 완료하기로 합의하였음.

제 2 장

최근의 주요 경제동향

1980년대 중반까지만 하더라도 자원의존형 구조를 벗어나지 못했던 말레이시아 경제는 국제경제환경의 변화에 발맞추어 수출지향형 경제 성장 전략을 추구하면서 커다란 변화를 보이고 있다. 특히 말레이시아는 1980년대 후반부터 외국인투자의 급증에 힘입어 제조업부문의 생산 활동이 활기를 띠면서 견고한 경제성장을 지속해 나가고 있다. 여기서는 1990년 이후를 중심으로 말레이시아의 경제활동에 관하여 간략히 살펴보고자 한다.

1. 경제성장

말레이시아는 <표 2-1>에서 보는 바와 같이 1990년대 들어 제조업의 비중이 높아지면서 8%의 내외의 안정되고 견고한 고도 경제성장을 지속하고 있다. 말레이시아 경제는 1980년대 중 원유, 주석, 니켈, 가스 등 천연자원의 생산이 국민경제 활동에서 차지하는 비중이 높아 원자재 가격의 변동에 따라 커다란 기복을 보였다. 이러한 가운데 1980년대 중반 일본을 비롯하여 한국, 대만 등이 자국통화가 강세를 보이자 노동집약적 산업을 중심으로 대말레이시아 직접투자가 크게 늘어나면서 말레이시아 경제도 크게 활기를 띠기 시작하였다. 그러나 1992년 북미자유무역협정이 체결되면서 말레이시아를 비롯하여 동남아시아로 향하던 외국인 투자가 멕시코로 전환되는 현상이 뚜렷이 나타나자 말레이시아는 AFTA의 결성에 적극 나서는 동시에 외국인 투자 규제완화를 통하여 그동안 외국인 투자를 적극 유치함으로써 지속적인 경제성장을 도모해 나가고 있다.

<표 2-1> **경제성장률 추이**

(단위 : %)

	1990	1992	1993	1994	1995	1996	1997	2001	2005	2006	2007
실질GDP성장률	9.5	7.8	8.3	9.2	9.5	10.0	7.3	0.4	5.2	5.9	8.5

자료 : EIU, Country Report, 각호

2. 물 가

말레이시아는 지속적인 경제성장을 달성한 결과 물가도 안정적인 수준을 유지하고 있다. 1990년대 말레이시아의 소비자 물가 상승률은 3~5%대로서 우리나라의 4~6%(1990~1991년 제외)보다 훨씬 낮은 수준을 유지하고 있다.

외환위기가 발생한 1997년도 이후에도 마하티르 정부의 효율적인 경제구조 개혁정책의 수행으로 평균 2%내외의 물가수준을 유지하여 왔다. 이와 같이 주변 국가와는 다르게 외환위기의 영향을 크게 받지 않으면서 안정적 고도성장을 유지하고 있다. 최근에는 안와르 총리 이후 경제가 안정적인 물가수준인 2%내에서 유지되고 있다.

3. 실업률

말레이시아의 실업률은 정부가 발표하는 공식통계에 따르면 <표 2-2>에서 보는 바와 같이 다소 높은 3%대를 유지하고 있으며 1997년에 발생한 외환위기의 영향에도 불구하고 마하티르의 효율적인 경제정책으로 인하여 실업문제가 크게 발생하지 않았다.

말레이시아는 농업부문에 종사하는 노동인구의 약 50%를 20대와 30대가 차지하고 있다. 취업자 중에는 아직도 농업부문에 종사하는 대부분의 말레이계 원주민과 상업 및 서비스에 종사하는 중국계 화교들과 소득격차가 아직도 큰 사회 문제가 되고 있다. 2000년대 이후 최근까지 말레이계 원주민의 상업 및 서비스업종으로의 취업이 증가하는 추세를 보이고 있다.

4. 수출입 및 환율

말레이시아의 수출입 절대규모는 우리나라의 1/2 수준에 지나지 않지만 강력한 수출 드라이브 정책에 힘입어 2006년 연말에 무역수지가 350억 달러 흑자를 기록하여 안정적으로 증가하고 있다. 이와 같이 말레이시아의 수출입이 높은 신장세를 나타내고 무역수지에 있어서도 흑자를 보인 것은 정부의 수출 지향적 경제성장 전략에 힘입은 바 크다. 제조업 부문을 중심으로 일본, 미국, EU 등과의 수출입이 크게 늘어났기 때문인 것으로 보인다. 즉, 말레이시아는 우리나라와는 달리 외환위기 기간 중에도 무역수지가 지속적인 흑자를 나타냈다.

이와 같이 말레이시아가 안정적인 성장을 유지할 수 있었던 것은 마하티르 정부 이후 효율적인 경제정책과 아울러 국제경제 환경의 변화에 효율적으로 대처한 것에 기인한다고 볼 수 있다. 특히, 외환시장에서의 급격한 환율변동에 따른 경제전반의 불안정보다는 환율을 안정적으로 운용함으로써 안정적 경제성장을 지속하는 데 중점을 두고 있기 때문인 것으로 풀이된다.

<표 2-2> 말레이시아 주요 경제지표 비교

	항목	단위	1990	1995	2002	2003	2004	2005	2006
말레이시아	실업률	%	5.1	2.8	3.1	3.6	3.4	3.1	3.7
	소비자물가상승률	%	3.1	5.3	1.8	1.1	1.5	3.0	3.6
	수출액(fob)	억US$	294.2	720.53	933.38	1004.8	1260.5	1418.2	1601.4
	수입액(cif)	억US$	271.70	721.53	752.29	793.78	991.78	1008.6	1257.3
	경상수지	억US$	-9.18	-74.63	71.35	133.29	148.06	199.80	229.48
	환율(기간 말)	RM/US$	2,7	2,5	3,8	3,8	3,8	3,7	3.7
	1인당GDP	US$	2,300	3,942	3,974	4,254	4,759	5,159	5,598
	경제성장률	%	9.7	9.5	4.4	5.5	7.2	5.2	5.9

자료 : Bank Negara Malaysia

제 2 부

말레이시아 투자환경

제 1 장

외국인 투자 정책 및 제도

말레이시아의 외국인 직접투자 유치정책은 주변 국가들에 비해 비교적 일찍 시도되었다. 1970년대부터 외국인 투자가 이루어지면서 지역간, 인종간 빈부격차 해소를 위한 선별적인 외자도입정책을 시행하였다.

1986년에는 자본기술 및 인적협력을 바탕으로 투자위험을 분산하는 투자유인제도를 주요골자로 한 투자진흥법이 제정되는 등 적극적인 외자 도입정책이 수립되면서 국내경기는 회복세를 보였다.[32] 1990년대 들어 인력난, 사회간접자본 시설부족 등 경기과열에 따른 문제점이 표출되었다. 그러한 현상에 따라 1991년 외자도입의 목표를 단순한 경기부양 대책에서 산업구조 고도화로 전환하고 외국인 투자 유입정책의 기본방향을 자본-기술집약적인 고부가 가치형 산업을 우대하는 선별적 투자정책으로 선회하였다. 1993년에는 서비스업 부문의 다국적기업에 대한 세금우대 조치

32) 말레이시아는 1986년 투자장려법의 개정으로 외국인 자본비율제한의 완화, 특정산업 및 지역의 개발, 수출확대, 고용증가 등의 촉진을 도모하였다. 특히 1차 산품 수출일변도에서 제조업중심의 생산·수출 다변화로 전환됨에 따라 이에 따른 자본수요에 대처하기 위해 외국자본에 대한 규제를 완화하였다.

시행, 조세감면지역으로 라부안(Labuan)섬 지정 및 법인소득 세율 감면 등의 외국인투자 활성화 정책 및 동부지역 개발을 위한 첨단산업 투자우대조치를 시행하였다.

현재 정부는 말레이인의 참여를 확대시키기 위해 정책상 합작투자 형태의 외국인직접투자를 장려하고 있다. 자본집약적, 첨단기술집약적 산업육성을 기준으로 한 외국인 투자지분 소유제한 완화 등의 정책을 통하여 외국인 투자 여건 개선에 역점을 두고 있다.

1. 관계법규 및 기관

외국인투자관련 기본법으로는 1986년 개정된 투자장려법(Promotion of Investment Act)과 1975년 제정된 공업조정법(Undustrial Cooperation Act)등이 있다.

투자장려법은 1979년 NEP이 발표되면서 대폭 개정되어 오늘에 이르고 있는데, 그 목적은 장려조치를 필요로 하는 선도 산업분야를 규정하여 적극적으로 외자유치의 방향을 제시하고 개발지역 및 우대지역 및 우대업종 등에 대하여 각종 인센티브를 부여하는데 있다. 이 법규는 내국인투자와 외국인투자에 동일하게 적용된다.

공업조정법은 투자장려법이 특정산업에 대하여 각종 우대조치를 규정하고 있는데 반하여 전체 제조업을 대상으로 사업 활동의 인가·감독권한을 정부에 부여한 것이라 할 수 있다. 그 목적은 기업의 특정산업에 대한 집중투자로 발생하는 과잉경쟁, 과잉생산 등을 방지하여 질서 있는 경제발전을 도모하는 데 있다.

외국인 투자에 관한 최고기관으로는 외국인투자위원회가 있고,

투자심사기관으로는 상공부의 하부기관인 말레이시아산업개발청(MIDA)이 전담하고 있다.

외국인투자위원회는 외자정책의 가이드라인을 결정하고 상공부 등 관계부처를 감독한다. 1965년에 발족된 MIDA는 외국인투자신청의 접수, 인·허가, 투자관련 정보의 제공, 산업육성에 효과가 있는 신규우대조치에 대한 대정부지분등의 역할을 담당한다. 최근에는 동기관내에 투자조정센터를 설치하여 투자승인절차와 관련하여 각종 서비스를 제공하고 있다. 이러한 업무수행을 위하여 말레이시아 산업개발청(MIDA)은 14개 해외사무소와 7개 국내사무소를 두고 운영하고 있다.

1) 외국인 투자법

외국인 투자 관련 기본법으로는 회사법(Companies Act of 1965), 산업조정법(Industrial Co-ordination Act of 1975: ICA) 및 투자진흥법(Promotion of Investments Act of 1986) 등이 있다. 이 중 회사법은 회사조직, 설립 및 사업 확장에 관하여 규정하고 있다. 제조업의 건전발전을 도모하기 위해 제정된 산업조정법은 자본금 250만 링깃 또는 종업원 75명 이상인 제조업체로 하여금 국제통상산업부(Ministry of International Trade and Industry: MITI)로부터 사업허가를 받도록 규정하고 있다.

또한 투자진흥법은 1979 신경제정책(NEP)이 발표되면서 대폭 개정되었으며, 우대산업 및 개발지역을 지정하여 투자정책의 방향을 제시하고 투자우대조치를 부여함으로써 특정 산업 및 지역을 집중 육성하고자 시행되고 있다.

2) 지적재산권 보호법

말레이시아는 산업재산권 보호를 위한 Paris Convention (1989년), 문학 및 예술작품 활동 보호를 위한 Bern Con vent ion(1990년), 무역관련 지적재산권(Trade-Related Aspect of Intellectual Property : TRIP)에 관한 GATT의 UR 협정과 세계 지적재산권 보호단체 Convention(1994년)의 서명국이다.

특허법(1995년) 및 특허규정(1986년 제정, 1995년 개정)에 따라 특허권의 보호기간은 부여일로부터 15년이고 특허권 수수료가 지급되는 연도마다 갱신 가능하다. 특허권 취득 후 신규 또는 기존의 제품 및 생산 공정 개발이 이루어질 경우 5년간 다시 연장할 수 있다.

상표법(1976년 제정, 1994년 개정)에 따라 상표권의 보호기간은 등록일로부터 7년이고 14년간 재연장이 가능하며, 저작권보호법(1987년 제정, Bern Convention의 요구조건에 의해 1990년, 1996년 개정)에 따라 저작권의 보호기간은 작품의 최초 완성일로부터 대체로 50년 이상이고 재연장은 허용되지 않는다.

2. 투자 및 회사설립절차

1) 투자절차

말레이시아에 투자하고자 하는 자(법인 포함)는 상공부장관의 허가를 받아야 하는데 이에 관한 업무는 MIDA내의 투자조정센터에서 관장하고 있다. 따라서 투자신청은 먼저 MIDA에 하게 되며 이때의 신청서는 투자승인에 관한 모든 사항을 포함하고 있어 제조허가, 요원, 투자인센티브 등에 관한 지원서를 추가로 요하지 않는다.

말레이시아내의 신규 및 확장투자를 하고자 할 때 우선 MIDA와 사전상담이 필요하다. 또한 MIDA내의 투자실행위원회에서는 말레이시아내의 합작가능한 기업을 소개하고 있다.

허가절차에 소요되는 기간은 대략 2~8주이나 투자대상 업종에 대한 관세율 인하혜택, 수입보조금, 외국인 주식보유 비율인상 등의 요청이 있을 경우 그 이상의 기간이 소요된다.

허가와 관련된 주요사항은 다음과 같다.

첫째, 상공부 장관의 허가대상은 투자액이 250만 링깃 이상이며 75명 이상 고용하고 있는 모든 제조업자가 해당된다.

둘째, 이전에는 투자허가절차가 사례별로 검토되어 차별적인 양상을 띠었으나 최근에는 차별적인 규제가 완화되었다. 그러나 여전히 투자허가사례에 기초하여 이루어지고 있다.

셋째, 250만 링깃 미만의 자본금을 가진 제조업체로서 1985년 이전에 허가되었다면 총생산의 80%이상을 수출하는 기업에 한하여 설비 확장이나 생산라인 증설이 허용된다.[33]

넷째, 현재 상공부는 NEP의 유일한 실행기관으로서 투자지역, 주식배당비율, 이사진, 고용구조, 지방전문서비스의 사용, 건설기간, 품질기준, 가격결정, 환경오염방지책 등과 관련하여 추가적 조건을 부여할 수 있다.

다섯째, 투자로 인한 증자분의 30%가 부미푸트라에 귀속된다면 설비 확장이 허용된다.

---

33) 말레이시아에서의 외국인 투자 절차를 보면, 자본금 250만 링깃 또는 종업원 75명 이상인 제조업체 및 기술이전 관련사업의 경우 MIDA에의 투자신청 후 MITI의 허가를 받아야 하며, 천연자원 개발에 대해서는 관련 정부부처 및 국영석유회사의 승인이 요구된다.

외국인투자의 승인 소요기간은 통상 6주~2개월 정도에 이르고, 관세 보호, 수입 대체 밑 투자지분 조정이 요구되는 사업에 대하여는 승인기간이 연장 될 수 있다.

1995년 11월 MITI는 고기술·자본집약적 투자사업을 유치하기 위하여 투자사업의 종업원당 자본투자액(CIPE)이 55,000링깃 이하일 경우 일반적으로 승인할 수 없도록 규정하고 있다. 그러나 예외적으로 Sabah/Sarawak 등의 저개발지역, 30% 이상의 부가가치가 기대되는 사업, 고 기술 산업 및 관리/기술/감독(MTS) 수준이 높은 신규사업 등은 승인이 가능하다.

생산제품의 다양화 및 생산 확장을 위한 증자시, 기존의 수출지향 투자기업이 당해 생산제품의 80% 이상을 수출한다면 MITI 또는 MIDA에 별도의 승인을 받을 필요가 없으며, 내수시장을 겨냥하기 위한 증자시 지분투자액이 250만 링깃 이하일 경우에도 외국인투자의 승인절차는 생략되나 증자에 관한 세부 투자계획을 MITI 또는 MIDA에 제출해야 된다.

MITI는 국가개발정책(NPD)의 수행관청으로서 외국인 투자지분의 조건을 설정해 놓고 있는데, 자본금이 250만 링깃 이하이다. 1986년의 투자진흥법(PIA)에 따른 개척자지위 또는 투자세액공제를 누리게 되는 기업에 대해서는 대기업에 적용하고 있는 30%의 부미푸트라 지분소유 조건을 면제하고 있다.

2) 단계별 투자절차

가. 사전조사단계

합작 투자시 상대기업 선정을 위한 합작기업 알선업무를 MICCI 및 MIDA, 합작기업의 신용도 조사를 국내외 신용평가기관에 의뢰

한 후 합작 기업과 세부적인 투자 상담 및 투자계획서 작성이 요구된다. 또한 현지 투자지역에 방문하여 철저한 현장조사를 통해 사업타당성을 분석해야 한다.

나. 투자신청단계

MIDA에 투자신청 전 구비서류를 문의하고 신청서 양식에 따라 신청서를 작성한 후, 필요서류를 빠뜨리지 않고 제출하여야 한다. 참고로 구비서류를 들자면, 외국인 투자 신청서, 위임장, 투자기업 및 현지 합작기업의 정관, 현지 합작기업의 납세자 등록증(사본), 합작계약서 및 기술협약서, 생산 공정도 등이 필요하다.

MIDA 및 MITI는 제출된 투자신청 서류를 대체로 6주 내지 2개월에 걸쳐 검토한 후 투자승인을 하며, 사업 운영형태로 단독소유권을 가진 개인회사, 2명 이상 20명 이하의 합작회사 및 1965년의 회사법에 따라 등록한 회사는 설립가능하다. 신청한 회사명 등의 주요사항을 회사등기소에 등록하면 사업시행 준비가 일단 완료된다.

다. 투자실행단계

허가된 사업을 수행하기 위하여 현지직원 채용, 사업부지 선정 및 공장건설, 기계 및 원자재 수입, 환경저해와 관련된 별도의 구비서류가 필요하며, 투자수익의 과실 송금시 중앙은행에 신고하도록 되어 있고 투자사업 청산시에는 투자사업 허가기관에 청산보고를 하면 된다.

라. 회사설립

1965년의 회사법에 따라, 사원의 개인책임이 주식의 액면가액에 국한되는 주식회사, 회사청산시 사원이 지정금액 한도 내에 책임을 보증하는 유한책임회사, 주식과 보증에 의해 제한되는 유한책임회사, 그리고 무한책임회사의 네 가지 형태로 설립되고 있다. 물론 이중 주식회사가 가장 일반적인 회사형태이다.

마. 회사설립의 절차

말레이시아에서 사업을 하려는 외국인(기업)은 회사법(Companies Act, 1965)에 따라 소정의 절차를 거쳐 등록해야 한다. 회사법에 의한 회사형태는 ①주식회사 ②외국회사의 국내지사 ③조합 및 개인회사 등이 있으나 일반적으로 외국인투자기업은 주식회사형태를 취한다. 지사형태는 정부가 주관하는 공공프로젝트에 참가하지 않는 한 승인 받기가 어렵다.

주식회사는 private company와 public company로 나뉘며 그 특징은 <표 1-1>과 같다.

첫째, 회사등록국에 상호를 사전 신고하여야 하며 상호에 Royal, King 등의 사용은 영국에서와 같이 금지된다.

둘째, 회사명, 설립목적, 자본금, 주식 수 등을 기재한 기본정관과 회사 경영 등에 관한 행동규범, 주식양도, 자본금 변경, 총회, 해산 등에 관한 부속정관을 작성한다.34)

셋째, 회사설립절차가 적법하게 완료되었다는 법정진술서를 작성한다.

넷째, 이상의 서류를 제출하고 적법한 경우 수수료를 납부하면

---

34) 회사명칭, 설립목적, 수권자본금을 기재한 정권, 회사의 내부경영 및 사업운영을 관장하는 규정을 명시한 부석정관, 회사설립 절차의 적법성을 기술한 법령준수진술서, 임원의 임명 전 서약서 또는 회사설립 전 발기인의 서약서, 회사설립의 세부사항에 관한 요약표 등을 회사설립시 제출해야 되며, 최소 4개월 정도가 소요된다.

설립증서를 발급 받음으로서 법인설립이 완료된다.[35)]

현지법인의 준수요건으로 말레이시아는 등록된 사무소가 있어야 하고, 자사 및 지주회사의 주식거래는 금지되어 있다. 또한 최소한 2명 이상의 임원을 두어야 하고, 공기업의 임원은 통상 70세를 넘지 않아야 하며, 말레이시아 내에서 공인된 감사를 회사의 감사로 선임하여야 한다.

외국인회사의 등록절차로는 먼저 사업개시 1개월 이내에 ROC에 등록하여 Ministry of Domestic and Consumer Affairs 장관의 승인을 받은 후 설립증서의 인증사본, 회사정관 등 회사설립을 명기한 규정의 인증사본, 임원 명부(말레이시아 임원의 권한 기술서), 회사 대리인의 임명서, 위임장 및 서약서 등의 서류를 ROC에 제출해야 한다.

<표 1-1> 주식회사의 특징

	public	private
자 본 금	*최저 2링깃 이상 *법정 준비금은 없음	
발기인 및 주주	*발기인은 2인 이상 *국적 및 거주지에 대한 제한 없음	*좌 동 *주주는 50명을 초과할 수 없음 (현재 및 이전 종업원은 제외) *국적 및 거주지에 대한 제한 없음

35)·신규 회사명칭의 적합성 여부 의뢰(ROC에 소정의 양식, Form 13A로 신청)
·ROC에 설립관련 서류제출(회사명칭 사용 승인일로부터 3개월 이내)
·ROC의 설립증서 발급(설립완료)

이 사 회	*최소 2인 이상의 국내거주자 (말레이시아인의 아니어도 됨)	좌 동
기 업 공 개	*연차보고서 공개 (대차대조표, 손익 계산서) *생산지표의 통계부 등록 *외부회계감사 수감	*연차보고서 및 감사 보고서 공개
법인세 등 록	*수권자본(~M$25,000) : 법인등록세 M$ 300 *수권자본(M$125,000~M$500,000) : 법인등록세 M$300~M$2,200 *수권자본(M$500,000~) : 법인등록세 M$2,200 *수수료율은 2,500 링깃	좌 동
의사결정	*다수결원칙	좌 동
주식의형태	*의결권부 보통주 또는 우선주	

자료 : Business International Corp. ILT.

바. 투자 유관기관

* 투자유관기관의 기능

말레이시아의 외국인투자는 국제통상 산업부(MITI)와 그 산하 기관인 말레이시아 산업진흥청(MIDA)의 주관 하에 이루어진다. 그리고 수상, 재무부, 중앙은행, MITI, MIDA 및 관련 정부기관의 대표로 구성된 외국인투자위원회(FIC)도 운영되고 있다.

MITI는 산업정책을 수행하는 행정기관으로 외국인기업의 신규 투자 및 증자, 우대조치 수혜 및 기술이전과 관련된 외국인투자 수행시 해당 사업을 인가하는 역할을 담당하고 있다. MIDA는 1965년 연방 산업개발청에 관현 법률에 따라 설립되어 1967년에 업무를 개시했다. 외국인 투자의 정보제공 및 자문, 투자신청서의 접수 및 심사, 회사설립 및 등록 등 외국인 투자에 관한 총체적인 업무를 취급하고 있으며, 현재 15개 해외사무소 및 13개 국내사무소를 두고 있다.

이밖에도 FIC는 회사의 소유권 이전 및 사업 통제, 외국인의 고정자산 및 말레이시아기업 의결권 취득, 합작투자 및 기술이전 등에 의한 기업인수 및 합병거래를 조정하는 기능을 하고 있다.

사. 투자우대조치

말레이시아 정부는 선도 산업 또는 우대 업종·품목을 지정하여 외국인 투자를 장려하고 있다. 수혜대상에는 내국인도 포함한다. 선도 산업은 미리 지정되는 것이 아니고 투자자의 신청을 받아 자격의 적부가 결정되는데 말레이시아정부가 수시로 발표하는 우대업종을 근간으로 부여한다.

한편, 개발정책이 수입대체산업중심에서 수출산업중심으로 전환됨에 따라, 제시된 산업화종합계획에서 장려하고 있는 업종은 다음과 같다.

① 자원관련산업(resource-based industries)

- 천연고무 : 타이어산업, 고무가공 산업
- 팜유 : 화학 산업
- 식품 : 코코아, 과일, 채소가공 산업
- 원목 : 목재가구산업
- 원유 : 플라스틱 제품, 합성세제 및 비누제품
- 비철금속 : 주석제품, 알루미늄, 구리
- 비금속광물 : 세라믹타일, 시멘트

② 자원비관련산업(nonrecourse-based industries)

- 기초금속제품 : 압축기, 밸브, 펌프, 엔진, 나사 틀, 기어상

사, 주틀(목표 연평균 성장률 12%)
- 소비자용 전자제품(전후방 연관 효과의 강화에 역점)
- 전기제품(국내수요자의 만족을 위해 수직결합의 강화에 역점)
- 자동차
- 기계류(주조 및 제철소 개발)
- 철 금속
- 섬유(시설현대화 및 수출촉진에 역점)

3) 일반적인 인센티브(세제)

말레이시아에서는 투자진흥법(1986년), 소득세법(1967년), 관세법(1967년), 판매세법(1972년) 및 소비세법(1976년)에 의해 제조업, 농업, 관광산업 등에 대한 광범위한 투자 인센티브가 마련되어 있다.

가. 제조부문 투자 장려책

제조업에 제공되는 주요 인센티브로는 MITI가 정한 '권장활동' 및 '권장제품'의 우선순위에 따라 개척자격(PS), 투자세액(ITA) 및 재투자공제(RA) 대상기업으로 분류하여 세제상의 특혜를 부여하고 있다.

① 개척자격(Pioneer Status)

개척자격을 부여받은 회사는 1991년 11월부터 MITI가 인정한 생산일로부터 5년간 법인소득의 30%에 대해서만 세금을 납부하면 된다. 추가 장려책으로 사바(Sabah)주, 사라왁(Sarawak)주 및 말레이반도의 동부지역에 위치한 회사는 추가적으로 5년간 법인소득의 15%에 대해서만 세금을 납부하면 된다.

Kelantan, Terengganu, Pahang주에서 Lipis, Raub, Jerantut 및 Cameron Highlands(이미 승인된 산업공단 제외)를 제외한 지역과 Johor주의 Mersing지역을 포함하고 있다.

정부는 산업 연관 효과가 큰 자본/기술 집약적인 투자사업에 대해서는 법인소득세 면제 및 감면기간의 추가(5년간) 연장의 특혜를 부여하기도 한다. 제조업, 농업, 호텔, 관광업 등의 생산 활동을 촉진시키는 산업에 대해서도 수시로 PS 대상기업을 선정하고 있다. 자본금이 50만 링깃 이하이며 말레이인 지분이 최소한 70% 이상인 중소기업은 대체로 PS 대상기업에 해당된다.

② 투자세 공제(Investment Tax Allowance, ITA)

투자세액공제(ITA) 혜택을 받는 회사는 최초의 공제가능 자본적 지출이 발생한 날로부터 5년 이내의 공제가능 자본적 지출에 대하여 60%의 세액공제 혜택을 받을 수 있다. 공제액은 과세연도 법인소득의 70%까지 소득세와 상계되고 잔여 공제액은 소진될 때까지 차기연도에 이월가능하며, 법인소득의 30%에 대해서는 현행 세율에 따라 과세된다.

추가장려책으로, 말레이시아 동부의 Sabah주와 Sarawak주 및 말레이 반도의 동부지역에 위치한 동쪽 페낭에 위치한 회사는 발생한 공제가능 자본적 지출의 80% 공제 혜택을 받는다. 이 공제액을 이용하여 과세연도 법정 소득액의 85%까지 소득세와 상계할 수 있다.

③ 재투자액 공제(Reinvestment Allowance, RA)

재투자 공제(RA)는 생산능력의 확충, 생산설비의 현대화 및 개수, 관련제품의 제품 다변화를 위해 공제가능 자본적 지출을 한 제조업체에게 부여된다. 재투자액 공제는 회사의 자본적 지출의 60%를 공제하는 형식으로 이루어진다. 이 공제액을 이용하여 과세연도의 법정 소득액의 70%까지를 공제할 수 있다. 공제액 중 미사용 분은 모두 소진될 때까지 다음 해로 이월하여 법정 소득액에서 상계 처리한다.

사바 주, 사라왁 주 및 말레이시아 반도의 "동쪽 페낭" 권장지역에 재투자한 회사는 공제액을 이용하여 과세연도의 법정 소득액을 전액 다 상계 받을 수 있다.

④ 산업조정을 위한 장려책

1990년 12월 31일 이전에 원목, 섬유, 기계류 및 엔지니어링 부문에서 사업을 운영한 회사는 승인된 산업 조정 프로그램을 착수하거나 참여할 때에 일정한 인센티브를 받게 된다.

이들 인센티브의 '목적 상 산업조정'이란 '제조업의 특정부문이 산업의 자족적 기반 강화, 공업 기술향상, 생산성 향상, 천연자원의 효율적인 이용도 제고 및 효율적인 인력관리를 목적으로 당해 부문내의 조직 개편, 재건 또는 합병 등을 통한 구조 조정을 실시하고자 제안된 활동'으로 정의된다.

승인된 산업 조정 프로그램을 실시하는 회사는 산업조정 공제혜택을 받을 수 있다. 산업조정 공제(IAA)는 산업조정을 위해 제조회사에서 발생된 공제가능 자본적 지출액의 최고 100% 까지를 공제해 준다. 산업 조정 공제의 특성은 다음과 같다.

- 산업조정 프로그램은 국제통상 산업장관과 재무장관의 승인을 취득해야 한다.
- 산업 조정 공제는 인센티브 승인일로부터 5년 이내에 발생한 공제 가능 자본적 지출에 대해 제공된다.
- 투자세 공제 혜택을 누리는 회사는 공제 혜택이 적용되지 않은 자본적 지출에 대해서만 산업조정 공제 혜택 신청을 할 수 있다.
- 산업조정 공제 혜택을 받은 회사는 동일한 지출에 대하여 재투자 공제 혜택을 받을 수 없다.

그 밖에도, 구조 개편 프로그램을 실시하는 회사들을 위해 산업조정 기금을 설치하였고, 이를 이용하여 유자격 회사에서 우대금리로 자금을 대출해 준다.

나. 하이테크 산업 투자 장려책

하이테크 기업이란 권장 활동에 종사하거나, 또는 새로 부각되는 기술 분야에서 권장되는 제품을 생산하는 회사로 정의된다. 하이테크 기업은 다음 장려책의 혜택을 볼 수 있다.

- 개척자격 및 법정 소득 수준에서 5년간 완전 면세, 또는
- 5년 내의 발생한 공제가능 자본적 지출의 경우는 60%의 투자세 공제 혜택을 부여한다. 동 공제액은 각 과세연도마다 법정 소득액에서 무제한 상계 가능하다.

하이테크 기업은 다음 기준을 충족해야만 한다.

- 말레이시아 국내에서의 연간 연구개발비가 총 매출액의 최소 1%가 되어야 한다. 그러나 회사는 회사의 운영일, 사업 개시일로부터 3년에 본 요건을 충족시켜도 된다.

• 총 직원 중 과학 및 기술 전공자의 비율이 최소 7% 여야 한다.

다. 전략프로젝트 투자 장려책

전략 프로젝트란 자본 투자 규모가 크고 하이테크인 프로젝트로서 말레이시아 경제에 심각한 영향을 미치며 방대한 연계성을 창출할 수 있는 것을 일컫는다. 국가적 중요성이 큰 전략 프로젝트의 경우 정부는 다음과 같은 인센티브 부여를 고려할 수 있다.

- 개척자격 및 법정 소득 수준에서 10년간 완전 면세, 또는
- 5년 기간동안에 발생한 공제가능 자본적 지출에 대해 100% 투자세 공제 혜택부여, 동 공제액은 각 과세연도마다 법정소득액에서 무제한 상계 처리가 가능하다.

라. 소규모 기업 투자 장려책

소규모기업 투자 우대조치로, 1965년의 회사법(CA)에 따라 자본금이 50만 링깃 이하이거나 말레이시아인의 지분이 최소한 70% 이상인 소규모 제조업체에 대하여 1986년의 투자진흥법에 따라 소규모 제조업체를 위한 권장제품 제조 및 생산 활동 참여시 PS 자격이 부여된다.

마. 사업운용본부(OHQS)장려책

한편, 사업운용본부(OHQ) 투자 우대조치가 있다. 말레이시아내에 설립되어 말레이시아 국외의 사무소나 관계회사에 경영 및 관리, 재무 및 자금관리, 기업재무 자문, R&D, 교육훈련 및 인사관리 중 최소한 세 가지 이상의 서비스를 제공하는 OHQ에 대해서는 서비스제공 수수료, 외환 대출금의 이자 및 R&D로 수취한 로열티

수입에 대하여 5~10년간 10%의 양허세율을 적용하고 있다.

OHQ는 국외에 소재한 관계회사의 재무 및 자금관리를 위하여 중앙은행의 승인 없이 말레이시아 내에서 자유롭게 외환을 차입할 수 있다. 말레이시아 내에서 최대 1천만 링깃 한도 내에서 자유롭게 대출 받을 수 있다. 말레이시아 내 지정은행 또는 해외은행(수출대금 이외의 외환 수취계정)에서 외환계정을 개설할 수 있음은 물론이다. 이러한 혜택을 받기 위해서는 납입자본금이 50만 링깃 이상이고 연간 사업지출 규모가 최소한 150만 링깃이어야 한다.

바. 연구개발 장려책

연구개발 투자 우대조치로, 재무부장관이 승인한 연구개발비 지출의 이중 공제, 특정산업을 위한 R&D 활동 수행 시 5년간 연구개발 지출의 50%에 대한 10년간 투자세액공제(공제한도는 과세소득의 70%이내) 혜택이 주어진다. 승인된 연구 목적을 위해 사용되는 건물에 대해서는 선업용 건물공제(IBA)로 10%의 초기공제와 2%의 연간공제가 허용된다.

사. 교육훈련 장려책

교육훈련 투자 우대조치로, 기술 또는 직업훈련을 행하는 기업에 대하여 10년간 100%의 투자세액공제를 부여한다. 기술 또는 직업훈련을 행하는 합법적인 비영리기관에 대한 기부금에 대해 한 번의 세금 공제를 허용한다. 또한 교육훈련을 위해 사용되는 기계, 장비 및 자재에 대하여 수입관세, 판매세 및 소비세가 면제되고, 교육훈련 시 소요되는 비용은 이중 공제되며, 연간 10%의 공제로 IBA 혜택도 보장한다.

4) 산업별, 지역별 인센티브

제조업 이외의 산업에 대해서도 투자 인센티브를 제공하고 있다.

우선 농업부문에 대하여 살펴보면, 제조업과 마찬가지로 '권장 활동' 및 '권장 제품'의 우선순위에 따라 PS, ITA 및 RA 등의 혜택이 주어진다. 이와는 별도로 농업공제가 운영되고 있다.

농업부문의 ITA 및 RA 대상기업이 공제 받는 자본지출의 범위는 토지 개간·정지 작업, 농작물 경작, 농기계·농작물 구입, 농업 관련 도로·구축물 건설·매입·개량에도 확대 적용되고 있다. 종합적인 농경 프로젝트의 농산물 가공·제조 시 소요된 경비에 대해서는 추가로 5년간 투자세액공제를 받을 수 있다.

농업공제와 관련하여 다음의 자본지출에 대하여 특별공제를 받을 수 있다. 토지 개간·정지, 농작물 경작, 농업관련 도로건설에 소요된 비용은 50%, 복지·주거 목적의 구축물 건설비용은 20%, 농장작업을 위해 사용되는 구축물 건설비용은 10%의 연간 공제를 적용하고 있다.[36)]

지역별 인센티브제로, 말레이시아반도의 동부지역과 Sabah/Sarawak주에 위치한 기업 중 PS 대상기업은 법인소득의 85%(통상 70%) 면세, ITA 대상기업은 5년 이내 자본지출의 80%(통상

---

36) 1986년 투자촉진법에 따르면 농업과 관련하여 "회사"란 용어는 다음을 포함한다.

* 농업을 바탕으로 한 협동조합과 협회
* 단독 소유권 및 파트너십으로 농업에 종사

권장제품을 생산하거나 권장활동을 하는 기업은 다음 인센티브를 신청할 수 있다.

㉠ 개척자격 : 제조부문과 마찬가지로 권장제품을 생산하거나 또는 권장활동을 하는 기업은 개척자격을 취득할 자격이 있다.

㉡ 투자세공제(ITA): 권장제품을 생산하거나 또는 권장활동을 하는 기업은 투자세 공제신청을 할 수 있다.

60%) 세액공제, 과세연도 법인소득의 85%까지 소득세와 상계 가능하다.

5) 수출 인센티브

말레이시아 정부는 수출시장을 겨냥하여 제품을 생산하는 기업에 대하여 일반적인 인센티브 이외에도 수출신용 제금용(ECR), 수출신용 보험료의 이중 공세, 수출 진흥을 위한 이중 공제, 산업용 건물공제(IBA) 등의 인센티브를 제공하고 있다.

우선 ECR제도는 수출촉진을 위하여 적격 수출업체에 우대금리로 단기 수출금융을 제공하는 상업은행에 대해 중앙은행(BNM)이 링깃 화로 재 융자하는 형식을 취하고 있으며, 지원형태는 선적 전(船積 前) ECR과 선적 후(船積 後) ECR로 분류되고 있다.

수출상품이 ECR에 적용되기 위해서는, 'negative list'에 저촉되지 않아야 하고, 20%이상의 부가가치를 창출하면서 현지 원자재 조달비율이 최소한 30%는 되어야 한다는 원칙을 규정하고 있다. 선적 전 ECR을 지원 받기 위해서는 수출주문서 또는 수출이행증명서(연간 수출액이 3백만 링깃 이상인 수출업체 대상)를, 선적 후 ECR의 경우에는 송장, 수출신고서(통관) 및 선하증권(운송서류)을 각각 제출해야 된다.

ECR의 융자조건을 보면, 선적 전 ECR의 경우에는 수주 액의 80%(수출주문서) 또는 과거 1년간 수출액의 70%(수출이행증명서)를 한도로 최대 4개월간 융자해 준다. 선적 후 ECR의 융자는 송장금액의 100%까지 최대 6개월간 적용된다. ECR의 최소 융자 금약은 1만 링깃이며, 최소 인출단위는 2천 링깃이다.

또한 수출신용 보험료의 이중 공제와 관련하여, 수출업체가 말레이시아의 보험회사(재무부 승인)에 지급한 보험료는 이중공제가 허용된다. 수출상품의 보관 창고로 사용되는 건물에 대해서는 산업용 건물공제 (IBA)를 받을 수 있는데, 이 경우 최초연도에는 10%, 차기 연도부터는 연 2%의 공제가 인정된다.

한편, 수출 진흥을 위한 이중공제와 관련하여, 말레이시아에서 제조된 상품의 수출증대를 위하여 현지거주 기업이 지출한 비용은 이중공제의 대상이 된다. 해외 광고비, 견본품의 해외 무료제공, 수출시장 조사비, 상품의 해외공급을 위한 입찰준비비, 기술정보의 해외제공비, MITI가 승인한 무역·산업전시회 출품·참가비, 수출관련 홍보를 위한 서비스요금, 회사직원의 해외출장비, 회사대표의 해외 출장시 숙식비(하루 200링깃 한도), 수출촉진을 위한 해외영업소의 운영비 등이 이에 해당된다.

3. 투자규제조치

외국인 투자 진출이 법규상 특별히 금지되어 있는 업종은 없으나 전력, 수도, 통신, 방송, 철도 등 공익사업부문에의 외국인투자는 원칙적으로 인정되지 않는다. 소매업, 은행지점에서의 신규진출도 사실상 거의 불가능하다. 말레이시아에서는 신개발정책(NDP)에 따라 외국인의 지분제한을 완화하고 있으나 자국 내 투자정책의 활성화를 위하여 말레이시아 기업의 투자비율을 40% 수준에서 60%로 증대하려는 계획을 수립해 놓고 있다. 오늘날 생산제품의 수출비중에 따라 최대 79%로 지분소유가 제한되고 있다.

외국인의 지분 완전소유는 생산제품의 80% 이상을 수출하는 기업, 토지를 제외한 고정자산 투자가 최소한 5천만 링깃 또는 현지원자재 조달비율이 50% 이상이거나 기존의 말레이시아 기업의 생산제품과 경쟁하지 않는 프로젝트에 대해서만 원칙적으로 허용되고 있다.

1998년 7월말에서 2000년 말 기간 중 승인되는 제조업 프로젝트에 대해서는 특별제외품목을 제외한 모든 품목에 대하여 100% 지분 소유도 가능하고 수출의무조건도 면제된다.

* 특별제외품목 : 종이포장, 플라스틱포장, 플라스틱사출부품, 금속성형 및 조립, 철사장비, 인쇄 등

외국인의 투자규제 업종에 대한 법규상의 제한은 없으나 전력, 우편, 방송, 철도, 수도 등 공익사업에 대한 외국인 투자는 사실상 불가능하다. 국가안보에 긴요한 사업이나 법률 및 건축분야에 대한 투자는 제조업, 농림수산업, 관광업 등의 분야보다 일반적으로 제한되고 있다.

1) 지분소유 제한

정부는 제조업 부문에 대한 외국인 투자를 유치하고 말레이시아인의 제조활동 참여도를 제고시키기 위하여 합작투자 형태의 외국인투자를 장려하고 있다. 제조 프로젝트에 대한 외국인의 지분 소유 기준을 다음과 같이 설정하고 있다.

생산제품의 51~79%를 수출하는 프로젝트에 대해서는 기술수준, 파급효과, 투자규모, 투자지역, 부가가치 정도 및 동국 내 원부자재 활용도에 따라 최고 79%까지 외국인의 지분소유가 허용된다. 수출비율이 20~50%인 경우 30~51%, 수출비율이 20% 미만인 경우 최고 30%까지 지분소유가 인정된다.

한편, 하이테크 제품 또는 말레이시아 내수시장에서 선호도가

높은 상품을 생산하는 프로젝트 중에서 정부가 인정하는 경우, 광산 채굴 및 광석 가공과 관련된 프로젝트(투자/기술 수준, 사업 위험도, 전문성 정도, 부가가치율의 기준을 반영함)의 경우에는 외국인 완전소유도 허용하고 있다.

외국인 지분이 100%미만인 경우, 외국인에 의해 사업이 시작되고 현지 파트너가 선정되지 않았을 때 외국인의 지분이 70% 이상이면 잔여지분은 부미푸트라에게 할당되고, 70% 미만이면 30%만 부미푸트라에게 할당된다. 그런데 이 때 부미푸트라에게 할당된 지분 30%가 모두 취득되지 않을 경우 MITI에 의해 非부미푸트라에게 배분된다.

외국인과의 합작투자로 부미푸트라가 창립한 사업의 경우, 외국인의 지분이 70%이상일 때 잔여지분은 당해 부미푸트라에게 할당되고, 70% 미만일 때에도 잔여지분은 부미푸트라가 소유하나, 부미푸트라가 잔여 지분을 전부 취득하지 못할 경우 MITI가 잔여지분 일부를 非 부미푸트라에게 배분한다.

외국인과의 합작 투자로 非부미푸트라가 창립한 사업의 경우, 외국인의 지분이 70% 이상일 때에는 잔여지분이 당해 非부미푸트라에게 할당되고 부미푸트라가 잔여지분을 소유한다. 70% 미만일 때에는 30%가 당해 非부미푸트라에게 할당되고 부미푸트라가 잔여지분을 소유한다. 그러나 MITI가 인정한 특수한 상황이 발생한 경우에는 非부미푸트라가 잔여지분 전부를 취득할 수 있다.

제 2 장

투자여건

말레이시아의 무역관리제도는 일부 금지품목을 제외하고는 자유무역 정책을 기본원칙으로 삼고 있으며 제도의 개정은 관련 부처의 명령, 고시 등을 종합한 패키지의 형태로 발표하고 있다.

1. 무역 및 관세제도

1) 무역제도

말레이시아의 무역정책은 제조업체의 상품 수출시장 확대, 무역상대국과의 거래 증대, 개도국을 중심으로 한 수출시장의 다변화, AFTA(동남아시아 자유무역지대)내 지역경제·무역협력 강화 및 동아시아 국가간 무역·투자 활성화에 주안점을 두고 있다.

말레이시아에서는 수입금지제도 및 수입허가제도에 대한 명확한 구분이 없다. 다만 위생, 안전, 환경보호 및 저작권 기준을 충족하기 위하여 수입허가(수출통제) 제도를 시행하고 있다. 그러나 대부분의 경우 수입 허가제도는 필수 원자재의 적절한 공급물량 확보 및 자국 내 유치·전략산업 보호 차원에서 시행되고 있다.

수입허가제는 다음의 네 가지 기준에 따라 수입품목을 제한하고 있다.

- 종교, 윤리, 안보 및 환경보호를 위한 수입금지 14개 품목
- 보건, 위생, 지적재산권 및 동국 내 산업보호를 위한 수입허가 품목
- 제조업체를 일시적으로 보호하기 위한 수입허가 품목
- 특정기준을 충족시킨 이후에만 수입되는 품목

이 밖의 비관세 무역장벽(NTBs)으로는 수입시 수량제한을 자국내 생산업체 보호 및 적정가격 수준 유지를 위하여 일부 양배추 및 거피에 대하여 시행하고 있다. 특히 쌀 수입시에는 국립 쌀 위원회(NPRB)가 관여하여 자국내 쌀 가격을 고수하는 정책을 실시하고 있다

1993년 6월 수출시장 개척을 정부차원에서 지원하기 위하여 말레이시아 대외무역개발공사를 발족해 시장조사, 제품 디자인, 교육훈련 및 제품개발 등의 서비스를 수출업체에 제공하고 있다.

말레이시아는 현재 EU, 뉴질랜드, 호주, 일본, 캐나다, 스위스, 노르웨이 등으로부터 특혜관세제도를 적용받고 있으나, 1997년 1월부터 미국이 말레이시아에 대한 GSP 졸업조치를 시행하면서 EU도 1998년 1월부터 말레이시아에 대한 GSP를 철회했다.

2) 관세제도

말레이시아는 신 WTO체제(세계무역자유화) 정신에 따라 대외무역을 자유화한다는 기본적인 입장을 취하고 있으며, 무역제도를 정기적으로 검토하여 이를 통해 관세를 인하하는 등의 교역자유화를 추진하고 있다.

말레이시아의 관세부가 대상품목은 HS에 따라 분류되고 있으며, 수입관세율은 5~200% 범위 내에서 일반적으로 종가세를 기

준으로 한다. 전통적으로 저 관세 정책을 채택하고 있어 35%이상의 관세가 부과되고 있는 품목은 소수에 불과하다.

정부는 사치품 및 국내산업 보호를 위한 품목을 제외하고는 관세율을 지속적으로 인하시키고 있으며, UR 협상의 타결로 관세인하 조치를 가속화하여 1995년 2,317개 품목, 1996년 1,047개 품목에 대하여 추가적인 관세인하를 시도하였다.

1996년 11월 APEC 정상회담에서 최고 수입관세율을 2000년까지 15%로 인하하고, 2020년까지 철폐하는데 합의했으며, 현재 평균 수입관세율은 15~20% 수준이다. 원자재 및 부품 수입시 기본적으로 2%의 관세율이 적용되나, 무관세 제품을 생산하기 위한 원자재 및 부품의 수입, 제조 공정상 직접 투입되고 자국 내에서 생산되지 않은 기계 또는 설비의 수입, 공장건설 또는 시설확충을 위한 기계 및 플랜트 도입의 경우에는 수입관세가 완전 면제된다.

자국 산업을 보호하기 위한 수입제한 정책의 일환으로 관세 무역장벽을 실시하고 있는데, 섬유류 및 플라스틱 제품에 대한 20~30%의 고관세 부과, 준 관세 성격의 판매세 및 소비세 부과, 자동차 산업에 대한 과도한 보호관세 시행 등을 들 수 있다.

제조업체의 총 매출액이 10만 링깃을 초과할 경우 수입상품에 대한 판매세는 5%, 10%, 15%의 단일세율을 적용하고, 수출상품에 대해서는 판매세가 면제되고 있다. 반면, 소비세는 수출상품에 대하여 2~65%의 세율로 부과되고 있다.

수출관세는 정부세입 확보, 환경 보호 및 동국내 시장에서의 적정 공급물량 유지를 위하여 대체로 소비재에 대하여 부과하고 있다. 세율은 원유 20%, 원목 5.4%, 임산물 3.1%, 생선 2.5%, 동물사료 2.5%, 비철금속 3.2%, 커피 2.3%, 야자유 15% 등이다.

동남아시아국가연합(ASEAN)이 1993년 1월 아세안 역내 지역

통합의 단계로 1991년에 결성한 아세안자유무역지대(AFTA)가 공동유효특세관세(CEPT) 체계를 도입했다. 1994년 관세인하 합의로 1996년부터 발표된 최종 0~5%의 관세인하 목표시기를 2003년으로 앞당기고 이 관세인하 대상품목을 비 가공 농산물에도 적용할 계획이다.

또한 1994년 11월 APEC 각료회의에서 2020년 이후 역내 무역자유화를 달성하기로 합의하였던 바, 이 Bogor선언에 의하면 역내 선진국은 2010년까지 모든 무역장벽을 철폐하고 신흥투자국에 대해서는 WTO 규정에 따라 2020년까지 유예할 예정이다.

3) 특별경제지대(Special Economic Zone)

가. 자유무역지대(Free Processing Zones : FZs)

말레이시아의 자유무역지대(Export Processing Zone : EPZ)는 성공적으로 운영되고 있다. 최근에는 이 지역에 입주하려는 기업이 급증하고 있다. EPZ 지역 내의 토지는 매매 가능한 것으로 알려져 있다. 아울러 기존 건물은 거의 입주가 완료된 상태이다. 대부분의 자유무역지대는 말레이 반도 서해안을 따라 위치하고 있다. 현재 Bayan Lepas, Prai, Prai Wharf, Batu Berendam, Tanjung Kling, Sungei Way, Ampang Hulu Klang, Telok Panglima Garang, Johor Port, Jelapang, Kinta Phases Ⅰ&Ⅱ, Tanjung Gelang 및 Sama Jaya 등 14개 지역으로 설치, 운용되고 있다.

자유지대는 주로 수출상품을 생산하거나 조립하는 제조업체를 위하여 특별히 조성된 지역으로, 수출지향 업체들에게 제조공정에 직접 소요되는 원자재, 부품 및 기계·설비에 대한 통관절차의 간소화(완제품 수출 포함) 및 수입관세 면제를 통한 편의를 제공하고 있다.

자유지대에 입주하기 위해서는 최소한 생산제품의 80% 이상을 수출하고 원자재 및 부품을 주로 수입에 의존해야 하는데, 정부는 자유지대에 소재한 업체가 가능하면 말레이시아의 원자재 및 부품을 사용할 것을 권장하고 있다. 이 경우 경제개발공사에 입주신청을 하면 된다.

말레이시아 내 소비를 겨냥하여 주요관세지역으로 수입된 상품에 대해서는 수입 시 적용되는 현행 관세가 적용되고 있으나, EPZs에 소재한 기업은 내수목적의 제품에 부과되는 수입관세 면세를 세무성에 신청할 수 있다.

PCA內로 수입된 상품이 PCA에 소재한 제조업체에 의해 직접 원자재나 부품으로 사용될 경우 수입업체는 통상적인 수입절차와 동일한 방식으로 EPZs로부터 구매한 상품에 대한 수입관세 면제를 신청할 수 있다.

EPZs는 PCA 밖에 위치하므로 FZs에 판매된 상품도 관세를 환급받을 수 있다.

공업의 지방 분산화를 촉진하고 EPZs의 설치가 곤란한 지역에서의 공장건설을 장려하기 위하여 정부는 보세창고의 설립을 허용해 왔다. 최소한 생산제품의 60% 이상을 수출하고 원자재 및 부품을 주로 수입에 의존할 경우 FPZs에서 운영되고 있는 공장과 유사한 편익을 누리게 된다.

나. 산업공단(Industrial Estates)

1996년 7월 1일 현재 MIDA에 따르면, 말레이시아內 206개의 산업공단이 경제개발공사(SEDCs), 지역개발청(Regional Development Authorities : RDAs), 항만당국 미 시당국 등이 정부기관에 의해 개발되었다. 산업공단의 입주 임대료 및 리스계약 조건은 입지에 따라 다양하다. 기존의 산업공단 이외에도 정부기관은 산업부지의 수요를 충족시키기 위하여 62개의 신규공단 조성을 계획하고 있다. 정부기관에 의해 개발되니 산업 공단 이외에도 특정 州에서는 민간 개발업체에 의해서 산업공단이 개발 되었거나 개발중에 있다.

2. 외환 및 금융제도

현재의 외환관리체제는 자유로운 체제로서 모든 국가에 균등하게 적용되나, 특별한 제약적 규정이 적용되는 이스라엘, 세르비아 및 몬테네그로는 예외가 된다.

1) 외환관리

말레이시아의 외환관리는 외환관리법(Exchange Control Act, 1953)에 의거 중앙은행에 의하여 비교적 자유롭게 운영되고 있다. 1975년 9월 이후 링깃貨를 주요국 통화의 가중평균치에 연동시키는 복수통화 바스켓시스템을 통한 '관리 변동환율제도'를 채택하여 왔으나 1998년 9월 이후 외환통제를 강화하는 차원에서 고정환율제(자국통화의 미 달러화 페그)를 시행하고 있다. 외환 송금 및 차입에 대한 관리체제는 이스라엘, 세르비아-몬테네그로를 제외하고는 자유롭게 시행되고 있고, 중앙은행(BNM)이 외환관리를 총괄하고 있다.

가. 직접투자와 포트폴리오 투자

비거주자의 말레이시아에 대한 직접투자 및 포트폴리오 투자시 외환 관리국으로부터 별도의 허가를 받지 않아도 된다. 또한 말레이시아내 기업이 국외의 기업(지사 포함)과 기업간 계정을 유지하기 위해서도 중앙은행 외환관리국의 허가를 받지 않아도 되나 수출대금, 대출수익금은 기업간 계정에서 제외된다.

비거주자 통제기업(NECCs, 비거주자가 납입자본금의 50% 이상을 보유하고 있는 기업)은 외환관리국의 승인 없이 만기가 1년 미만인 단기금융을 제외하고는 최대 1천만 링깃을 동국 내에서 차입할 수 있다. 이중 최소 60%는 말레이시아 금융기관으로부터 차입해야 한다. 비거주자 통제기업의 국내차입은 자본금의 3배를 초과할 수 없도록 규정하고 있다. 이는 NRCCs가 말레이시아에서의 프로젝트를 수행하기 위해 명목상의 자본금만 투입하고 차입금을 최대한 이용, 단기차익을 노리는 행위를 억제하면서 장기적인 전망을 바탕으로 보다 많은 자기자본을 프로젝트에 투자하도록 하기 위한 조치이다.

거주자는 해외투자, 사업 및 생산목적의 자금을 조달하기 위하여 중앙은행 외환관리국의 허가 없이 해외로부터 최대 5백만 링깃에 상당하는 금액을 차입할 수 있다. 비거주자로부터 링깃貨를 해외 차입하는 경우 금액에 관계없이 외환관리국의 사전승인을 받아야 하나 일반적으로 승인되지 않는 편이다.

2) 해외 송금

말레이시아에서의 외국국가로의 지급은 이스라엘, 세르비아, 몬테네그로 통화이외의 어떤 통화로도 가능하다. 말레이시아 내 지급통화는 링깃(RM)이어야 한다. 비거주자에 대한 자본과 과실송금을 포함한 모든 지급은 자유롭게 허용되나, 1회 송금액이 10만 링깃을 초과할 경우 상업은행에서 요구하는 간단한 통계양식을 작성해야 한다.

은행은 외국 유가증권이나 해외 부동산 투자, 비거주자에 대한 신용확대 또는 예금 등을 목적으로 한 지급과 관련해서만 외환관리국에 회부하여 승인을 받도록 규정하고 있다. 또한 해외투자를 위한 국내차입은 대체로 권장되지 않으나, 국내차입을 한 거주법인은 1년에 해외투자를 목적으로 최대 1천만 링깃에 상당하는 외환을 송금할 수 있다.

3) 수출대금

수출금액이 FOB 가격기준으로 선적당 10만 링깃을 상회할 경우 간단한 양식(KPW X)을 작성한 후 별도의 인가 없이 선적시 세관에 제출하면 된다. 또한 수출대금이 말레이시아 내 지정은행의 외환계정에 예금되어 있는 경우 수출업체는 수출대금의 일부를 외환으로 보유할 수 있다. 이스라엘, 세르비아-몬테네그로 통화를 제외한 모든 외국통화 또는 링깃貨로 대외계정에서 들어오는 수출대금은 수출계약서에 명시된 지불 기간 내에 말레이시아로 회수되어야 한다. 다만 이 기간은 수출일로부터 6개월을 초과할 수 없다.

4) 외환차입

거주자는 말레이시아의 은행으로부터 외환대출을 받을 수 있으며, 비거주자는 컨트롤러의 승인 없이 총액이 RM 5백만에 상응하는 금액까지 외환을 차입하여 말레이시아 내에서의 사업 및 생산과 해외투자를 위한 자금 수요를 충당할 수 있다. 상업은행은 대출승인시의 조건에 따라 원리금이 상환되는 한에 있어서는 기 승인된 대출금의 원리금 상환액을 비거주자에게 송금시킬 수 있다.

3. 금융제도

말레이시아 금융기관은 은행과 비은행계로 나누어지는데 은행계 금융 기관으로는 상업은행, 머천트 뱅크, 파이낸스 컴퍼니, 디스카운트 하우스 등이 있다. 비은행 금융기관으로는 머니 브로커(Money Broker), 리스회사, 팩토링 회사, 벤처 캐피탈, 환전상, 증권회사, 보험사, 연기금 및 퇴직기금, 공적금융기관 등이 있다.[37)]

중앙은행(Bank Negara Malaysia : BNM)은 1989년의 금융기관법(Banking and Financial Institution Act : BAFIA), 1996년의 신규 보험법 및 보험법시행령에 의해 은행, 보험회사 등 금융기관에 대한 강화된 감독·관리기능을 지니게 됐다. 일례로 장·단기 기금차입을 통해 이자율 및 유동성을 조절한다.

말레이시아의 금융기관은 현재 37개의 상업은행(지점 1,340), 37개의 외국은행 말레이시아 사무소, 12개의 merchant bank, Bank Islam Malaysia(지점 68), 40개의 finance company(지점 896), 156개의 리스회사, 7개의 discount house, 12개의 factoring company 등으로 구성되어 있다.

상업은행, merchant bank, finance company와 개발금융기관은 말레이시아 내 산업자금을 공급해주는 금융기관의 역할을 담당하

---

37) 한국금융연구원, 「동남아주요국의 금융제도」1999. 참조

고 있다. 개발금융기관으로는 Malaysian Industrial Development Finance Berhad(MIDF), 대외무역 및 해외투자 전담기관으로는 Export-Import Bank of Malaysia(Exim Bank) 등이 있다. 이중 상업은행은 사적금융을 취급하는 대표적인 가관으로서, 금융기관 대출 잔액의 68%(2,1777억 링깃 상당)를 이들 상업은행이 차지하고 있다. 최대 상업은행은 누가 뭐래도 정부지분이 있는 Malaysian Banking(Maybank)이다. 상업은행은 대출이자율을 기준대출금리(Base Lending Rate: BLR)에 연동시키면서 차입자의 신용도에 따라 spread를 부과하고 있다. 정부는 다국적 기업의 경우 금융거래의 60% 이상을 말레이시아계 은행을 통하도록 규정하고 있으나 외국인 차입자들은 소요자금의 대부분을 외국계 금융기관에 의존하는 경향이 있다.

1) 단기금융

단기금융의 주요 취급기관은 37개 상업은행이다. 1994년 12월 이후 상업은행은 이중은행체계로 분류되어 Tiger-1 은행들은 자본적합도, 자산구성, 관리효율성, 수익성 및 유동성에 엄격한 기준이 적용되는 대신, 수출자금을 업체당 최대 5백만 달러까지 지원하고 무담보 대출도 가능하게 함으로써 대출여력을 강화하였다.

현재 말레이시아계 은행으로는 Bank Bumiputra Malaysia, Bank of Commerce, DCB Bank, Kwong Yik Bank, Malayan Banking, Pacific Bank, Public Bank, 외국계 은행으로는 City Bank, Hongkong Bank Malaysia, OCBC Bank(Malaysia), Standard Chartered Bank Malaysia 등 11개 은행이 Tiger-1에 속한다.

말레이시아계 은행들은 대출시 차입자에 대한 객관적인 신용도 평가보다는 개인적인 관계에 치중하는 경향이 강하다.

단기 운전자금은 대부분 당좌대월, 신용한도 회전 및 브리지론 등의 형태로 이루어진다. 비 은행 금융기관들은 은행보다도 단기 금융을 광범위하게 취급하고 있으며, 단기금융의 대출이자율은 은행간 자금시장 금리에 연동되는 비용가산금리(cost-plus basis)를 기준으로 형성되고 있다.

2) 중장기금융

말레이시아에서 상업은행, merchant bank, finance company 등이 중 장기금융을 주로 취급하는 금융기관이다. 현재 1~4년의 중기대출은 대출총액의 6%(132억 링깃), 4년 초과의 장기대출은 대출총액의 35%(762억 링깃)를 차지하고 있다. merchant bank는 1970년대 초 외국금융기관과 합작으로 설립되기 시작하여 현재 12개로 늘어났으며, 대출태도는 적극적이나 전통적으로 부동산 및 건설부문에 대출자산이 편중되어 있는 실정이다. Tiger-1에 속한 merchant bank는 Arab-Malaysian(자산기준으로 전체의 38%에 달하는 최대은행)을 포함하여 4개사이다.

finance company는 1960년대 초부터 업무를 시작하여 현재 40개 사가 설립되어 있으며, 이중 21개 사가 은행에서 출자한 회사이다. 이들 회사는 전통적으로 할부/리스 금융의 형태로 소비자금융에서 주택/기업 금융(신용한도 회전방식 포함)으로도 업무영역을 확대하고 있는 실정이다. 5개의 개발금융기관(Develop ment Finance Institution : DFIs)도 중장기금융을 취급하는 기관으로서 MIDF, Bank Industry Malaysia(BIM), Bank Pem bangunan,

Sabah Development Bank(SDB) 및 Bank Pertanian이 이에 해당된다. 이들 금융기관의 대출비중은 1996년 상반기 중 농업 27.4%, 제조업 24.6%였다.

라부안 역외금융센터(Labuan Int'l Offshore Financial Centre: IOFC)는 홍콩의 중국반환을 겨냥하여 1990년 10월 Sabah州 보르네오 섬 북부에 위치한 라부안 섬에 설립되어 법인소득세 경감, 자유로운 외환관리, 자금입출금의 제한 철폐 등의 우대조치로 역외금융을 통한 자금조성으로 국제적 사업 활동 및 인프라 개발에 기여하고 있다.

1973년에 설립된 콸라룸푸르 증권거래소(Kuala Lumpur Stock Exchange: KLSE)는 동남아 국가들 중 최대를 자랑하고, 세계 랭킹 15위이다. 또한 종업원연금기금(EPF)도 발전소, 공항 건설 등 인프라 개발을 위한 주요 투자기관으로 활동하고 있다.

4. 노동제도

말레이시아의 주요 자산 중의 하나는 근면하고 기강이 잡혀있으며 교육을 잘 받고 쉽게 훈련시킬 수 있는 젊은 노동력이다. 노동시장에 참여한 대부분의 말레이시아 젊은이는 최소한 11년의 학교 교육 즉 중등교육 수준까지 마쳤다. 따라서 이들은 새로운 기술과 기능 훈련과 습득에 있어서 적응력이 뛰어나다.

말레이시아 노동력의 대다수는 산업이 요구하는 기본적인 기능을 보유하고 있다. 또한 국내의 종합대학 단과대학과 기술 및 산업훈련기관을 졸업한 전문가, 기술자 및 숙련된 노동자의 공급이 늘어나고 있다.

노동인구는 약 1000만 명(2006년 말 기준) 정도로, 노동시장은 비교적 유연하고 자유로운 편이다. 노사관계도 원만하고 노동비용도 선진국에 비해 저렴하면서도 노동생산성은 높은 편이다. 현재 건설업에 종사하는 노동인력은 약 76만 명으로 추산되어 전체 노동인구의 약 8.4%를 차지하고 있다. 그 중 외국 노동인력은 10.4만 여 명에 이른다. 문맹률은 20%에 불과하고 노동가능인구의 60% 이상이 고등학교 졸업학력이다. 실업률은 1995년의 2.8%에서 2006년 2.6%로 하락하였다. 말레이시아 산업체는 고부가가치 및 고도의 기술을 요하는 제품생산에 숙련노동자가 부족하여 고심하고 있으며, 정부는 제 9차 말레이시아계획(2006~2010년)에서 노동력 공급부족 문제를 해결하기 위하여 자본집약적인 산업을 육성함으로써 노동력이 매년 2.8% 증가로 2010년에는 1400만 명으로 확대되기를 기대하고 있다.

<표 2-1> 말레이시아 노동인구 현황

구 분	1995	1996	1997	1998	1999	2000	2005	2006
인구(백만 명)	20.7	21.2	21.7	22.2	22.7	23.2	25.8	26.6
노동인구(천명)	8,257	8,641	9,038	8,881	9,010	9,194	10,124	10,674
노동인구증가율(%)	5.4	4.6	4.6	-1.7	1.5	2	1.9	1.9
고용인구(천명)	8,024	8,417	8,805	8,563	8,741	8,920	10,240	12,012
고용증가율(%)	5.5	4.9	4.6	-2.5	1.7	2.1	2.3	2.4
실업률(%)	2.8	2.6	2.6	3.2	3.0	3.0	2.6	2.5

자료 : Ministry of Human Resources

부미푸트라에 대한 우대정책에 의해 종업원 고용에 추가적인 제약이 발생하고 있으나 NDP의 추진을 위해 말레이인, 중국인 및 인도인 등 인종의 인구비례(61:30:9)에 따라 모든 직종에 걸쳐 채용되고 있다. 숙련 부미푸트라 관리자·기술자의 절대적 인구는 적은편이고 이직률도 높은 것으로 알려지고 있다.

노동력 부족으로 부미푸트라 우대정책이 최근 유연하게 완화돼 농장, 건설 및 제조업 분야에 외국인근로자의 고용이 허용되고 있다. 내무부 산하의 외국인 근로자 고용전담반이 숙련, 반숙련 및 미숙련자로 분류하여 고용 승인권을 행사하고 있다.

말레이시아 내 근로자 고용이 불가할 경우 제조업의 직종별로 일반노동자 1240 링깃, 반 숙련노동자 2400링깃, 숙련노동자 2,800링깃, 기술직 3,400링깃, 전문직 5,600링깃, 중간관리나 5,600링깃, 고위 관리자 6,800링깃의 연간 외국인 고용세를 고용주가 부담한다. 아울러 노동부의 산업훈련기관, 교사/고급기술 훈련센터(CIAST), 토착민신탁위원회(MARA)의 기술훈련소, 교육부의 직업학교와 기술학교 및 공업전문대학 등 다양한 산업체에 고용될 수 있는 근로자를 양성하기 위해 정부차원의 노력을 기울이고 있다.

노동부 산하의 국립직업훈련위원회(National Vocational Training Council)는 공공부문 훈련기관의 직업훈련 프로그램의 수립·조정, 기능인력 및 직업훈련 프로그램의 평가업무를 담당하고, 고용사무소는 고용주의 직원채용을 지원하는 홍보 및 면접과 적성검사를 위한 사전준비 등의 기능을 수행하고 있다.

1) 근로조건(노동법, 근로시간 등)

말레이시아에는 제조부문에 적용되는 최저임금법이 없다. 기본요율은 소재지와 산업부문에 따라 다양하다. 급여 이외 급부로는 상여금, 유니폼 무상지급, 교통편의 제공 또는 보조, 실적수당 및 기타 급부사항 등이 있으며, 회사에 따라 다르다.

현행 주요 노동관련 규정으로는 고용법(1955) 노동조합법(1959), 노사관계법(1967), 근로자공제기금법(1991), 근로자사회보장법(1969), 직업안전·보건법(1994) 등이 있다.

2006년의 고용법(월급이 3,500 링깃 이하인 근로자에게 적용)에 따르면, 급여는 지급기일 후 늦어도 7일 경과 전에 지급하고, 여성근로자는 원칙적으로 야간노동(저녁 7시~새벽 5시)이 금지되며 60일 이상의 출산휴가를 보장받는다. 노동시간은 대체로 하루 8시간 또는 1주일에 48시간을 초과해서는 안 되고, 1주일에 44시간 근무가 일반적이다. 또한 유급휴가는 근속연수 2년 미만인 경우 연간 8일, 5년 미만인 경우 연간 12일, 5년 이상인 경우 연간 16일 이며 유급병가는 근속연수 2년 미만인 경우 연간 14일, 5년 미만인 경우 연간 18일, 5년 이상인 경우 연간 22일이고 입원을 요하는 경우에는 최대 60일간의 유급병가를 허용하고 있다. 초과근무는 최대 월 104시간 이내이어야 하며, 주중 초과근무 수당은 정규 근무일 시간급의 1.5배, 휴일의 경우 시간급의 2배, 공휴일의 경우 시간급의 3배이다.

2004년의 근로자 공제기금 법은 근로자가 55세(공무원 정년)에 달할 때 전액 지불해야 하는 공제지금을 의무화하고 있다. 이 경우 고용주와 근로자는 기준월급의 각각 12%, 11% 이상을 부담해야 한다. 해고에 대한 규정은 지역마다 상이하지만 일반적으로 1개월분의 급여와 예고기간을 주어야 한다. 예고기간이 계약이 명기되지 않을 경우 근속기간이 2년 미만인 근로자에게는 4주, 5년 미만은 6주, 5년 이상은 8주의 예고기간을 고용 법은 규정하고 있다.

2) 노동조합

책임 있는 노동조합의 성장을 장려하는 정부 시책에 따라 다음과 같은 법률이 제정되었다.

*1959년 노동조합법

*1959년 노동조합규정

이들 법규에 따라 ① 노동조합은 조합원의 자격을 특정 회사, 직업 또는 산업 내에서 일하는 근로자들로 국한해야 한다. ② 모든 노동조합은 등록되어야만 한다. ③ 노동조합은 비밀투표를 통해 전체 조합원의 최소 3분의 2의 동의를 구하지 않고서는 파업을 할 수 없다. ④ 모든 노동조합은 법규 준수 여부 확인을 위해 정기 검사를 받는다.

노동조합은 말레이반도에 주로 결성되어 있고 Sabah, Sarawak 지역에서는 실제로 노조가 없는 실정이다. 말레이시아 내 노동조합 수는 500개에 이른다. 이중 대부분은 사내노조이며, 일부는 농장노동자조합 및 금융노동자조합 등 전국단위 노조이다. 현행법에서는 사내노조만 인정하고 있고 전국단위 또는 산업별 노조는 인정하지 않고 있다. 노동조합은 파업을 조합원 2/3이상의 찬성으로 결의하여 14일간의 예고기간을 통지해야 하고 통지 후 7일 이전에 파업행위를 할 수 없도록 규정하였다.

1967년의 노사관계법에 따르면, 승진·이동·채용·감원·해고·복직 및 직무선정과 관련하여 노동조합은 단체교섭 및 파업을 할 수 없다. 그리고 우선 고용주와 근로자 간의 직접협상을 통해 분쟁을 해결하고 직접협상이 실패할 경우 알선이나 중재로 분쟁을 해결하는 절차를 규정하고 있다.

3) 임금 및 부가급여

말레이시아의 임금수준은 AFTA(동남아시아 자유무역지대)내에서는 제 2위이며, 산업노조의 경우 단체협약에 의해 임금이 결정된다. 임금은 국가 전체적으로 또는 산업 간에 걸쳐 고정된 기준이 없어 지역간, 산업간 임금격차가 발생하고 있다. 최근 들어 명목임금의 상승률이 1999년 중 10%, 1999년 중 19%로 노동생산성 증가율보다 훨씬 빠르게 상승하고 있다.

최저임금제가 시행되지 않고 있으며, 1999년을 기준으로 한 월평균 임금은 비숙련노동자 348~364 링깃, 반 숙련노동자 525~578 링깃, 숙련노동자 901~1,000 링깃, 하급관리자 901~975 링깃, 공장감독관 1,800~2,500 링깃, 중간관리자·숙련기술직 3,500~ 5,000 링깃, 고위관리자 5,200~6,700 링깃으로 파악되고 있다.

부가급여는 통상 기본임금의 20~30% 수준이고 휴가일수는 각 산업 간에도 다양하나 법정 유급휴가는 연간 10일이다. 근로자는 1~2개월 급여에 상당하는 연간 상여금을 받고 있으며, 고용주가 지급하는 상여금은 최대 2개월분의 임금 또는 근로자 1인당 2,000 링깃 중 큰 금액에 대하여 연간 소득세액 공제를 받을 수 있다.

<표 2-2> 직종별 임금수준(2006년 기준)

▲ 관리직

직 종	기본급여(RM/Month)	총급여(RM/Month)
-Construction		
Director	21,558-2,521	2,245-17,593
Project Manager	8,88-6,603	9,913-8,856
Site Engineer	5,26-3,619	6,55-4,925
Planner	8,748	8,978

Land Surveyor	7,291	7,249
Safety Executive	6,702	6,287
-Mech. & Elec		
Manager	1,678	10,881
Engineer	8,860	16,889
-Design		
Manager	9,071	12,666
Engineer	8,063	8,716
-Plant&Machinery		
Manager	9,021	9,458
Engineer	7,867	7,715
-Tender		
Manager	9,892	10,000
Sr Quantity Surveyor	7,635	8,776
Quantity Surveyor	7,447	8,384

▲ 현장기능직

직 종	기본급여(RM/Month)	총급여(RM/Month)
-Construction		
Sr Site Supervisor	5,992-3,304	7,207-8,281
Site Supervisor	5,103-2,554	6,641-7,498
Site Clerk	1,900	2,212
-Operations		
Tower Crane Operator	3,888	4,672
Mobile Crane Operator	3,888	5,192
Mechanic	3,675	4,512
Assist. Mechanic	3,289	4,761
Foreman	3,533	4,294
Lorry Driver	3,228	4,142
Draftsman	3,648	4,081

주 : 총 급여에는 상여금 및 제 수당 포함

5. 사회간접자본

말레이시아 정부는 1980년대 중반 이후 예기치 못한 경기후퇴로 경제개발5개년계획상의 SOC(사회간접자본) 투자가 절반으로 줄어들 위기에 처하자 정부의 재원부담을 덜고 공공부문의 비효율성과 비능률을 제거하기 위해 민간자본을 유치하기 시작했다.

민간자본 유치는 민영화와 BOT 방식으로 이루어졌다. 민영화는 특별법에 근거하지 않고 주로 민영화 종합계획에 따라 추진하고 있고, BOT 방식은 정부가 용수공급과 하수처리시설들은 물론 도로부문의 민자유치사업 추진시 많이 활용되고 있다. 가장 대표적인 민자유치도로사업은 남북고속도로(NSE)이다. NSE는 한국의 경부고속도로처럼 말레이시아 국토의 대동맥으로서 북쪽의 태국에서 남쪽의 싱가포르까지를 연결하는 도로이다.

NSE는 성공한 대표적인 민자유치사업으로 평가되고 있다. 이는 국책사업이 재정난과 사업의 비효율적 추진 등으로 공사중단 위기에 처하게 되자 정부의 정책관계자가 조기에 그 잘못을 인정하고 민자유치사업으로 전환하여 적기에 필요한 도로를 완성하였기 때문이다. 그 과정에서 민간사업자가 연결도로 등 도로설계와 도로이용자에 대한 서비스를 제고함으로써 통행량을 예측치 보다 높아지도록 유도하였다. 또한 정부의 다양한 지원과 민간기업의 효율적 사업추진으로 공기가 단축되었다는 점 등을 높이 살만하다.

한편, 세계은행은 말레이시아가 적정 경제성장을 달성해 나갈 수 있기 위해서는 <표 2-3>에서 보는 바와 같이 2005~2010동안 교통부문에 820억 US$, 전력부문에 870억 US$, 통신부문에 360 US$, 용수과 위생설비부문에 340US$ 등 약 700억 US$를 SOC 부문에 투자해야 한다고 권고한 바 있다. 이는 말레이시아 GDP의 약 3.8%로서 적지 않은 수준이다. 이에 따라 말레이시아 정부에서는 민간자본 유치에 보다 적극적인 자세를 보이고 있다.

<표 2-3> 말레이시아의 SOC 투자필요규모 추정치(2005~2010)

(단위 : 10억 미국달러, %)

SOC부문	교 통	전 력	통 신	용수와 위생설비	합 계
금 액	2202.1)	1701.7)	600.6)	400.4)	704.8)

주 : ( )는 각 SOC 부문의 투자액이 GDP에서 차지하는 비중임
자료 : 세계은행

1) 민영화

말레이시아는 1980년대 이후 교통부문, 특히 도로부문의 투자에 민간 자본을 도입하고자 민영화를 계속 추진해 오고 있다. 민영화는 단일특별법에 근거하지 않고 개별법 및 '민영화 종합계획'에 따라 추진되고 있으며, 이 계획은 총리실 산하 EPU(Economic Planning Unit)에서 관장하고 있다.

민영화 대상사업의 선정 및 민영화 전환방법 등은 ICP(Inter-department Committee on Privatization)에서 결정하고 있다. 매 2년마다 기본계획을 수립하고 매년 말에는 추진상황을 평가하여 차기 2년간의 민영화 대상사업 선정 등의 집행계획을 수립하고 있다. 민영화 관련정책으로는 1983년의 국가민영화정책, 1985년의 민영화 사업지침, 1991년의 민영화 사업 기본계획 및 집행계획 등이 있다.

민영화 관련 입법과정을 살펴보면 다음과 같다.

- 연방도로법 제정 : 1956년(1989년 개정)
- 연방도로 민영법 제정 : 1956년(1989년 개정)

- 도로교통법 제정 : 1987년
- 말레이시아 도로공사법 제정 : 1980년
- 유로도로법 (도로 및 교량) 제정 : 1965년 (1989년 개정)
- 특정도로에 대한 관보

민영화 방법으로는 정부 자산이나 출자지분의 매각 정부자산 리스, 정부시설운영의 민간위탁, BOT 방식 등이 있다. 민영화에 참여한 기업에게 정부에서 특별한 혜택을 부여하지는 않는다.

2) 도로부문의 BOT제도

◈ 도로투자계획 수립 및 확정

말레이시아 민자유치도로사업의 추진체계를 보면, <표 2-4>에서 보는 바와 같이 MOW(Ministry of Works)산하의 HPU(Highway Planning Unit)가 도로투자계획을 수립하고 MHA(Malaysia High way Authority)가 이 계획 중에서 필요한 유로도로사업을 선정하여 집행한다. 반면 무료 도로는 PWD(Public Works Depart ment)가 담당한다. MOW 등 모든 정부부처가 수립한 계획에 대한 예산배분 등은 EPU가 결정한다.

<표 2-4> 말레이시아의 민자유치도로사업 추진체계

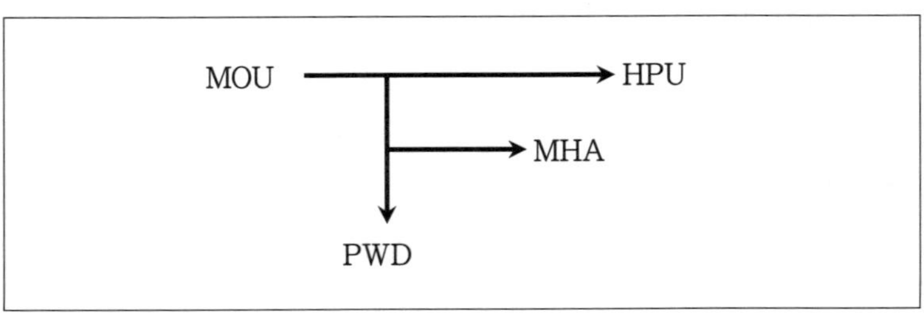

정부제시사업의 경우에는 정부가 설계기준 등을 비롯하여 상세한 기본계획을 수립하거나 개략적인 기본계획을 수립해 민간 사업자를 모집한다. 민간제안사업의 경우에는 정부가 계획을 수립하지 않고 민간이 제안한 사업계획들을 평가한 후 민자유치 여부를 결정한다. 이 경우 'First Come, First Serve'의 원칙을 적용하고 있다. 민간사업자 선정 시위원회는 관련 정부부처 인사로 구성된다.

◈ 민자유치대상사업의 선정

수익성이 있고 관리와 재원조달이 가능한 사업만을 대상으로 민자유치사업을 선정하며 될 수 있는 한 정부는 재원조달에 대한 책임을 지지 않는 것을 원칙으로 한다. 수익성이 낮은 경우, 정부는 필요하다면 최소한의 재원조달 책임과 위험을 분담한다. 정부의 주요 지원수단으로는 Soft-loan 및 보조금지원, 용지 구입, 시설에 대한 수요량이 일정기준에 미달하는 경우 정부가 그 차액에 대해 보증, 재원조달 어려움이 있을 경우 정부보증 등 관련 지원 제공, 신도시 건설 등 부대사업 허용 등이 있다.

◈ 무상 사용기간 및 사용료 결정

무상사용기간은 건설기간과 사용료징수기간을 합한 것으로서 건설기간을 단축하면 사용료 징수기간을 연정시키는 효과가 있다. 예를 들면, NSE의 민간 사업자는 건설기간을 15개월 단축하여 이득을 본 바 있다.

최장 무상사용기간에 대한 제한은 없다. 민자유치 도로사업은 사용료를 징수하지 않는 대체 도로가 있는 경우에 한하여 허용하고 있다. 사용료 수준은 항상 일정한 수준으로 유지되어야 하고 정부가 이를 지속적으로 관리하고 있다. 사용료는 소비자물가 상승률에 연동되며 3년마다 변경하고 있다. 사용료는 지역별로 다르지 않고, 일반적으로 5개 차종에 따라 달라진다.

◈ 총사업비의 산정

총사업비는 건설비, 직접운영비, 간접운영비 등으로 구성되는데 여기에 건설이자가 포함된다. 이윤은 출자금에 대해서만 인정하고 사업별로 상이하나 평균 12% 수준이다. 사용료 수입은 수요량, 사용료 수준, 무상 사용기간 등에 의해 좌우된다. 수요량, 무상 사용기간 등 주요변수는 민간기업과 정부가 최초 실시 협약 시에 결정한다.

◈ 시설운영 및 관리

시설 건설 후 민간사업자는 수요량, 사용료 징수 등에 관한 모든 권한을 부여받으며, 시설완공과 관련된 행정처리는 정부가 책임지고 추진한다. 민간사업자는 일상적이고 정기적인 또는 대규모의 유지 및 보수를 행하고, 정부는 유지와 관리에 대한 지침을 작성한다.

3) 남북고속도로 사례

주요 민자유치로는 <표 2-5>에서 보는 바와 같이 North Klang Sraits Bypass, 콸라룸푸르 주변 단거리 구간 및 I.C/ 건설, 콸라룸푸르 연결 방사선 도로 및 남북고속도로(NSE) 등이 있다. 이중 가장 대표적인 도로가 NSE이다.

NSE는 말레이시아 최초의 본격 BOT 사업이며, 단기사업으로는 최대의 사업으로서 <표 2-5>에서 보는 바와 같이 북쪽의 태국국경 Bukit Kayu Hitam에서 남쪽의 싱가포르 인접 Johor Bahru를 연결하는 총연장 847.7㎞의 남복 종단도로이다. NSE는 종전 16시간 소요되던 것을 8시간으로 단축시키는 성과를 거두었다.

NSE는 1981년에 정부기관인 MHA가 공사를 시작하여 총사업비의 40%를 투입하여 약 317㎞를 완공하였고, 55㎞구간은 건설하던 중에 정부예산 부족으로 민자유치사업으로 전환하였다.

PLUS는 총 연장 중 462㎞를 건설하였다.

<표2-5> 말레이시아의 주요 민자유치 도로 현황

도로망	총연장 (㎢)	운영자	감독기관	개통일 (요금징수개시일)	비고
North-South Expressway	848	PLUS	MHA	1994.2.7	BOT
Kualalumpur-Karak Highway	69	MTD PRIME	MHA	79(84.6.1)	
Shan Alam Expressway	35	KESAS	MHA	93	BOT
North Klang Straits Bypass	15.3	SHAPADU PROP	PWD	84(84.12)	
Kualalumpur City Roads	16.5	METRAMAC	KLCITY HALL	(91.9.15)	BOT
Kulim Butterworth Highway	24	KLBK	MHA	96.11.1 (96.11.16)	

* BOT 민자유치사업계약

BOT 계약은 1988년 말레이시아 정부와 UEM(United Engineers Malaysia Berhard)사이에 체결되었고, 1988년 7월 20일자로 계약인수약정에 의해 PLUS(Project Lebuhraya Utara-Selatan BHD)가 민간사업자 지위를 승계했다. 양허기간은 30년으로서 1988년 5월

31일부터 2018년 6월 30일까지로 모든 건설기간이 포함돼 있다.

정부가 건설한 구간의 통행수요가 급격히 증가함에 따라 PLUS가 건설기간단축을 위해 노력한 결과 15개월 앞당겨서 완공하였다. NSE의 주요 시설을 보면 <표 2-6>에서 보는 바와 같이 인터체인지는 73개, 통행료 징수지역은 63개, 통행료 징수시설은 390개 있는데 통행료 징수체계는 통행한 거리에 따라 요금이 부과되는 폐쇄식과 1회 통행료가 고정되어 있는 개방식 모두를 병행하고 있다.

그리고 교량 및 고가도로는 345개, 터널은 1개 있다. 50내지 80㎞마다 있는 휴게소는 초 18개, 25내지 50㎞마다 있는 대피소는 총 46개 들어서 있다. 도로포장은 아스팔트부문이 79.5%, 콘크리트부문이 20.5%로 되어 있다.

양허기간 만료시 PLUS는 이러한 도로시설을 정부에 완전가동이 가능한 상태로 인계해야 한다.

◈ 재원조달

총사업비는 약 60억RM이다. 자기자본은 출자금 6.5억RM, 상환가능 누적적우선주 3.6억RM, 비누적적 전환우선주 10억RM 등이다.

부채는 Syndicated Term Loan과 Stand-by Loan 모두 합해 40억RM이다. 대주주단에는 말레이시아 근로자기금을 포함하여 46개 기관이 참여했고, 금리는 10~11% 수준이며, 15년 만기이다. 부채 중 정부차입 부문은 Soft Loan 16.5억RM인데, 대출기간은 15년 거치 25년이고 금리는 8%이다.

<표 2-6> 말레이시아 남북고속도로(NSE)의 주요 시설

주요시설	개수 및 비율
인터체인지	73개
통행료 징수지역	63개
통행료 징수시설	390개
교량 및 고가도로	345개
터 널	1개
휴게소	18개
대피소	46개
아스팔트 포장	79.5%
콘크리트 포장	20.5%

◈ 정부지원사항

정부와 민간사업자간의 주요 약정내용을 보면, 정부는 준공한 도로구간의 무상운영권을 민간사업자간에게 부여하여 이에 따르는 운영수입을 공사비에 충당토록 하고, 민간사업자는 30㎞마다 구간을 분리하여 시공하되 수익성이 없는 구간에 대해서는 정부가 보조금을 지급한다.

<표 2-7> 남북고속도로의 통행료 수준(1997년 적용요금)

(단위 : 말레이시아 센트)

차 종	명 세	㎞당 요금
1종	2차축, 4륜차량(택시와 버스제외)	10.5

2종	2차축, 6륜차량(버스제외)	10.5
3종	3차축이상 차량(버스제외)	20.86
4종	택 시	3.75
5종	버 스	6.25

정부는 민간사업자가 금융기관으로부터 원활하게 차입할 수 있도록 주선해주고 민간사업자가 파산할 경우에는 정부가 인수한다. 정부는 운영 초기 17년간 Cash Flow 부족분을 보조금으로 보전해 주는 등 최소수익을 보장한다. PLUS는 ㎞당 통행료로 10.6 말레이시아 센트를 제시했으나 <도표 2-7>에서 보는 바와 같이 정부에서 10.5 센트로 승인함에 따라 당해 부족 수입 부분을 현금으로 보전 받았다.

4) 도 로

말레이시아는 영국의 식민지시대부터 고무, 주석 등 자원관련 산업은 물론 도로, 항만, 전력, 통신 등의 부문이 비교적 발달되어 있는 편이며, ASEAN국가 중 인프라가 가장 잘 정비되어 있다.

<표 2-8> 도로현황(2006)

(단위 : ㎞)

구 분		1980	1990	2000	2005	2006
도로	포 장	4,856	77,778	49,300	88,000	120,000
	비포장	4,059	16,206	15,462	15,807	23,530
총연장		21,915	53,984	144,003	164,224	199,990

자료 : 해외건설협회

도로의 총 연장은 2006년 120,000㎞ (고속도로 973㎞ 포함)이다. 이중 90,970㎞가 포장도로, 23,530㎞는 비포장도로로 도로포장 비율은 75.1%이다. 도로는 크게 두 종류로 연방도로(24.4%)와 주도로(지방도로 포함)로 분류되며 연방도로(93.4% 포장률)에는 고속도로 및 유료도로(고속도로청 관장)와 지역발전도로가 포함된다. 1995년 조호르바루~쿠알라룸프르~펠리스를 연결하는 남북고속도로가 개통되었으며, 콸라룸푸르~카락(Karak) 고속도로, 페낭(Penang)대교, 조호르바루와 싱가포르를 연결하는 길이 약 1,050m 코즈웨이도로등이 구축되었다.

향후 개발계획을 살펴보면 말레이반도에 비해 상대적으로 도로망이 낙후된 사바, 사라와크 지역에 도로건설을 위해 집중 투자될 계획으로 있다. 공공사업부에서 도로 및 교량 건설 및 유지보수사업을 추진하고 있으며, 국내 3개 고원 휴양지를 연결하는 Genting~Frase Hill~Cameron Highland 간 고속도로도 추진 중에 있다. 인도네시아와 연결하는 말라카 해협 횡단도로는 양국간 협의가 진행돼 왔으며 외환 위기 이후 계속적으로 증가하고 있다.

민자방식으로 추진 중인 주요 프로젝트는 첫째, East Coast Highway 둘째, Southern Coastal Highway 셋째, Northern Coastal Highway 등이 있다.

5) 철도

총 철도연장은 3,798㎞로 국영기업인 KTM Berhad (Keretapi Tanah Melayu Berhad)이 말레이반도내에서 철도를 운영, 관장한다. 북부 터미널인 Butterworth에서 남부 Pasir Gudang과 싱가포르에 이르기까지 전역을 종횡으로 연결하고 있다.[38] 철도 이용승객 수 및 화물 운송량이 감소하여 여타 교통망에 비해 상대적으로

---

38) 해외건설협회 참조

낙후되어 있으며, 총 연장중 경전철(LRT)을 포함한 전철화 철로는 약 448㎞이다.

<표 2-9> 철도현황(2006)

(단위 : ㎞)

구 분	1980	1990	1998	2000	2006
연 장	2,218	2,222	1,798	1,977	2,388

철도는 아시아 횡단 철도, 서부항구, NBCT, Tanjong Pelepas, Segamet Inland Port 등의 연결프로젝트를 개발할 계획으로 최근 산업 발전 촉진을 위한 특정 목적의 말레이반도 동부해안 Kuantan ~Kerteh 철도건설이 추진 중에 있다. 그리고 경전철의 경우 민자 위주로 페낭 및 조호르지역 등에 사업을 계획 중이다.

6) 항만

말레이반도, 사바주, 사라왁주에 22개 항구가 있다. 이들 항구는 총 9억4,410만 톤의 처리능력을 자랑한다. 항구는 무역거래의 90% 이상을 담당해 왔으며, 화물처리용량은 주로 컨테이너 및 벌크화물을 취급하며 총 72,080만 톤에 달한다. 말레이반도와 연방항구는 교통부산하 말레이반도 해양항만부에서 관장하고 있다.

- **연방항구** : 페낭, 클랑, 조호르(탄중 펠레파스항 포함), 쿠안탄, 케마만(석유보급기지로 특수산업항), 빈투루(사라왁주, 최초 LNG 항)
  - 교통부산하 해양항만부
  - 사라왁해양항만부 관할 : 쿠칭, 라장, 미리
  - 사바항해양항만부 관할 : 코타 키나바루, 타와우, 라하드 다투, 산다칸

말레이시아 정부는 민자를 유치하여 기존 항만의 개량 및 시설확충을 계획하고 있으며 동남아 물류 중심지와 석유화학중심지로 육성하기 위해 컨테이너 등 화물선적항 개발에 주력하고 있다. 항만개발은 항구와 관련서비스의 효율성과 생산성 향상에 초점을 두고 항구시설과 장비 개선, 처리용량 증대를 위해 제 9 말레이시아 계획(2005~2010)기간동안 35링깃(49억 달러)을 투입할 계획이다.

계획이 끝나는 2010에는 항만처리능력을 연 9.5%씩 증대시켜 9억4,410만 톤에서(2006) 13억 280만톤으로(2010), 2억 2,080만 톤(2000)인 화물취급 량도 30억8,300만 톤으로 늘릴 예정이다. 이 중 컨테이너화물은 연 8%씩 급증하는 세계추세를 감안하여 매년 19.8%씩 증가해 2억 70만톤의 처리능력을 갖출 예정이다. 또한 항만시설을 개선하여 189,462척(2006)인접안 선박수를 매년 6.3%씩 늘려 2010년에는 221,210척으로 증가시키고 870만 명(2006)인 여객수송능력도 지속적으로 늘려 나갈 방침이다.

한편 8차 계획 기간동안 단일 항만청을 설립해 면허발급에 필요한 조건과 규정, 항만능력표준화 등을 명문화하여 효율적 항만 운영을 확보하기 위한 규제기능을 제고할 계획이다.

사바주와 사라왁주 항구관련 프로젝트로는 Kuala Baram 준설, Miri와 Kuching항 접근 수로를 위한 사라왁장 입구 준설, Sapangar Bay(Sabah주) 컨테이너 터미널 및 석유부두 건설 등이 있다.

7) 공항

항공운송은 말레이시아가 동남아시아 중심지에 위치한 지리적 특성으로 화물 및 승객수송시설이 잘 발달되어 2006년 기준 5개 국제공항을 포함 총 215개[포장(130), 비포장(83) 포함]의 공항이

있으며, 76개 국내노선, 120개(76국) 국제노선이 운항중이다.[39]

여객 및 화물 수송량은 최근 5년간 각각 6.6%와 16.4%의 성장세를 보이고 있으며 2005년 기준 여객수송은 70,480천명이며 화물수송량은 1617,220천 톤 [871,652천 톤(국제)]을 보이고 있다.

- 교통부산하 항공부
- 민간항공부 (Department of Civil Aviation)
- 말레이반도 항만 및 공항
- 사바, 사라왁주 항만 및 공항

향후 라부안과 랑카위의 공항 시설확장, 지방 공항 개량사업, 신규 타와우(Tawau) 공항 건설을 추진 중이다. 또한 콸라룸푸르 국제공항의 여객수송 능력을 연간 2,500만에서 2020년까지 60,000만 명으로 늘릴 계획으로 시설확장에 주력하고 있다.

8) 통신

Telekom Malaysia Berhad(TM)은 광범위한 국내 및 국제통신망을 운영하며 모든 종류의 국내, 국제음성, 메시지 및 데이터 통신 서비스를 제공한다. TM의 주도로 해저케이블, 위성(MEASAT) 및 초음파를 통한 8,000개의 국제회로로 전 세계 220개 이상의 국가와 직통전화가 가능하다. 1999년 1월 Equal Access Regime 하에 5개 네트워크 업체가 국내외 통신서비스를 하고 있고, 이동통신 분야에는 6개 업체가 서비스(GSM, PCN 등 프로토콜 이용)중이며 3개 인터넷서비스 업체가 활동 중이다.

---

39) 국제공항(3,047m 이상 활주로 포장): 콸라룸푸르, 페낭, 랑카위(이상 말레이 반도), 코타키나발루(사바주), 쿠칭(사라왁)

최근 TM은 자체 통신망 구축사업을 지속적으로 전개하고 있으며 단거리 도시간 전화중계선에 최신 디지털시스템과 광섬유 시스템을 도입하여 통합 디지털망 서비스 체제를 구축중이다. 말레이시아 정부는 통신 부분에 대한 지속적인 민영화를 추진, 민자유치를 통한 무선통신망 시설확충에 주력하고 있다.[40]

9) 전력

말레이시아 전력산업은 말레이반도의 전력생산 및 송배전을 담당하는 국영전력공사(TNB)를 중심으로 지역별 전력 회사와 많은 민자발전회사(IPP)로 구성되어 있다.

- SESB(Sabah Electricity Sendirian Berhad)
  : 사바주의 전력생산 및 송배전 담당
- SESC(Sarawak Electricity Supply Corp)
  : 사라왁주 전력생산 및 송배전 담당

2006년 연말 기준 총 발전용량은 21,577MW로 이중, 87.4%가 말레이반도에 집중되어 있고 Sarawak와 Sabah에 각각 5.9%, 6.7%가 나누어 있다.

---

40) 말레이시아 최초의 위성인 MEASAT-1은 1996년 1월에 궤도에 진입하였다. MEASAT은 말레이시아의 우주통신시대 진입을 뜻하며, 그 영향이 통신, 정보 및 오락부문에 걸쳐서 느껴질 것이다.
MEASAT는 최첨단의 통신과 직접적인 사용자 서비스를 위해 특별히 설계되었다. 지구궤도 동쪽의 91.5도상의 위치에서 MEASAT은 동아시아의 대부분 지역의 10억 인구에게 서비스를 제공하다. MEASAT의 소유주이며 운영주인 Binariang Sdn. Bhd. 는 통합된 음성, 비디오 및 데이터 서비스를 제공함으로써 세계 모든 지역과 경제적이고 신뢰도 높은 방식으로 정보를 교환할 수 있는 말레이시아의 능력을 더욱 증대시켜 줄 것이다.

<표 2-10> 총 발전용량 현황(2006)

(단위 : MW)

구 분	TNB	SESB	SESCo	IPP	합 계
1995	5,090	590	678	2,830	11,512
1997	7,414	625	617	3,814	13,310
1998	8,197	606	494	4,420	13,717
2006	12,000	909	868	7,800	21,577

자료 : Department of Electricity and Gas Supply

발전원별로는 가스 화력이 8,387MW(61%)로 주종을 이루고 있으며 수력(1,974,MW), 석유화력(1,914MW) 등을 이용한 발전설비를 보유하고 있다. 총 전력생산은 59,433GWh(37%)를 생산하고 있다. 송전전압은 275kV, 132kV, 66kV이며 배전전압은 33kV, 22kV, 6.6kV, 415V 3상, 230V 단상(50Hz)이다.

전력소비(2006)는 91,500GWh에 달하고 절정에 달할시의 수요는 90,300GWh이나, 최근 경제회복과 함께 전력수요가 증가하여 그 수요가 100,000GWh에 육박하고 있어 발전용량 증설에 노력하고 있다.

논란의 사라왁주 바쿤 수력발전소(2,400MW)는 당초 민간사업자인 EKRAN사가 추진키로 했지만 금융위기 영향으로 1997년 11월 21일 정부가 인수했다. 그리하여 Ministry of Finance Incorporate가 국영전력회사와 협의하여 구체적인 추진방안을 수립한다는 원래 계획이 사업비용 증가로 연기되었으며 페낭섬 화력발전소도 추진되었다.

한편 단기적인 장래의 전력수요 충당을 위해 TNB 자회사 TNB Janamanjung가 페락주 만중화력발전소(2,100MW) 건설을 추진하고 있다. 이는 2008년 또는 2010년 운영예정이다. Port Dixon의

가스터빈을 복합 화력발전소(2 x 370MW)로 개수하여 2006년 완공하였다.

10) 용수공급

말레이시아의 용수 공급은 하루 24시간 항상 가능하며, 용수의 질도 완전 처리되어 세계보건기구(WTO)의 음용수 국제기준에 부합한다. 수도요금은 주에 따라 다르다.

제 3 장

말레이시아의 조세제도

1. 말레이시아 조세제도의 개요

일반적으로 거주자 및 거주기업의 말레이시아 내에서 발생한 소득에 대해서만 과세가 부과되고 해외에서 발생된 소득(송금)에 대해서는 면세된다. 소득세는 전년도 1년 간 발생한 소득에 대해 과세되며, 달력과 다른 회계연도를 채택한 회사의 경우 과세기준 기간은 과세연도 직전의 12개월을 회계기간으로 산정하고 있다.

세제당국은 투자를 장려하기 위하여 1993년부터 개발세(Development Tax : 2%)를 폐지하고 법인소득세율을 35%에서 34%로, 1994년에는 32%로, 1995년에는 현재의 30%로 인하하였으며, 배당소득에 대한 원천 세율은 30%이다.

1967년 소득세법(Income Tax Act)에 따라 기업은 주기적인 회계감사를 받아야 한다. 과세대상 소득으로는 거래, 직업 및 사업상 발생된 수입·이익, 고용에 따른 급여·보수, 배당금·이자소득·할인, 임대수입·로열티·프리미엄, 정기소득(연금) 등이 해당된다.

2. 조세체계

1) 조세구조

말레이시아의 조세는 대부분 연방정부에 의하여 부과된다. 말레이시아의 조세체계는 직접세과 간접세로 대별할 수 있다.

직접세로는 개인 및 법인의 소득에 대한 소득세와 인지세, 양도소득세, 석유수입세 등이 있고 간접세로는 판매세와 서비스세 등이 있다.

1992년도 말레이시아의 총세수중 간접세가 차지하는 비중은 약 49%였으며 말레이시아 정부는 향후 직접세보다는 간접세의 비중을 늘려갈 것으로 보인다.

말레이시아에는 자본세나 상속증여세가 없으며 우리나라의 양도소득세와 유사한 양도소득세(Real Estate Gain Tax)가 있다. 또한 부가가치세와 유사한 판매세와 Service세가 있는데 판매세는 과세대상에 따라 다른 세율이 적용된다.

말레이시아 정부는 향후에 따라 판매세와 Service세를 통합하여 하나의 세제로 재편할 계획을 발표하였다. 말레이시아의 거주자는 말레이시아 내의 모든 원천소득과 해외로부터 송금되어 말레이시아 내에서 얻은 소득에 대하여 납세의무가 있는 반면에 비거주자는 말레이시아내의 원천소득에 대해서만 납세의무가 있다.

외국납부세액에 대하여는 소득원천지국과의 조세협약 유무에 따라 세액 공제한도가 달라진다. 즉, 조세협약이 체결된 국가에서 납부한 세액은 납부한 세액과 동 소득에 대한 말레이시아 소득세 해당액 한도 내의 범위에서 세약공제를 받을 수 있다. 조세협약 미체결국의 경우에는 외국에서 납부한 세약의 50% 범위 내에서 외국납부세액공제를 받을 수 있다.

2) 조세행정조직

말레이시아 세법은 대부분 재무부의 입안을 거쳐 연방의회에서 제정된다. 말레이시아에서 소득세법은 1967년에 제정되었고, 그 후 1972년에 판매세법, 1975년에 Service세법, 1976년에 양도소득세법이 각각 제정되었다.

말레이시아의 조세는 대부분 연방정부에 의하여 부과 징수된다. 대부분 조세의 부과 및 징수업무는 국세청(The Inland Revenue Department: IRD)이 수행하며 법률상 불분명한 부분의 해석과 실무적용에 필요한 예규, 통칙의 제정은 국세청장의 권한사항이다. 그러나 이러한 예규, 통칙은 법률로서의 효력은 없다.

세제당국은 투자를 장려하기 위해 1993년에 개발세(2%)를 폐지하고, 이후 법인소득세율을 연차적으로 인하(1993년 34%, 1994년 32%, 1995년 30%)하였으며, 1998년부터는 28%로 더욱 인하하였다. 2000년부터는 역년 기준으로 과세하지 않고 해당기관의 회계연도를 기준으로 세금 부과하는 것을 원칙으로(1999년 소득세는 보류되나 장래 사업소득에서 차감 예정이고 2000년 소득세는 그해 납부를 원칙으로 하며 소득신고는 2001년으로 하고 있다.

국세청은 현 역년 기준 부과과세제도는 소득신고를 받은 후 검토하여 세금을 확정 부과하는 시스템으로 많은 인력과 비용이 투입되는 등 효율적이지 못한 측면이 있어 이를 보완한 Self-Assessment System을 도입하여, 2001년부터 기업에 우선 적용하고 있다.

3) 불복제도

IRD의 부과고지 내용에 이의가 있는 경우에는 부과고지일로부터 30일 이내에 IRD에 이의신청을 제기할 수 있다. 이의신청이 받아들여지지 않을 경우 우리나라의 국제심판소와 유사한 Special Commissioners의 결정에 불복하는 경우에는 고등법원에 항고할 수 있으며 최종 불복절차는 우리나라와 마찬가지로 대법원에 항고하는 것이다.

3. 법인에 대한 조세

1) 납세의무자 및 과세연도

말레이시아에서 국내원천소득이 있는 법인은 거주자, 비거주자를 막론하고 해당 소득에 대하여 납세의무가 있다. 다만 거주자인 법인의 경우에는 해외원천소득에 대하여 원천소득의 실현 및 기장여부에 불문하고 해당 소득금액을 말레이시아 영내에서 수령할 경우에만 납세의무가 있다. 예외적으로 은행업, 보험업, 국외항행사의업의 경우에는 실현여부에 관계없이 전 세계에서 발생한 소득에 대하여 납세의무가 있다. 즉 말레이시아 영내로의 송금여부에 관계없이 해외사업장에서 소득이 실현되었다면 해당 소득에 대해 납세의무가 있다. 비거주자의 경우에는 국내원천소득에 대하여만 납세의무가 있다.

법인의 거주자, 비거주자의 판정은 실질적 통제 및 관리기준에 의해서 판단된다. 따라서 설립준거법(외국법 또는 국내법)이나 본점소재지에 관계없이 그 법인의 실질적인 통제 및 관리가 말레이시아에서 행해지고 있다면 거주자로 간주된다. 일반적으로 회사의 이사회가 말레이시아내에서 열린다면 거주자로 간주된다.

말레이시아 과세연도는 원칙적으로 역년에 의하나 법인의 경우에는 회사의 회계연도에 의할 수 있다. 다만 회계연도는 12개월이어야 한다.

◈ 신고 및 과세기준 변경

2000년부터는 역년을 기준으로 과세하지 않고 회계연도를 기준으로 세금부과를 원칙[41)]으로 하고 있다. 국세청은 현 역년 기준 부과과세제도는 소득신고를 받은 후 검토하여 시금을 확정 부과하는 시스템으로 많은 인력과 비용이 투입되는 등 효율적이지 못한 측면이 있어 이를 보완한 Self-Assessment System을 도입 2001년부터 기업에 우선 적용하고 있다. 통상적으로 국세청은 매년 2월말에 회사의 기준년도의 소득을 신고할 것을 고지하며, 회사는 그 고지를 받은 날로부터 30일 내에 소득을 신고해야 한다. 회사는 기준연도 소득에 대하여 세무당국의 부과고지를 받으면 그 날로부터 30일 내에 세약을 납부해야 한다.[42)] 이 확정부과와는 별도로 직전년도의 법인세액을 기준으로 하는 법인세 예납제도도 있다.

2) 과세소득금액 계산방법

말레이시아의 과세소득 계산은 회계원칙에 의하여 작성된 감사받은 손익계산서상의 순이익에서 세무 상의 조정항목을 가감하여 계산한다.

---

41) 1999년 소득세는 보류되나 장래 사업소득에서 차감 예정이고 2000년 소득세는 그해 납부를 원칙으로 하며 소득신고는 2001년

42) 기간 내 미납시 10% 가산세 부과

가. 익금의 계산

일반적으로 다음 항목의 소득이 과세된다.

- 상품 및 용역의 거래에서 발생된 이익
- 배당 및 이자(할인료 포함) 소득
- 임대료 및 사용료
- 수입수수료 등

말레이시아는 자본이익에 대하여는 과세하지 아니하나 말레이시아 국내에 소재하는 부동산의 처분이익이나 자산의 대부분이 부동산으로 구성된 비상장회사의 지분이 처분이익에 대하여는 보유기간에 따라 5%~20%의 양도소득세를 부과한다.

배당소득에 대한 이중과세조정방법은 주주단계조정방법인 '임퓨테이션(Imputation)' 방법을 채택하고 있다. 즉 법인이 이미 법인세가 과세된 소득을 배당하고 주주는 해당 배당금액을 자기의 다른 소득과 합산하는 경우, 주주의 배당소득에 법인단계에 부담한 법인세액을 합산한 금액을 배당소득으로 하여 소득세를 계산하고 합산된 법인세액을 기 납부 소득세로 공제하는 방법이다.

예컨대, 법인세율이 30%이고 수취한 배당금이 700만원인 경우 법인세를 전액 가산조정하면 배당 소득과 귀속법인세액은 다음과 같다.

- 귀속법인세액 = 배당소득 × 법인세율/(1-법인세율)
  = 7,000,000 × 30%/(1-30%)
  = 3,000,000
- 배당소득 = 수취한 배당소득 + 귀속법인세
  = 7,000,000 + 3,000,000 = 10,000,000
- 공제할 귀속법인세 (배당세액공제액) = 3,000,000

또한 말레이시아에서는 배당금 수령자가 법인인 경우 거주자인지 비거주자인지 여부에 관계없이 배당금에 대하여 원천징수를 하지 않는다.

그러나 다음의 소득은 배당세액을 공제하지 않는다.

- 투자진흥법에 의한 투자로 인한 이익
- 각종 인센티브 제도로 인하여 세액이 공제되는 이익을 배당받는 경우에는 동 배당 소득 또한 과세표준에서 제외
- 이중과세 방지협정에 의하여 외국에서 비과세되는 소득

나. 손금의 계산

① 재고자산의 평가

재고자산은 일반적으로 저가법으로 평가된다. 즉 원가와 순 실현가치 중 낮은 가액으로 평가된다. 원가는 선입선출법에 의하여 결정되어야 하며 후입선출법은 세무 목적상 허용되지 않는다.

② 영업비용

회사는 감사받는 재무제표를 기준으로 세무조정을 하여야 한다. 회사가 기업회계 기준에 따라 계상한 비용들은 대부분 세무상 손금으로 인정된다. 일반적으로 과세소득에 직접적이고 배타적으로 관련된 비용이 세무상 손금으로 인정된다. 즉 수익과 비용의 인과관계가 뚜렷한 금액만이 세무상 손금으로 인정된다. 그러므로 과세소득과의 인과관계가 직접적이지 아니한 접대비나 장래의 손실에 대하여 현재 설정된 추정비용[43]은 원칙적으로 손금으로 인한 각 자산별 감가상각비율을 예시하면 다음과 같다.

---

43) 미사용 휴가에 대한 추정보상비 등

③ 감가상각비

세법상 감가상각비는 법정상각만이 인정된다.

<표 3-1> 자산별 상각율

종 류	최초상각(%)	연차상각(%)	비 고
Plant와 기계류	20, 60 or 30	8-20	
공장건물	10	2	최대 15년동안 상각가능
근로자어린이보호시설	0	10	94.1.1이후 지출분
기 숙 사	0	10	94.1.1 이후 지출분 관리자용은 제외
차량운반구	20	16,20 or 50,000RM	
사무시설	20	12	
농장용 시설			
Plant, 도로, 교량	0	50	
농장건설	0	10	
기 숙 사	0	20	
신림용 시설	0	10(20)	

* 광산채굴용이나 임목벌채용 기계의 경우에는 60%, 공장, 도로, 건축에 사용하는 장비에 대해서는 30%
* 매입자산에 대하여 매입가액과 건설원가 중 낮은 가액을 상각기준 액으로 함
* 트럭, 택시 등의 상업용 차량은 20%, 비상업용 차량은 1대당 연간 50,000RM까지만 인정됨
* 교량 건축물은 10%, 기숙사는 20%

감가상각자산이 매각된 경우 매각액이 세무상 장부가액을 초과하면 동 초과한 금액을 익금 산입하고 이와 반대되는 경우에는 손금에 산입 할 수 있다. 또한 감가상각자산을 취득 후 2년 이내에 합당한 이유 없이 처분할 경우 기존의 감가상각액을 부인당할 수 있다. 여기에서 합당한 이유란 화재, 천재지변 등에 의한 경우를 말한다. 당해연도의 감가상각비를 당해연도의 과세소득 부족으로 과세소득에서 차감하지 못한 경우에는 다음 년도의 과세소득에서 이월공제를 받을 수 있다.

④ 지급이자

회사가 세무상 손금 산입할 수 있는 이자는 사업 목적상 차입한 이자의 경우에만 제한적으로 인정된다. 그러나 투자를 위하여 금융기관으로부터 자금을 차입한 경우에는 투자로 인해 얻은 소득의 범위 내에서 이자비용을 인정받을 수 있다.

⑤ 복리후생비

종업원의 복리후생을 위하여 지출한 비용은 대부분 손금으로 인정된다. 그러나 종업원 공제기금이나 기타의 인정된 기금에 대한 회사의 부담금은 회사종업원 총급여의 일정률 범위[44] 이내에서만 인정된다.

⑥ 접대비

종업원을 위한 복리후생 성격의 접대비나 법령에 의하여 인정되는 극히 일부분의 접대비반이 손금으로 인정되며 대부분의 접대비는 세무상손금으로 인정받지 못한다.

⑦ 충당금 전입액

일반적으로 발생주의에 의하여 장래의 예상되는 비용이나 손실 또는 우발채무에 대하여 계상한 비용은 손금으로 인정받지 못한다.

⑧ 기부금

정부 및 지방자치단체, 국세청장이 정한 기관이나 단체에 대한 현금 기부금만이 손금으로 인정된다.

---

44) 1992년의 경우 15%

⑨ 이월 결손금

당해연도에 발생한 영업 손실은 당해연도의 다른 과세소득(예컨대 이자·배당소득)에 상계시킬 수 있다. 당해연도에 따른 과세소득에서 상계하지 못한 영업 손실은 다음연도의 영업이익에서만 상계할 수 있다. 또한 당해연도의 법정 감가상각비 중 과세소득에서 차감도지 아니한 한도 미달 감가상각비는 차년도 이후부터는 관련된 과세소득에서만 공제할 수 있다. 결손금에 대하여 지나간 과세년도로의 소급공제는 인정되지 아니하며 미래로의 이월공제만이 인정된다. 공제 받을 수 있는 이월연한에 대하여는 제한이 없다.

다. 과세소득금액의 계산

과세소득의 계산은 전술한 바와 같이 공인회계사에 의하여 감사받은 손익계산서상의 순이익에서 출발한다. 말레이시아의 과세소득계산은 우리나라의 소득세 계산구조와 유사하다. 각 과세원천별 소득(사업, 이자, 배당소득 등)에서 관련비용을 차감하여 과세소득을 계산하고 동 원천과세소득에 단일세율을 적용하여 산출 세액을 계산한다.

3) 세율

말레이시아의 법인세율은 단일세율로서 과세소득에 대하여 거주자 및 비거주자에 대하여 2006년 현재 30%의 법인세율이 적용된다. 그러나 비거주자의 경우에는 과세 소득 중 이자소득에 대하여는 20%의 세율을, 사용료 소득 및 Know-how에 대한 소득에 대하여는 15%의 특별세율을 적용한다. 회사가 석유관련사업을 영위하는 경우에는 위의 세율대신에 40%의 높은 세율이 적용된다.

4) 비과세 및 감면

말레이시아에서는 투자를 촉진하기 위하여 많은 조세감면제도를 두고 있다. 세액공제나 감면을 받는 사업 및 활동으로는 수출재화의 제도, 기업의 확장, 산업의 현대화를 위한 투자, 기업다각화를 위한 투자 등을 들 수 있다. 대표적인 조세감면제도는 다음과 같다.

가. 개척기업 자격(Pioneer status)

국제통상산업부와 협의하여 재무부장관이 정하는 제품을 생산하거나 활동을 하는 기업은 Pioneer status의 자격을 누릴 수 있다. 이러한 업종으로는 제조업, 농장, 호텔 관광산업을 들 수 있으며, Pioneer status의 자격을 인정받은 기업은 자격을 인정받은 날로부터 5년동안 70%의 세액공제를 받을 수 있다. 또한 조세가 감면되는 기간 중에 발생한 이익을 배당하는 경우에는 배당세액이 면제된다. Pioneer status기업이 중공업에 투자하거나 고도기술을 수반하는 사업에 투자하는 경우에만 법인세 또는 소득세를 전액 감면 받을 수 있다.

Pioneer status는 누릴 수 있는 기간은 재무부로부터 승인을 받은 날로부터 5년간이다. Pioneer status기업은 다른 소득공제나 세액공제를 적용 받을 수 없으며 Pioneer status기간동안 결손금 또는 이월공제를 받을 수 없다.

나. 투자소득 공제(Investment Tax Allowance: ITA)

회사는 Pioneer status를 선택하는 대신에 투자소득공제(ITA)를 선택 할 수 있다. 말레이시아 산업개발국이 지정한 제품이나 특정 활동에 대한 자본적 지출은 산업개발국의 승인을 받은 날로부터 5년간 ITA를 받을 수 있다. ITA는 법정소득의 70% 범위 내에서 자본적 지출액의 60% 해당액을 법정소득에서 공제 받을 수 있다. 한도초과로 인하여 공제 받지 못한 ITA는 후속년도에 이월공제가 가능하며 ITA로 인한 이익을 배당 받는 주주의 경우 해당 배당금은 비과세 된다.

다. 연구 및 개발에 대한 소득공제

말레이시아 내·외에서 특정 연구 및 개발활동을 위해 지출된 비용에 대하여 동 비용의 100%까지 공제 받을 수 있다. 또한 인가 받은 연구기관에 대한 현금 기부금이나 인가 받은 연구기관이나 회사에 특정용역을 발주하고 지출하는 비용에 대하여도 100% 공제를 받을 수 있다. 이러한 소득공제를 받기 위해서는 재무부의 승인을 받아야 한다.

라. 말레이시아내의 본점 (Operational Headquarter : OHQ)운영에 대한 혜택

말레이시아 내의 본점을 설치, 운영하는 다국적기업은 OHQ의 사무소나 관계회사에 제공하는 용역과 관련하여 발생하는 소득에 대하여는 정규 법인세율과 관계없이 10%의 세율로 과세된다. OHQ와 관련된 세제 혜택을 받기 위해서는 재무부의 승인이 있어야 하며 적용기간은 승인을 받은 날로부터 5년간이다. 경우에 따라서는 추가적으로 5년간 연장이 가능하다. 또한 OHQ 적용기간 동안 해외에 있는 자회사 등으로부터 받는 배당금에 대하여는 법인세가 과세되지 않는다.

5) 신고 및 납부

가. 신고

말레이시아의 과세제도는 부과과세 제도이다. 과세연도는 원칙적으로 역년 기준이며, 부과연도의 직전년도 1월 1일부터 12월 31일을 과세 기간으로 한다. 그러나 회사는 역년기준 이외의 회계연도를 기준연도로 할 수 있으며 그 기간은 12개월 이어야 한다. 통상적으로 세무당국(국세청)은 매년 2월말에 회사의 기준연도의 소득을 신고 할 것을 고지하며 회사는 그 고지를 받은 날로부터 30일 내의 소득을 신고하여야 한다. 세무당국으로부터 소득신고에 대한 고지를 받지 아니하였더라도 회사는 4월 두 번째 주까지 기준년도 소득을 세무당국에 신고하여야 한다. 그러나 실무적으로는 매년 5월 31일까지 세무조정신고서 제출이 자동적으로 연장되며 세무당국으로부터 연장승인을 받은 경우에는 그 이후로의 연장이 가능하다.

나. 납부

회사는 기준연도 소득에 대하여 세무당국의 부과고지를 받으며 그 부과고지 받은 날로부터 30일 내에 세액을 납부하여야 하며 미납할 시에는 15.5%까지의 가산세가 부과된다. 그러나 1989년 이후부터 위의 확정 부과와는 별도로 직전연도의 법인세액을 기준으로 법인세를 예납하는 제도를 운영하고 있다.

연간 법인세가 RM1,000 이상인 경우에는 직전년도의 법인세액을 국세청장이 정하는 바에 따라 5등분 하여 매 2개월 단위로 균등금액을 납부하여야 한다. 당해연도에 납부할 법인세액이 직전년도에 납부한 법인세액보다 적다고 예상되면 기준세액에 대하여 세무당국에 이의를 제기 할 수 있다. 예납개시 시기와 예납세액에 대하여는 IRD가 고지해주며 통상적으로 매년 1월이나 2월 초에 개시된다. 납부기한의 기산일은 해당 월의 초일이고 납부기한은 기산일로부터 30일이다.

납부기한 내에 회사가 납부할 분할 예납세액보다 적게 납부하거나 미납하였을 경우 해당 과소 또는 미납세액에 대하여 가산세를 추가 납부하여야 한다. 그러나 미납세액에 대한 이자상당액을 가산세로 부과하는 제도는 없다. 확정 법인세액의 납부는 고지를 받은 날로부터 30일 이내에 이루어져야 하나 중간 예납기간 중에 확정고지를 받았다면 마지막의 5번째 예납일로부터 30일 이내에 확정세액을 추가 납부하여야 한다.

6) 외국법인의 납세의무

비거주자인 외국법인은 말레이시아 대부분의 과세소득에 대하여 거주자와 동일한 세율과 동일한 방법으로 과세된다. 그러나 다음의 소득의 경우에는 원천징수만으로 납세의무가 종결된다.

- 이자소득 : 15%
- 사용료 소득 : 10%
- 기계, 플랜트 시설의 설치와 관련된 용역소득 : 10%
- 재화의 사용으로 인한 소득 : 10%
- 기술 자문 및 이와 관련된 소득 : 10%
- 공연 등 연예와 관련된 소득 : 10%

상기 원천 징수세율은 조세 협약이 체결되지 아니한 국가의 비거주자에게 적용되는 것으로 협약의 내용에 따라 감소될 수 있다.[45)]

말레이시아 회사가 거주자 또는 비거주자에게 지불하는 배당금에 대하여는 원천 징수를 하지 아니한다. 전술한 바와 같이 Full imputation 방식으로 과세하기 때문에 배당소득에 대하여는 원천징수를 하지 않는 것이다. 배당을 지급받는 거주자는 배당금 지급회사가 배당금 지급 시 공제한 배당금에 대한 세액을 Gross-up시킨다. 그리고 해당 세액을 기 납부 세액으로 공제하는 방식을 취하는 반면에 비거주자인 외국법인은 배당소득에 대한 배당회사의 세금공제만으로 납세의무가 종결된다.

한편 비거주자인 외국법인의 지점이윤에 대해서는 법인세 기본세율로 지점세가 과세된다.

4. 개인에 대한 조세

1) 납세의무자 및 과세연도

말레이시아의 거주자는 말레이시아 국내의 과세소득과 국외로부터 송금 받은 소득에 대하여 납세의무가 있다. 다음의 경우에는 거주자로 간주된다.

- 1 역년 동안 182일 이상 거주한 경우
- 1 역년 동안 182일 미만의 기간 동안 거주하였으나, 당해연도와 직전 또는 직후연도 동안 연속 거주한 기간이 182일 이상인 경우, 이 경우 사업상 목적이나 직계혈족의 질병상의 사유로 인하여 14일 이하의 기간 동안 말레이시아에 거주하지 아니한 경우에도 연속거주기간에 포함된다.

45) 조세협약 체결국 및 제한세율의 내용은 5.원천징수 편 참조

- 당해연도에 90일 이상 거주하고 직전 4년 중 매년 90일 이상 거주한 기간이 3년 이상이 경우
- 당해연도에 거주하지 아니하였으나 직전 3년 동안 거주자였고 직후 연도에 거주자인 경우 비거주자는 말레이시아내의 국내원천소득에 대하여만 납세의무가 있다. 따라서 국외원천소득과 이로부터 말레이시아 내에서 받는 소득에 대하여는 납세의무가 없다. 비거주자는 소득세 계산시 인적공제를 받을 수 없으며, 30% 단일세율로 과세된다. 거주자와 그 배우자는 부부합산신고를 하지 아니하는 한 각각 자기의 소득에 대하여 소득세가 과세된다. 개인소득세의 과세연도는 법인과 마찬가지로 역년기준이다. 사업소득이 있는 개인사업자의 경우에는 회계연도를 과세연도로 할 수 있으며 그 기간은 12개월이어야 한다.

2) 과세소득금액 계산방법

개인에 대한 과세소득금액은 사업소득, 근로소득 등이 과세소득에서 각종 필요 경비와 인적공제를 차감하여 계산한다.

가. 소득금액

① 근로소득

말레이시아의 거주자는 고용계약의 유무 및 고용대가의 지급지에 불구하고 고용의 대가로 받는 과세소득은 근로소득으로 간주된다. 근로소득은 현금으로 지급 받는 급여, 상여금뿐만 아니라 현금이외의 사택이나 회사차량 또는 개인용도로 쓰이는 가사물품을 제공받음으로써 받는 이익 등도 포함된다. 이 경우 비현금 급여의 평

가는 고용주가 실제 지출한 비용과 일정 기준액(율) 중에서 적은 금액으로 평가된다.

예를 들면 사택을 제공받는 이익은 고용주가 실제 지출한 비용과 근로자의 급여의 30% 중 낮은 가액을 평가된다. 이사의 급여 또한 근로소득으로 과세된다. 만일 회사가 직전 과세기간동안 거주자였다면 이사에게 지급하는 보수도 근로소득으로 간주된다. 만일 이사에게 지급하는 보수가 국외에서 발생된 것이라면 해당 보수를 국내에서 지급하지 아니하는 한 과세되지 아니한다.

② 사업소득

전문지식을 제공함으로써 얻는 소득, 상거래로 인한 소득 및 기타의 자유 직접 소득은 사업소득으로 분류된다. 이러한 유형의 소득은 개인적으로 제공하든지 아니면 파트너십의 형태로 제공하든지 여부에 관계없이 사업소득으로서의 납세의무가 있다. 사업소득에서의 결손금은 법인과 마찬가지로 차기 이후 이월연한에 관계없이 이월공제가 가능하다. 사업소득은 개인의 근로소득 등과 합산하여 과세소득을 계산한다.

③ 양도소득

말레이시아 내에 소재한 부동산의 처분이익이나 회사자산의 대부분이 부동산으로 구성된 회사지분의 처분이익을 제외하고는 양도소득이 과세되지 아니한다. 그리고 과세대상인 양도소득에 대하여도 5년 이상 보유 하고 처분한 경우에는 과세되지 아니한다. 양도소득세는 법인세나 개인 소득세와 달리 별개의 세율에 의해 과세된다.[46)]

46) 6.기타의 주요조세 참조

④ 투자소득

은행 또는 법에 의한 기타 금융기관으로부터 이자소득은 5%의 저율 분리과세로 납세의무가 종결되나 그 이외의 이자소득, 배당소득, 사용료소득 및 임대소득은 근로소득 등과 합산하여 과세된다.

나. 필요경비

과세소득 계산시 필요경비로 공제되는 것은 총소득 산출에 직접적이고 배타적으로 발생되는 비용이다. 감가상각비는 법인세 계산시와 마찬가지로 법정상각금액만이 인정된다. 개인용도나 가사목적으로 지출된 경비는 필요경비로 인정받지 못하며 의료비나 소득에 대한 세금 또한 공제 받지 못한다.

주택을 구입하기 위하여 금융기관으로부터 차입함으로써 발생한 지급 이자는 동 주택으로부터 소득이 발생한 경우에만 필요경비로 공제 받을 수 있다. 또한 전문직과 관련된 가입비나 협회비와 승인 받은 기금 등에 대한 기부금은 공제 받을 수 있다.

다. 인적공제

말레이시아에서는 거주자만이 인적공제를 받을 수 있으며 비거주자는 인적공제를 받을 수 없다.

2006년 말 현재의 인적공제내용을 요약하면 다음과 같다.

내　　용	공제액
기초공제	5,000
배우자공제(동거자만 허용)	3,000
자녀공제(각 1인당)*	8,000

18세 미만	800(600혹은 300)
장 애 자	1,600
부모에 대한 의료비공제**	1,000
장애자를 위한 지출***	3,000
보험료공제***	5,000

* 자녀공제는 원칙적으로 18세 미만인 자녀에 대하여만 1인당 RM800 이며 공제 가능 인원수는 5인이다. 18세 이상인 자녀의 경우에는 말레이시아와 싱가포르에서 교육을 받을 경우에는 1인당 RM2,000을 공제받을 수 있으며 말레이시아내에서 전문대학교육을 받은 경우에는 RM8,000까지, 기타의 지역에서는 RM4,000까지 가능하다.

** 의료비와 장애자를 위한 지출, 보험료 공제는 지출액과 공제한도액 중에서 적은 금액이다.

3) 세율

2006년 말 현재의 소득세율은 다음과 같다.

초과(A)	이하(B)	B에 대한 세액	(B-A)에 대한 세율
RM	RM	RM	%
0	2,500	0	2
2,500	5,000	50	5
5,000	10,000	175	8
10,000	20,000	575	10
20,000	35,000	1,575	15
35,000	50,000	3,825	21
50,000	70,000	6,975	26
70,000	100,000	12,175	31
100,000	-	21,475	34

4) 세액공제

외국에 납부한 세액이 있을 경우 외국납부세액 공제를 받을 수 있다. 조세협약을 체결한 국가일 경우에는 외국납부세약과 당해

외국원천소득에 대한 국내세액 중에서 적은 금액을 공제 받을 수 있다. 조세협약 미체결국이면 외국납부세액의 50%를 세액공제 받을 수 있다. 국내에서 배당을 지급 받았다면 동 배당금에 대하여 배당금 지급회사가 공제한 세액을 배당세액으로 공제받게 된다.

5) 신고 및 납부

말레이시아에 처음 거주하여 납부할 소득이 있게 된 개인이나 납세의무가 발생한 개인은 처음 거주일 또는 과세소득이 발생한 날로부터 2개월 내에 당해 사실을 세무 당국에 신고하여야 한다. 전년도(기준년도)에 과세소득이 있는 개인거주자는 기준년도의 과세소득에 대하여 국세청으로부터 소득세 부과안내 통지를 받은 날로부터 30일 내에 세무당국에 신고서를 제출하여야 한다. 만일 당년도 3월 31일까지 소득세 부과안내 통지를 받지 못한 경우에는 4월 14일 까지 세무당국에 신고하여야 한다.

근로소득자의 경우 사용자(고용주)는 기준연도에 납부한 세액이 일정금액 이상일 경우 기준연도의 세액을 기준으로 하여 산정한 원천세액을 매월 급여 지급시 원천징수하여 납부하여야 한다. 원천세는 원천세 신고와 동시에 납부하여야 한다. 원천징수를 통하여 근로소득세를 납부하지 아니한 근로자와 개인은 국세청으로부터 소득세 부과고지를 받은 날로부터 30일 이내에 당해 소득에 대한 세액을 신고와 동시에 납부하여야 한다.

6) 비거주자의 납세의무

비거주자에게는 인적공제가 적용되지 아니한다. 비거주자에게 지급하는 소득중 특정의 소득에 대하여는 원천징수하여야 하는데 원천징수대상이 되는 소득과 원천징수 세율을 요약하면 다음과 같다.

<table>
<tr><th>내 용</th><th>세 율</th></tr>
<tr><td>인적용역대가</td><td>20%</td></tr>
<tr><td>사 용 료</td><td>10%</td></tr>
<tr><td>공공연예활동(Public Entertainer)과 관련된 서비스대가</td><td>15%</td></tr>
<tr><td>다음의 소득</td><td rowspan="4">10%</td></tr>
<tr><td>-기계, 설비의 설치와 관련된 서비스 대가</td></tr>
<tr><td>-영화필름대여소득 및 재화(동산)의 사용으로 인한 대가</td></tr>
<tr><td>-기술용역대가</td></tr>
</table>

다음의 원천징수는 완납 성격의 원천징수이다. 즉, 원천징수만으로 납세의무를 다하게 된다. 위의 소득을 제외한 기타의 소득이 있는 비거주자는 거주자와 동일하게 신고, 납부하여야 하며 1996년 현재의 세율은 30%이다.

단기간 동안 말레이시아에 거주하는 비거주자에게 근로소득이 있는 경우에도 다음의 기간을 초과하지 아니하는 경우 말레이시아 소득세가 면제된다.

- 1 역년 동안 60일을 초과하지 아니한 경우
- 연속되는 2년간 계속 근무기간이 60일을 초과하지 아니한 경우
- 연속되는 근무기간과 해당연도의 근무기간을 통산항 60일을 초과하지 아니한 경우

사업목적상의 방문의 경우에도 사업의 수행이 당해 비거주자를 위한 것이고 그 지급이 말레이시아 내의 고정사업장의 비용으로 계산되지 않으며 거주일수가 183일을 초과하지 아니한 경우 그 사업상의 방문기간 중 말레이시아 내에서 얻은 소득에 대하여 소득세가 면제된다.

7) 기타사항

가. 부부합산신고

부부가 각각 별도의 소득이 있는 경우 원칙적으로 개인별로 소득세를 신고 납부하여야 한다. 그러나 소득자가 여자인 경우 자신의 선택에 의하여 남자배우자의 소득에 합산하여 신고할 수 있다. 대부분의 경우 어느 한쪽의 소득공제금액이 소득보다 클 경우에 합산신고를 선택한다.

나. 고용계약서의 제출

고용계약을 체결한 모든 고용주는 당해 피고용자의 세무상 필요한 인적사항과 고용 계약기간 등을 세무당국에 신고하여야 한다.

비거주자인 외국인 근로자에 대하여는 세무당국이 매달 급여지급 시 원천징수할 세액을 통지하여 준다.

다. 근로자 복지기금에의 지출금

근로자복지지금법에 의하여 말레이시아 거주자를 고용한 고용주는 근로자의 기본 급여중 11%를 복지기금으로 납부하여야 하고 피고용자인 근로자도 9%를 부담하여야 한다. 일반적으로 기금 지출금 계산에 있어 기본급여에는 현금으로 지급 받는 것만이 포함된다.

5. 원천징수

국　　가	배당(a), %	이자(b), %	사용료 %
호　　주	–	15	15
오스트리아	–	15	10/15
방글라데시	–	26	26
벨　기　에	–	20	10
캐　나　다	–	15	15
중　　국	–	10	10/15
덴　마　크	–	20	15
핀　란　드	–	15	15
프　랑　스	–	10	15
독　　일	–	15	10
헝　가　리	–	15	15
인　　도	–	20	15
인도네시아	–	15	15
이　태　리	–	15	15
일　　본	–	20	10
한　　국	–	15	10/15
마우리티어스	–	15	15
네 덜 란 드	–	15	10/15
뉴 질 랜 드	–	15	15
노 르 웨 이	–	20	15
파 키 스 탄	–	15	15
필　리　핀	–	15	15
폴　란　드	–	15	15
루 마 니 아	–	15	12
싱 가 포 르	–	20	15
스 리 랑 카	–	20	15
스　웨　덴	–	20	15
스　위　스	–	10	10
태　　국	–	15	15

소 련	–	15	10/15
영 국	–	15	15
조세협약 미 체결국	–	20	15

다음의 원천징수 세율은 2006년 현재 조세협약 체결국의 제한 세율과 말레이시아 원천징수 세율중 낮은 세율을 요약한 것이다.

a : Full imputation 방식이 적용되기 때문에 배당금 지급시 원천징수 하지 아니한다. 다만 배당금 지급액은 지급회사의 배당결정액에서 세금 30%가 공제된 금액이다.

b : 연방정부 또는 주정부나 기타 법에 의한 기관으로부터 승인받은 차입금에 대한 이자를 지급할 때에는 동 이자소득에 대하여 소득세가 면제된다.

c : 구 소련과 맺은 조세협약은 더 이상 유효하지 않다.

d : 미국과는 현재 국제항운과 항행사업에 대하여만 상호면세하고 있다.

6. 기타 주요 조세

1) 양도소득세 (Real Estate Gain Tax)

말레이시아 내에 소재한 부동산을 처분하거나 자산의 대부분이 부동산으로 구성된 회사의 지분을 처분할 경우 발생한 이익에 대하여 개인이나 법인은 양도소득세를 납부하여야 한다. 양도소득세는 과세소득에서 RM 5,000과 처분이익의 10%중 큰 금액을 공제한 후에 다음의 세율을 적용한다. 비거주자인 개인의 경우에는 2006.3.4 이후 양도분에 대하여 30%의 세율을 적용한다.

보유기간	회사	개인
0-2년	20%	20%
2-3년	15%	15%
3-4년	10%	10%
4-5년	5%	5%
5년	5%	0%

2) 판매세(Sales tax)

판매세는 국내 소비 목적으로 수입된 재화와 국내에서 제조된 재화에 대하여 부과된다. 판매금액에 대하여 5~15%의 판매세가 부과된다. 그 세율은 다음과 같다.

- 담배 및 주류 15%
- 식료품 및 건축자재 5%
- 기타 10%

3) Service tax

Service tax는 호텔, 식당, 개인병원, 전신전화 서비스업 등과 관련된 특정 서비스업에 대하여 부과된다. 세율은 단일세율로서 5%이다.

4) 관세

말레이시아로 수입되는 재화나 수출되는 재화는 0%~100%까지의 관세가 부과된다. 수출재화의 제조에 사용되는 원재료의 수입이나 생활필수품에 대한 수입의 경우에는 관세 환급이 허용된다.

또한 ASEAN 국가들로부터 수입되는 특정재화의 경우에는 특혜 관세가 적용된다.

5) 인지세

인지세는 과세문서의 작성에 대하여 과세된다. 부동산에 대해서는 시가와 대가 중 큰 금액에 대하여 1%~4%의 세율을 적용하고 주식에 대해서도 대가의 0.3%를 적용한다.

7. 한·말레이시아 조세 조약상 주요내용요약

1) 대상조세 및 발효일

- 발효일자는 1983년 1월 2일이다.
- 대상조세는 한국은 소득세, 법인세, 주민세이고
- 말레이시아는 소득세, 초과 이윤세, 주석 이윤세, 개발세, 산림 이윤세, 석유소득세 등이다.

2) 인(人)의 개념

개인, 법인 및 조세목적상 인(人)으로 취급되는 기타 인(人)의 단체를 말한다.

3) 이중거주자의 구분기준

- 개인은 다음과 같다.
- 항구적 주거
- 중대한 이해관계 중심지
- 일상적 거소

- 국민
- 상호합의 순으로 거주자 해당국을 결정

• 법인은 다음과 같다.
- 실질적 관리장소
- 상호합의 순으로 거주자 해당국을 결정

4) 고정사업장의 범위

종속대리인으로 보는 것은 계약체결권한을 가진 대리인일 경우와, 건설·설비 또는 조립공사 및 감독기능을 수행하는 경우 6개월을 초과하는 경우에는 고정사업장으로 간주한다.

5) 부동산 소득

부동산 또는 자연자원의 소재지국이 과세권을 가진다.

6) 사업 소득

과세권은 발생하는 사업소득이 귀속되는 국가로 하는 것을 원칙으로 하며, 과세소득의 범위는 고정사업장에 귀속시킬 수 있는 이윤으로 한다.

7) 국제운수소득

일방국의 선박 또는 항공기의 국제 운항 소득은 타방체약국에서 면세된다.

8) 배당 소득

• 배당의 정의:

-주식 또는 이윤이나 소득에 참여하는 채권이 아닌 기타 권리로부터 발생하는 소득과

-배당 체약국의 세법에 의하여 주식으로부터 발생하는 소득과 유사한 법인의 권리로부터 발생하는 소득을 말한다.

• 배당에 대한 제한세율 :

지배관계법인(25%이상 지배)의 경우는 10%로 적용된다.

기타의 경우는 15% 적용

9) 이자소득

• 이자의 정의 :

- 담보의 유무와 이익참가권의 수반여부에 관계없이 공채, 사채, 국채, 어음과 모든 종류의 채권에서 발생하는 소득과
- 소득원천지국의 세법에 따라 이자소득으로 취급되는 소득 등이다.

• 이자발생 원천지국 구분 :

- 일방체약국 또는 동체약국의 거주자 또는 법인에 의하여 지급되는 이자는 동 체액국내의 원천으로부터 생기는 소득으로 간주하고
- 고정사업장에서만 사용하기 위한 채무에 대한 이자는 고정사업장이 소재하는 국가내의 원천으로부터 생기는 소득으로 간주한다.

• 이자소득에 대한 제한세율은 15%이다.

10) 사용료 소득

가. 사용료의 정의 :

① 특허·상표·의장 또는 신안·도면·비밀공식 또는 공정, 학술작품의 저작권의 사용 또는 사용권과 산업상, 상업상 또는 학술상의 장비의 사용 또는 사용권 또는 산업상, 상업상 또는 학술상의 경험에 관한 정보 등과

② 영화필름, 라디오 및 텔레비전 방영용 필름과 문학·예술작품의 저작권의 사용 또는 사용권 등이다.

나. 사용료 소득 발생원천지국 :

- 사용료의 지급인이 정부, 하부조직, 지방공공단체 또는 거주자인 경우는 동 체약국
- 사용료 지급인이 거주자여부에 관계없이 사용료 발생과 관련된 고정 사업장을 가지는 경우는 고정사업장 소재 체약국

다. 사용료 소득에 대한 제한세율

- 정원 ① 의 경우는 10% 적용하며, 정의 ②의 경우는 15% 적용된다.
- 말레이시아로부터 발생 승인된 산업상 사용료는 면세된다.

11) 양도소득

- 부동산 양도소득은 제산소재 체약국에서, 고정사업장 및 고정사업장에 부속되는 동산의 양도소득은 고정사업장 소재지 체약국에서 과세권을 가진다.
- 주식의 양도소득은 자산이 주로 한국에 소재하는 부동산으로 구성된 기업에 대한 주식·권리·법인주식의 양도로부터 발생하는 이윤에 대해서는 한국의 세법에 따라 한국에서 과세한다.
- 기타자산의 양도소득은 양도인이 거주자로 되어있는 체약국에서 과세한다.

12) 독립적 인적용역

- 독립적 인적용역의 과세원칙상 일방체약국 거주자의 인적용역소득은 동 일방체약국에서 과세한다. 단 타방체약국내의 원천소득은 일정요건의 경우 타방체약국에서 과세한다.
- 독립적 인적용역에 대하여 원천지국에서 과세하는 경우는 인적용역을 183일 이상 체재하며 제공하거나, 인적용역대가가 3,000US$ 초과하는 경우 타방체약국이 과세권을 행사한다.

13) 종속적 인적용역

일방체약국 거주자의 인적용역소득은 동 일방체약국에서 과세한다.

단 타방체약 국내의 원천소득은 일정요건의 경우 타방체약국에서 과세된다.

타방체약국 원천소득에 대한 타방체약국의 면세요건은 인적용역제공자가 동 타방체약국에 183일 이내 체재하고, 동 타방체약국의 거주자가 아닌 자이고 동인 적용역소득이 타방체약국내 고정사업장에 의하여 부담되지 않아야 한다.

국제 운항하는 선박·항공기의 정규승무원이 제공하는 인적용역소득은 타방체약국에서 면세된다.

14) 연예인 및 체육인

연예활동, 체육활동으로 인한 소득에 대한 과세권은 동 연예활동 등의 수행지 국가가 지닌다.

다만, 원천지국 방문이 거주지국 정부·주정부·지방정부 또는 지방 공공단체의 공공기금에서 지원되는 경우에는 면세된다.

15) 퇴직연금

퇴직연금 및 보험연금은 거주지국에서만 과세한다.

16) 정부용역

정부용역에 대하여는 거주지국에서 과세하는 것을 원칙으로 하되, 일방체약국 정부 등이 이윤목적사업과 관련하여 제공된 인적용역에 대하여 지급된 봉급 등에는 적용하지 아니한다.

17) 교직자

개인으로서 정부 또는 대학 기타 교육기관의 초청으로 대학 또는 교육기관에서 강의 또는 연구하는 경우 이로부터 취득하는 소득은 해당 강의 또는 연구기간이 2년 이내인 경우에 한하여 원천지국에서 면세된다.

다만, 조사연구 활동이 특정인(들)의 개인적 이득을 위한 것인 경우에는 원천지 국에서 과세한다.

18) 학생 및 훈련생

- 개인으로서 대학 또는 공인된 교육기관에서 학습할 목적
- 직업 또는 직업상의 전문적인 특기를 행할 자격을 갖추는데 요구되는 훈련목적
- 정부, 종교, 자선, 학술, 문예 또는 교육단체로부터 교부금 수당 또는 장려금을 수령하는 자로서 학습 또는 조사연구를 하기 위하여 타방체약국에 체재하는 개인으로서 생계유지, 교육, 훈련목적으로 수취하는 지급금은 금액에 관계없이 면세된다.

19) 기타소득

양국 조세조약상 규정되어 있지 않은 소득을 기타소득으로 보아 기타소득은 거주지국에서 과세하는 것이 원칙이나, 타방체약국내의 원천으로부터 발생되어 동 소득이 타방체약국에서도 과세될 수 있는 것은 제외한다.

20) 이중과세 방지방법

외국납부세약공제 제도를 적용하여 이중과세를 방지한다. 경제개발촉진 장려책에 관련된 법 등에 의하여 감면되는 경우 배당소득은 배당금액의 20%, 이자소득·사용료소득은 지급금액의 15%를 한도로 감면되지 아니하였을 경우 납부할 세액을 납부한 것으로 보아 간주외국납부세액공제를 적용할 수 있다.

21) 무차별

일방체약국의 국민은 동일한 상황에 있는 타방체약국의 국민과 동일한 조세상의 부담을 가진다.

22) 상호합의절차

양국의 국민은 조세조약규정에 어긋나는 과세에 대하여 양국의 권한 있는 조세 당국(국세청)에 이의를 제기할 수 있으며, 동 이의 신청은 대상이 되는 과세상 조치를 취한 최초의 통고일로부터 3년 이내에 제기되어야 한다.

양국의 권한 있는 당국(국세청)은 위의 이의신청이 정당하다고 인정되고 스스로 적합한 해결에 도달할 수 없는 경우에 당국간 상호합의에 의하여 동 사건을 해결하도록 노력한다.

◈ 상호합의절차

(1) 상호합의란 무엇인가?

상호합의란 말레이시아에서 사업을 영위하는 우리현지기업이나 우리나라 국민이 말레이시아 과세당국으로부터 조세조약의 규정에 부합하지 아니하는 과세처분을 받았거나 받을 우려가 있는 경우 한·말레이시아 조세조약의 규정에 의거해 양체약국의 권한 있는 당국[47]에 신청하여 적정한 과세처분이 되도록 권한 있는 당국간 협의하여 해결하도록 하는 절차를 통칭하여 상호합의라고 한다.

(2) 상호합의를 신청할 수 있는 경우

- 세법의 규정에 부합하지 아니하거나 과세방법이 잘못된 체약상대국의 부당한 과세처분을 받았다고 생각되는 경우
- 현저히 형평을 잃거나 차별적으로 취하여진 체약상대국의 부당한 과세처분을 받은 경우

(3) 상호합의 신청절차

한·말레이시아 조세조약의 경우 상호합의신청은 신청대상이 되는 부당한 과세 처분의 최초 통고일로부터 3년 이내에 제기하여야 한다.

- 상호합의 신청기관 : 재정경제원 세제실 국제조세과
  국세청 국세조세2과[48]

■ 상호합의 신청시 필요한 구비서류

① 상호합의절차 개시 신청서
② 상호합의절차의 개시신청과 관련된 결산서 및 세무신고서
③ 신청인 또는 신청인의 국외 특수 관계자가 불복쟁송을 제기한 경우 불복쟁송 청구서
④ 부과제척기간의 특례적용확인서
⑤ 상호합의진행기간에 대한 신청인의 의견서

---

47) 우리의 경우 재정경제원장관 또는 국세청장
48) 사실상 실무 담당부서임

(4) 상호 합의 제도를 활용함으로써 얻게 되는 이점은?

체약상대국의 일반적인 불복신청절차를 거치는 경우 해결에 이르기까지 많은 시간과 금전적인 비용이 필요한데 비하여, 상호합의절차를 활용하는 경우 상대국의 과세처분기관[49]이 조세조약규정의 해석 오류, 적용착오 등에 의한 과세처분은 양체약국의 권한 있는 당국[50]간의 협의에 의하여 신속히 처리될 수 있다.

세무조사 등에 의한 과세 처분의 경우에도 대체적으로 사법당국인 법원이 조세 문제에 관하여 전문적이지 못함을 감안할 때, 세무조사 담당자들이 흔히 가지게 되는 실적위주의 무리한 조사관행 및 전문적인 세법규정 적용의 정당성 여부를 조세를 담당하는 당국간의 전문가들이 쟁점화 하여 논의하는 것이 보다 효율적일 수 있다.

또한 양체약국간의 상호합의제기에 의한 조세조약상의 구체적인 실무에 있어 상호간의 세법적용에 대한 쟁점 및 적용상의 문제점에 대한 합의를 도출하기 위한 논의과정에서 향후 조세조약개정의 기초 자료를 축적할 수 있고, 조세조약 개정 전이라도 양국 국세청간의 잠정적인 과세기준이 정하여짐으로써 공정한 과세관행이 이루어질 수 있다.

---

49) 일선 세무서의 경우 조약내용에 대하여 제대로 숙지되지 못한 경우가 많을 것임

50) 보통 양국의 국세청이 담당함

제 4 장

말레이시아 공업소유권 제도

공업소유권은 지적재산권에 포함되고, 지적재산권은 특허권, 산업디자인(의장권), 상표권, 저작권 등의 여러 가지 재산권으로 구분되는 광의의 개념이다.

즉 지적재산권은 산업적 발명, 저작, 문예적 창작 등에 대한 배타적 소유권을 의미한다. 일반적으로 재적재산권은 크게 산업재산권, 저작권 및 신 지적재산권의 3대 분야로 구분된다. 산업재산권은 다시 특허권, 의장권, 상표권, 지리적 표시권 등으로 나눌 수 있고 저작권은 저작재산권과 저작 인접권으로, 신 지적재산권은 산업저작권[51], 첨단산업재산권[52],정보재산권[53]으로 나눌 수 있다.

1. 공업소유권 제도

말레이시아의 공업소유권제도를 살펴보려면 우선 국제적으로 지적재산권의 변화와 중요성에 대한 이해가 먼저 필요하다. 그 동

51) 컴퓨터프로그램 및 소프트웨어, 반도체칩회로 설계권 등

52) 생명공학기술권

53) 영업비밀권

안 지적재산권의 국제적 보호는 UN 전문기구인 WIPO(세계지적재산권기구)를 중심으로 파리협약, 베른협약, 로마협약, 특허협력조약, 세계저작권협약, 제네바협약 등의 국제협약에 의해 시행되어 왔으나, 보호수준이 미약하고 GATT 다자간 규범 내에 있지 않아 무역마찰의 주요 이슈가 되어 왔다.

미국 및 선진국들이 지적재산권 보호요구를 강화하면서 지적재산권 보호강화문제는 UR 다자간 협상의 의제로 채택되어 지적재산권에 대한 최초의 다자간 규범이 마련되었다. 현재는 신 WTO체제(도하 개발 어젠다)의 지적재산권에 대한 국제규범을 준수하고 있다.

1) 연역

말레이시아 공업소유권제도는 식민지시대부터 공업소유권제도가 제정되었으나 최근 들어 통일헌법이 제정되면서 최근의 제도가 완비되어 시행되기 시작하였다.

특허의 등록은 과거에는 서말레이시아, 사바, 사라와크가 각각의 법률에 근거하여 독자적으로 시행했다. 그러나 연방통일 특허법 제정의 여론이 높아 통일된 특허법인 The Patent (Amendment) Act 1986이 1986년 4월 8일 하원을 통과하여 국왕의 승인을 거친 후 그 해 10월 1일부터 시행되게 되었다.

실용신안은 상기 신법 하에서 소발명을 보호하기 위해서 일종의 'Utility Innovations'로서 도입되었다. 의장등록제도는 없으나 자동적으로 보호하고 있다. 사표법령은 영국 및 싱가포르의 해당 법령과 동일하며, 실질적인 심사 후 등록절차가 마무리 된다. 1976년에 연방통일 상표법이 제정되고 나서 오랜 기간동안 미발표 상태로 있었으나 1983년 9월 1일 드디어 발효되었다.

2) 조약

말레이시아는 WIPO 설립조약, 파리조약 등의 공업소유권에 관련 조약에는 일절 가입하고 있지 않으나 머지않아 파리조약에 가입할 것으로 보인다.

3) 법령

대 상	서 말레이시아	사 바	사라와크
특 허	Patent(Amendment) Act 1986		
의 장	United Kingdom Designs (Protection) Ordinance, No.54 of 1949	United Kingdom Designs (Protection) Ordinance, CAP 152, 1940	Designs (United Kingdom) Ordinance, CAP 59, 1936
상 표	Trade Mark Act 1976 (Law of Malaysia ACT 175)		
상표보호	Trade Descriptions Act, 1972 (Law of Malaysia Act 87)		

4) 소관관청

가. 상공성 상표특허등록국

공업소유권 소관 관청은 상공성의 상표특허등록국(Registry of Trade Mark & Patents) 이다.

나. 특허위원회(Patents Board)

신법에 규정되어 있는 특허위원회 구성원은 다음과 같다.

(a) 의장과 부의장은 공업소유권제도의 지식과 경험이 있는 자 가운데서 상공장관이 임명한다.

(b) 상공성의 대표자

(c) 과학기술 상공성의 대표자
(d) National Scientific Council for Research and Development 대표자
(e) 말레이시아의 규격기술연구소(SIRIM)의 대표자
(f) 상기 이외의 연구소로부터의 대표자
(g) 과학자 단체로부터의 대표자
(h) 상기 이외의 상공장관이 적당하다고 인정하는 3명 이하의 자

상기의 구성원으로 성립되는 Patents Board는 다음의 기능을 지닌다.
(a) 실용신안의 증서(Certificate)발행
(b) 강제 라이센스 신청 관련 기초심사
(c) 심사관의 임명
(d) 이 법률 관련 사항에 대한 상공장관을 대상으로 한 일반적인 조언

다. 심사기관

신 특허법 하에는 심사주의가 채용되고 있어 그 심사기관으로서 말레이시아 규격기술연구소의 공업상담 기술이전부의 관할 하에 특허 정보 문헌센터(Patents Information and Documentation Centre, PIDC)가 1984년 5월 1일에 설립되었다.

PIDC의 설립목적은 위에서와 같이,
(1) 신특허법하에서 심사 및 리서치기관으로서의 기능 담당 이외에

(2) 특허 정보에 근거하는 기술정보를 일반대중에게 대해서 공급하는 것, 공업계, 연구자 등의 요청에 응하여 필요한 정보를 제공하는 것 등이다.

라. Documentation

PIDC가 보유하고 있는 특허 문헌은 다음과 같다. Documentation의 관리는 EPO에 있어서의 방법을 모델로 하고 있다.

문 헌	년 대	분 류	매 체
말레이시아 특허 (영국특허명세서)	1953~	IPC	문 서
호주특허명세서	1984~	번호순	마이크로필름
일본특허공개출원영문초록	1977~	4 기술 분류별 번호순	문 서
미국특허명세서	1960~	번호순	마이크로필름
PCT 특허출원명세서	1979~	번호순	마이크로필름
유럽특허명세서	1978~	번호순	L 마이크로필름

마. 특허 정보 서비스

상표특허등록국은 특허 심사를 하지 않아, 특허 문헌은 없으며, 신특허법하에서 심사기관이 된 PIDC가 공중에 대해 특허문헌정보 서비스를 행하고 있다. 그 주요한 활동내용은 다음과 같다.

- 기술수준 조사
- 신규성 조사
- 특허 문헌의 복사 서비스
- 특허 정보의 이용에 관한 보급 활동(세미나와 상담)

바. 컴퓨터의 이용

상표특허등록국은 상표의 조사를 전산화 한다는 계획 하에 약 2년 전부터 마이크로컴퓨터, 단말기 등을 구입하여 등록상표의 실질적 자료를 입력하기 시작했다.

사. 분류(특허, 상표)

특허에 관해서는 PIDC에서 IPC 제 4판을 이용하고 있다. 의장에 있어서는 재등록의 수속이 존재하지 않으므로 분류를 이용할 필요가 없어 아직 이용되지 않고 있다.

상표에 관해서는 국제상품분류를 이용하고 있다.

2. 특허법

특허법은 발명을 보호·장려하고 그 이용을 도모함으로써 기술의 발전을 촉진하여 산업발전에 이바지함을 목적으로 한다. 즉 특허제도는 새로운 기술을 공개한 사람에 대하여 그 대상으로써 일정기간, 일정조건 아래 특허권이라는 독점적인 권리를 부여한다. 한편으로는 제 3자에 대해서는 그 공개된 발명을 이용할 수 있는 기회를 부여한다. 특허출원을 위한 절차를 살펴보면 다음과 같다.

1) 특허되는 발명

발명은 신규이며, 진보성을 가지며, 공업적으로 이용 가능 할 때에 특허되는데, 다음에 해당되는 경우는 신규성이 없다고 간주된다.

① 특허출원 전에 말레이시아 국내에서 구두, 사용 또는 기타의 어떠한 수단에 의해서는 공중에 대해 전시된 발명
② 특허출원 전에 말레이시아 국내 또는 외국에서 반포된 문서에 의해 공중에 대해 전시된 발명
③ 특허출원 전에 행하여진 여타 출원의 내용에 관해, 특허 등록된 범위에 포함되는 발명

2) 신규성 상실에 관한 예외규정

다음에 해당하는 경우는 신규성 상실로 간주되지 않는다.
① 특허출원일전에 1년 이내에 출원인 또는 양도인에 의하여 행하여진 전시
② 특허출원일전 1년 이내에 관련 학회 주관 모임의 결과 발생한 전시
③ 이 법률이 발효되는 시점에 영국특허청에 낸 출원이 공개됨으로 2인한 적용 받는 전시

3) 특허되지 않는 발명

다음에 해당하는 발명은 특허되지 않는다.
① 발견, 과학적 논거, 수학적 방법
② 식물, 동물의 품종, 식물, 동물의 생산하는 본질적인 생물학적 방법54)
③ 경영, 정신적 행동, 게임을 위한 기구, 규칙, 방법
④ 인간, 동물의 치료를 목적으로 한 수출 또는 치료상의 방법, 인간, 동물에 대하여 행하여지는 치료방법

---

54) 단, 인간이 만든 미생물, 미생물학적 방법, 당해 미생물의 생산물은 제외

4) 심사

심사는 예비심사와 실체심사가 있으며, 모두 소정의 기간 내에 심사 청구 이후에 행하여진다. 심사의 결과 거절할 이유가 없는 한 특허국장은 특허증을 부여하고, 등록부에 기입한다. 그리고 가급적 빠르게 관보에 공시하여 특허와 관련 조사 보고서의 사본을 공중에 배포할 수 있도록 한다.

5) 특허권

가. 존속기간

특허권은 등록일로부터 15년간 존속된다.

나. 권리의 내용

특허권자는 특허에 수반하는 다음의 권리를 향유할 수가 있다.
① 특허발명을 사용
② 특허권을 양도 또는 이전
③ 라이센스 계약의 체결

여기서 특허발명의 '사용'이란 다음의 행위를 의미한다.
① 특허가 '물(物)'의 발명인 경우
• 제조하고 수입하여 판매를 위해 진열, 매각, 사용하는 것
• 위의 '물(物)'을 진열, 매각 또는 판매하기 위해 저장하는 것

② 특허가 '방법'의 발명인 경우
• 방법을 사용하는 것

• 방법에 의해 직접 생산된 물(物)에 관해서, 위의 (a)에 기재된 행위

6) 강제실시권

특허 부여로부터 3년을 경과하여 다음에 해당하는 경우는 누구라도 특허국장에 대해서 강제실시권의 설정을 신청할 수 있다.

① 특허에 따른 다른 물건의 제조, 또는 방법의 적용이 정당한 이유 없이 실시되고 있지 않은 경우

② 말레이시아 국내시장에 특허에 의해 제조된 물건이 없는 경우, 있더라도 부당하게 높은 가격에 판매되고 있는 경우, 또는 정당한 이유 없이 공중의 수요를 충족시키지 못하고 있는 경우이다.

이외에도 이용발명의 경우의 강제실시권 및 선위특허권자가 후원특허권자에 대해서 청구하는 것을 인정하는 그로스 라이센스 제도에 관한 규정이 1986년 개정특허법에서 신설되었다.

3. Utility Innovation의 개요

특허법인 Patent(Amendment) Act 1986 가운데서 Utility innovation에 대한 규정이 있다.

1) 정의

Utility innovation이란 도구, 공구, 생산물 또는 방법으로서 그 형태, 배열, 구조 또는 구성에 있어 실용성을 지닌 것을 일컫는다.

2) 신규성

말레이시아 내에서의 신규성을 요건으로 한다.

3) 권리기간

등록일로부터 5년간이나 권리자의 신청에 의하여 5년간의 연장이 최고 2회 가증하다. 단, 상기 신청에 있어서는 신청 관련 Utility innovation이 말레이시아 내에 있어서 상업 혹은 공업적으로 사용되고 있는 것을 나타내거나, 또는 사용하지 않는 이유를 충분히 설명하는 권리자의 선언공술서를 함께 제출하여야 한다. 또 강제실권에 관한 규정이 Utility innovation에는 적용되지 않는다고 규정되어 있는 것은 주목할 만하다.

4. 상표법

1) 상표법의 개요

상표법은 상표를 보호함으로써 상표사용자의 업부상 신용유지를 도모하여 산업발전에 이바지하는데 그 제정 목적이 있다. 상표제조의 목적은 상표와 상품과의 관계를 유지케 함으로써 부정경쟁을 방지하고자 상표권자의 영업상의 신용을 보존함과 동시에 거래자 및 수요자를 보호하는데 있다고 할 수 있다. 이에 상표법의 목적은 상표사용자의 사익보호와 산업발전 및 수요자 이익, 부정경쟁 방지라는 공익보호의 두 가지 측면이 있다.

1994년 10월 27일 세계지적재산권기구의 외교회의에서 채택된 상표법조약[55]은 상표출원 및 등록절차를 간소화하고 전 세계적으로 통일화하기 위해, 포괄위임장 제도 및 등록제도, 서명에 대한 증명요구금지, 갱신 출원시 견본제출요구금지 및 실체 심사금지제도 등을 그 주요 내용으로 하고 있다.[56]

2) 상표의 범위

상표의 범위는 협의는 물론, 서비스표, 단체표장, 업무표장을 포함하는 광의의 상표를 말한다. 원칙적으로는 등록상표를 의미하고 다만 예외적으로 비등록, 주지, 저명 상표를 포함한다.

상품권자는 등록상표에 대해 독점사용권을 가짐은 물론 제 3자의 등록 및 사용을 금지하도록 하는 배타적독립권을 가짐으로써 적극적이거나 소극적 두 측면에서 모두 보호를 받을 수 있다.

상표법은 미등록 상표에 대해서는 보호해 주지 않는 게 원칙이다. 다만 예외적으로 주거, 저명한 미등록 상표에 대해서는 타인의 등록을 배제하도록 하여 제한적으로 보호를 받는다.

3) 출원인 자격

말레이시아에서 상표를 이용하는 권리는 그것을 최초로 사용한 자에게 주어진다. 즉 처음으로 상표의 등록신청을 행한 자는 그 상표가 신규인 것에 한해 그 상표를 사용한 첫 사용자로 간주된다.

---

55) Trademark Law Treaty: TLT

56) 표장(mark)이란 도안(device), 표인(brand), 제자(heading), 점찰(label), 인찰(ticket), 명칭(name), 서명(signature), 단어(word), 문자(letter), 수(numeral) 및 이들의 조합을 포함한다.

단, 첫 인지 여부에 대해 반대의 증거가 발생한 경우에는 그렇지 않다.

따라서 출원 후 실제로 상표를 사용하고 있더라도 말레이시아에서 그 상표의 최초의 사용자가 나타났을 때는 그 사용자가 상표를 등록할 수 있는 권리를 가지게 된다. 또 말레이시아에서 상표를 사용하던 자라 하더라도 최후에 사용한 뒤 3년 이상이 경과한 경우에는 출원인의 자격을 상실하게 된다는 점에 주의해야 한다.

4) 등록취소

말레이시아에서는 상표등록이 선 사용주의이고, 불사용에 대한 엄격한 취소규정이 있다. 심사에 있어서, 이의 신고제가 없어 계쟁(係爭)은 모두 재판을 하게 된다. 재판에 있어서는 과연 성의 있는(in good faith) 사용을 하고 있느냐가 문제 된다. 한편 새로 등록된 상표가 아래의 경우에 해당하는 경우에는 국제법규의 관례와 인도네시아 자체의 상표법에 의하여 그 상표등록을 취소하도록 되어 있다. 다만 먼저 등록된 자는 등록자 또는 위임자의 명의로 인도네시아의 국가재판소에 문서에 의해 고소할 수 있다. 고소는 공고 후 9개월 이내에 행해져야 한다.

- 새로 등록된 상표가 전체적으로 동종의 상품으로 등록을 끝마친 상표와 닮은 경우
- 새로 등록된 상표가 타 단체의 이름을 포함하고 있는 경우

검사는 등록을 끝내고 상표를 붙인 상품이 신청자의 설명이나 견본과 차이가 있는 경우가 발생하면 국가재판소에 그 등록의 취소를 요구하는 고소를 할 수 있다.

한편, 등록상표권의 법률상 효력이 취소되는 경우를 보면 다음

과 같다.

첫째, 등록상표권자로서 기록되어 있는 자의 신청에 의한 경우를 들 수 있다.

둘째, 등록 후 6개월 이내에 그 상표가 상표권자에 의해 사용되지 않았다고 상표권자가 인정하거나 또는 재판소의 판결이 있는 경우가 있다.

셋째, 그 상표가 상표권자에 의해 3년 이상 사용되어지지 않고 있다고 상표권자가 인정하거나 또는 재판소의 판결이 있는 경우를 들 수 있다.

넷째, 등록일로부터 10년 경과했는데 재등록을 하지 않거나 경신수속을 밟지 않은 경우가 있다.

다섯째, 재판소의 판결로 취소된 경우 등이다.

위와 같은 이유에 의하여 상표등록의 실효에 대해서는 그 이유를 명기하여 관보로 공시된다.

5) 등록의 종류

가. A부 등록, B부 등록

등록원부는 A부 및 B부로 알려져 있는 2가지 부문으로 분할되어 있다. A부 등록을 받은 상표는 최초의 등록일로부터 7년이 경과하면 다음의 경우에 해당되지 않는 한 해당등록상표에 관계하는 모든 법률상의 수속에 있어서 원 등록이 유효하다.

① 원 등록이 기만에 의하여 행하여진 경우

② 해당등록상표의 사용이 공중을 기만하거나 또는 혼동을 초래한 경우 혹은 해당등록상표가 중상 모략적이거나 공격적인 요소를 포함하는 등 재판소에 의해 보호의 적격성이 없다고

인정된 경우

③ 해당상표가 수속의 개시시점에서 식별성을 가지지 않았던 경우 이에 대하여 B부 등록의 경우에는 이 같은 효력을 확정할 수 없다.

나. 연합상표(Associated trade marks)

만일 등록권자 이외에 자에 의하여 사용되면 혼동을 일으키게 될 정도로 유사한 상표로서 동일한 소유자의 이름으로 등록되어 있다거나 출원되어 있는 것에 대하여 등록국장은 언제라도 그러한 상표가 연합상표로서 등록부에 기재될 것을 요구할 수가 있다.

연합상표로 출원되어 있는 것에 대하여, 만일 그 상표가 타인에 의해 사용되더라도 혼동을 발생시킬 염려가 없을 때는 등록국장은 연합상표 관계를 해제할 수 있다.

연합상표는 상호별개의 상표로 간주되는데 양도, 이전은 별개로 할 수 없으며, 한꺼번에 양도 이전해야 한다.

다. 상표의 시리즈(Series of trade marks)

동일 또는 동일 종류의 상품에 대하여 몇 개의 상표가 상호 사용에 있어서는 유사하나 다음의 점에서 다른 것은 하나의 시리즈 상표로서 하나의 등록을 받을 수 있다.

① 해당상표가 사용되는 상품에 관한 기술이나 표현

② 수, 가격, 품질 또는 지명에 관한 기술이나 표현

③ 식별성이 없고, 상표의 동일성에 실질적인 영향을 미치지 않는 앞의 설명 이외의 것

④ 색

그리고 하나의 시리즈 상표는 연합상표로 간주되고 또한 연합상표로서 등록된다.

6) A부 등록의 요건

등록 A부에 등록 가능한 상표는 다음의 사항 중 적어도 한 가지 이상의 요소를 가지고 있지 않으면 안 된다.

① 개인, 조합, 또는 회사의 명칭이 특별 또는 특수한 모양으로 표시 되어 있는 것
② 등록의 출원자 또는 영업의 양도인의 서명
③ 조어
④ 상품의 성질이나 품질에 직접 관련하지 않은 단어로서, 통상의 의미에 있어서 지명 또는 성명이 아닌 것
⑤ 식별력이 있는 표장

상기 ① ② ③ ④에 해당하지 않는 명칭, 서명, 어(語)는 식별력이 있다고 증명되지 않는 한 A부 등록을 받을 수 없다.

7) B부 등록의 요건

상표가 식별력이 있거나, 또는 식별력이 있게 될 가능성이 있으면 B부 등록을 받을 수 있다.

8) 등록되지 않는 표장

다음에 해당하는 표장(Mark)은 상표등록을 받을 수 없다.

①. 해당상표의 사용이 공중을 기만하거나, 혼동시킬 우려가 있는 것, 또는 법률을 위반하는 경우

② 해당상표가 중상 모략적 또는 공격적인 것으로서 재판소에 의해 보호의 적격성이 없다고 인정된 경우
③ “Patent”, “Patented”, “By Royal Letters Patent”, “Registered”, “Registered Design”, “Copyright”라는 의미의 언어, 또는 언어에 관계없이 같은 의미를 나타내는 언어.
④ 이 법률에 의하여 정하여진 규칙에서 특별히 금지하고 있는 표장

출원하는 상표가 제 3자의 명칭 또는 표시를 포함하는 경우에 등록국장은 그 본인 또는 법률상의 대리인의 동의서를 제출하도록 출원인에게 명령할 수 있다.

9) 출원

출원은 류(Class)를 넘는 상품에 대해서는 한 번의 출원으로 할 수 없다. 환언하면 출원은 종류마다 시행되지 않으면 안 된다.

10) 심사

등록국장은 출원을 거절하는 경우 또는 조건부로 인정하는 경우 출원인의 요구에 의해 그와 같은 결정의 이유나 근거를 문서에 의해 통지해야 한다. 이와 관련해 등록국장의 결정에 대해서는 재판소에 출소가 가능하다.

11) 출원공고, 이의신청

상표등록출원이 동일하거나 조건, 보정, 수정, 제한을 받아서 수리되는 경우 등록국장은 출원을 가급적 신속하게 공고해야 한다.

임의의 제 3자는 이에 대해 상표등록출원의 공고일로부터 정해진 일정기간 내에 이의신청을 등록국장에 대해 제기할 수 있다.

이 이의신청은 문서에 의해 정하여진 형식에 따라 제출해야 하는데 반드시 이유를 기재해야 한다. 이의신청이 있는 경우 등록국장은 이의 신청서의 사본을 출원인에게 송부하고 이에 대해 출원인은 소정의 기간 내에 답변서를 제출해야 한다. 만일 답변서를 제출하지 않는 경우는 출원을 포기한 것으로 간주된다.

등록국장의 결정에 대해서 재판소에 출소할 수 있다.

12) 등록

가. 존속기간

존속기간은 7년간인데, 법률의 수속에 따라 변경할 수 있다.

나. 경 신

상기의 등록기간 만료일 전 소정의 기일에, 등록국장은 기간만료일과 등록갱신 비용을 통지해야 한다. 상표등록의 갱신은 소정양식에 따라 정해진 기간 내에 행하여지는 경우 종전등록이 기간만료 후 다시 14년간 연장된다.

13) 불사용에 의한 등록취소

다음 이유에 근거해 이해관계인의 신청에 의해, 재판소 또는 등록국장은 등록되어 있는 상표의 임의사항에 대해서 등록을 취소할 수 있다.

① 상표가 등록에 관계하는 상품에 대해 선의의 의지 없이 등록되고, 또한 등록취소 신청일 1개월 전까지 등록에 관계하는 상품에 대해 선의의 사용이 사용 사실이 없었던 경우

② 등록취소 신청일의 1개월 전까지 등록에 관계하는 상품에 대해서 당해 등록상표의 선의의 사용이 3년 이상의 기간에 걸쳐 없었던 경우

14) 구법에서 신법에로의 경과 과정

구법 하에서 A부 또는 B부로 각각 등록되어 있는 상표는 신법 하에 있어서 각각 A부 또는 B부의 등록부로 옮겨지게 되는데, 구법 하에서 남은 존속기간을 신법하에서도 그대로 인정된다.

5. 대리인 제도

출원의 대리는 보통 변호사가 대행한다. 그러나 변호사에 한정한다고 하는 법률상의 근거는 없고 변호사자격을 갖고 있지 않다 하더라도 출원수속이 가능한 자는 누구라도 대리 출원업무를 수행할 수 있다.

오늘날 Patent Agent라고 하는 대리인 제도가 있는데, 영국의 Chartered Institute of Patent Agent의 자격을 갖고 있으면 이 타이틀을 사용할 수 있다.

공업소유권을 즐겨 다루는 변호사 또는 Patent Agent 숫자는 얼마 되지 않으며 출원에 따른 수수료도 기준이 설정되어 있기는 하나 사실상 그 기준에 구속되지 않는다. 또 소송에까지 이르게 되

면 수속에 투입되는 시간에 따라 요금이 결정되는 경향이 있으므로 매 사건마다 큰 차이가 나게 된다.

그러나 신법에 있어서는 Patent Agent에 관한 규정이 아래와 같이 설정되어 있다.

① Patent Agent의 등록은 특허등록 국에서 행한다.

② 등록되어 있지 않은 자가 Patent Agent라 칭하거나 업무를 수행해서는 안 된다(위반 시는 15,000 링깃 이하의 벌금 또는 2년 이하의 금고형에 처해질 수 있다).

③ Patent Agent의 임명 또는 위탁시, Patent Agent 등록부에 등록되어 있지 않으면 제 3자에 대하여 효력을 지니지 못한다.

④ 말레이시아 국내에 주소나 주거지가 없는 자가 특허등록국에 대해 수속을 할 때 또는 특허법의 규정에 따라 출소할 때, Patent Agent를 대리인으로 임명해야 한다.

제 5 장

말레이시아 금융제도

지난 30년간 말레이시아는 급속한 경제성장을 이룩했다. 이러한 급속한 경제성장에 따른 산업의 다양화에 힘입어 금융제도도 발전을 거듭했다. 정부는 말레이시아를 ASEAN의 금융센터로 육성할 목표를 가지고 금융부문의 국제경쟁력 강화를 위해 지속적으로 제도개선에 박차를 가하고 있다.

한편, 말레이시아의 금융제도는 은행계 금융기관, 비은행금융기관 및 중개가관, 자본시장 등 3개 분야로 크게 나눠 볼 수 있다.[57]

1. 말레이시아 금융제도의 구조

금융기관은 크게 중앙은행[58], 상업은행(Commercial Banks), 파이낸스사(Finance Companies), 종합금융회사(Merchant Banks)

---

57) 한국금융연구원, 「동남아주요국의 금융제도」를 참조하였음

58) 중앙은행(Bank Negara Malaysia : BNM) : 89'년의 은행/금융기관법, 1996년의 신규보험 및 보험법시행령에 의해 은행, 보험회사 등 금융기관에 대한 감독, 관리기능이 강화되었으며 장단기 기금 차입을 통해 이자율 및 유동성을 조절

로 구분되며, 이들 기관은 현재 총 70개(13개 외국계 은행 포함)로 중소규모의 금융기관이 많은 편이고 36개 외국계 은행 대표사무소가 상주하고 있다.

<표 5-1> 말레이시아 금융기관 현황

구 분	상업은행	파이낸스사	종금사
기관수	38 (외국계 17, 이슬람계 3)	26개	14개
자산 등 현황 (2006년 연말 기준)	자산 : RM4,832억 수신 : RM3,397억 대출 : RM2,828억 지점 : 2,008개	자산 : RM1,159억 수신 : RM914억 대출 : RM754억 지점 : 960개	자산 : RM392억 수신 : RM259억 대출 : RM189억 지점 : 22개

자료 : Bank Negara Malaysia

개발금융기관(Development Finance Institution)은 중장기 금융을 취급하는 공적금융기관(자산: RM224억)으로서 다음 <표5-2>와 같다.

<표 5-2> 개발금융기관 현황

기관명	출자기관	주요업무
Malaysian Industrial Dev.Finance(MIDF)	정부, 연방개발공사, 민간금융공사	-토지, 건물, 기계구입자금 융자 -리스금융, 기술컨설팅
Industrial Bank of Malaysia	정부출자	-조선, 설비투자용 대출 -중공업관련 대출 -자본재수출 신용, 대출
Development Bank of Malaysia(DBM)	정부출자	-중장기 설비융자 -말레이기업의 자금융자 -말레이기업의 자본참여, 리스
Sabah Devel. Bank(SDB)	사바주정부 출자	-개발공사 -산업자금대출

자료 : Bank Negara Malaysia

기타 Agriculture Bank of Malaysia, Sabah Credit Corporation Borneo Development Corporation, Export-Import Bank Malaysia 등이 있으며, 기타 금융기관으로 리스회사(45개), Discount House (7개), Factoring Company(13개), 벤처캐피탈(30개) 등이 있으며 상업은행, 파이낸스사, 종금사, 개발금융기관 등은 산업자금을 공급해주는 금융기관 역할을 담당하고 있다.

1) 은행계 금융기관

은행계 금융기관은 크게 통화금융기관과 비통화금융기관으로 나눌 수 있다. 통화금융기관은 통화를 수취하는 중요한 책임을 가진 상업은행, 이슬람은행 등이 있다. 비통화금융기관은 저축성예금과 거주자 외화예금 등 준통화를 수취할 수 있는 권한을 가진 금융기관으로 구성된다.

비통화금융기관은 금융회사, 머천트뱅크, 채권딜러의 역할을 담당하는 discount house 등이 있다. 이 기관은 통화금융기관과 밀접한 관계를 가지고 영업하고 있다. 또한 외국계 은행의 사무소, 국제역외금융센터에 소재한 머천트뱅크와 역외은행도 이 범주에 포함된다.

2) 비은행금융기관 및 중개기관

비은행금융기관 및 중개기관은 개발금융기관, 저축 금융기관, 연금기관, 보험회사, 중개기관 등 크게 5개로 구분할 수 있다. 중개기관에는 주택대출조합, 부동산 신탁 및 단위신탁, 리스회사, 팩토링 금융회사, 벤처금융회사 등이 있다.

또한 National Mortgage Corporation Bhd(Cagamas), Credit Guarantee Corporation Berhad(CGC) 등과 같은 특별투자기관 및 특별금융기관도 포함된다.

<그림 1> 말레이시아의 은행계 금융기관

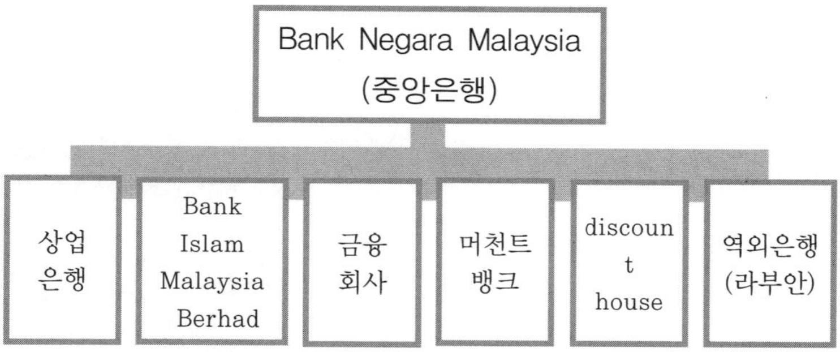

일반적으로 이러한 금융기관들은 특정 정부부서나 기관에 의해 감동을 받고 있다. 보험회사는 1988년 5월 1일부터 시행된 보험법 1963에 의해 운영되며, 중앙은행의 감독과 규제를 받고 있다. 또한 은행 및 금융기관법 1989(BAFIA)에 의해 리스회사, 팩토링 금융회사, 주택 신용회사, 개발금융회사 등은 중앙은행에 등록을 하고, 기간별 재무제표를 제출해야 한다.

3) 자본시장

자본시장은 정부국채 및 회사증권을 신규 발행하는 1차 시장(발행시장)과 발행된 정부국채 및 회사증권이 거래되는 2차 시장(유통시장)으로 구분할 수 있다. 정부국채는 재무부증선, Cagamas bond, 정부투자증서, 중앙은행증서 등이 있다.

회사증권은 보통주, 은행보증채권, 무보증 전환사채, 무상환 무보증 전환사채, 양도성예금증서 등이 있다. 한편 광의의 금융시장은 단기금융시장, 외환시장, 자본시장, 상품선물시장, 금융선물 및 옵션시장으로 구성되어 있다.

<그림 2> 비은행금융기관 및 중개기관

개발금융기관	저축금융기관	provident 및 연금기금	보험회사	기타 금융기관 및 중개회사
말레이시아 산업개발금융	국립저축은행	고용자안정연금	손해보험회사	주택신용기관 -주택대출조합 -보르네오주택 담보대출회사
말레이시아 개발은행	Urban Credit Co-operative viz -Co-operative Central Bank -Rural Credit Co-peratives -Bank Rakyat	사회보장기구	생명보험회사	주택대출국 (정부기관)
말레이시아 산업은행		군인연금	종합모험회사	CAGAMAS BERHAD
사바 개발은행		기타 계층별 및 사적연금	재보험회사	단위신탁 및 부동산신탁
말레이시아 농업은행			이슬람보험회사 (TAKAFUL)	-리스회사 -팩토링금융회사 -벤처금융회사 -Credit Token Companies
사바신용회사			역회보험회사	Pilgrims Management and Fund Board
보르네오 개발회사				신용보증회사
				수출신용보험
				Rating Agency Malaysia Berhad

2. 금융 산업의 자유화 및 개방화

말레이시아 정부는 자국을 ASEAN의 중추적인 금융센터로 육성하는 등 금융부문의 국제경쟁력 강화와 자유화를 통해 향후 아시아 경제발전의 중심축으로서의 역할을 수행하기 위한 노력을 지속하고 있다.

1995년 정부는 10년 이내에 금융서비스 부분을 자유화할 것이라고 밝혔으며, 금융당국은 현재 국내은행 수가 지나치게 많다고 평가하고 중소은행의 M&A를 통한 대형화 및 자본구조의 확충을 유도하고 있다.

이러한 조치의 일환으로 정부는 1994년 상업은행에 대해 이중은행체계(Two-Tier Banking System)를 도입했다. 이는 상업은행을 1그룹과 2그룹으로 분류하여 1그룹 은행에 대해서는 수출업자에 대한 외화계정 개설을 허용하는 등 2그룹 은행에 비행 업무허용 범위를 확대시켜 주는 것이다. 또한 중앙은행은 1995년 9월 자기자본비율 등을 기준으로 은행의 신용평가제를 도입하여 우량은행에 대해 외환업무거래, 파생금융상품거래, 대형 예금업무 등을 허용하였다.

말레이시아 은행부문은 폐쇄적이어서 외국계 은행에 대해 1974년 이후 1989년까지 외국계 상업은행의 지점 개설을 허용하지 않았다. 단 기존 국내은행 중 외국합작사가 없는 은행에 대해서는 외국인이 30%까지 지분을 소유할 수 있다. 외국계 은행의 진출은 사무소 형태의 진출이나 기존은행의 지분 참여, 역외금융센터에서의 지점 개설 등으로만 가능하다. 그러나 1989년 1994년 중 은행금융기관법에 의해 외국계 은행 및 금융기관의 현지법인화가 추진되어 모든 외국계 은행이 현지 법인화 되었다.

3. 금융제도 개혁

정부는 말레이시아를 ASEAN의 금융센터로 육성할 목표로 금융부문의 국제경쟁력 강화를 위해 지속적으로 제도 개선을 추진 중이다.

<표 5-3> 금융제도 개혁 추진과정

1960년대	1970년대	1980년대	1990년대	2000년대
화폐관리 및 저축증대를 위한 은행제도 정비	금리자유화 및 자본시장에 대한 정책개시	은행경영 및 증권업의 근대화, 증권시장 정비 및 주식시장 효율화	국내외 자본시장 분리와 국내시장 기반정비	외국계 합작법인 자유화 추진

말레이시아의 금융제도 개혁을 기간별로 나눠 살펴보면 1960년대는 주로 통화관리와 국내의 저축증진을 위해 은행제도를 정비하였고, 1970년대에는 금리자유화와 자본시장 육성에 중점을 두었다. 1980년대 초반은 은행경영과 증권업의 근대화에, 후반에는 증권시장의 정비와 주식시장의 효율성 제고에 역점을 두었다. 한편 1990년대의 개혁은 국내외 자본시장의 분리와 국내자본의 기반정비로 요약할 수 있다.

금융당국은 현재 국내은행수가 지나치게 많다고 보고 중소은행의 합병과 인수를 통한 은행의 대형화 및 자본구조의 충실화를 유도하고 있다.

정부는 2010년 이내에 금융서비스 부문을 자유화할 방침이라고 밝히고 있으며, 외국계 은행에 대해서는 2000년 이후 신규 외국상업은행 및 신규지점의 진입을 허가하고 있다. 단 외국은행의 진출은 사무소 형태의 진출이나 기존은행의 지분참여, 역외 센터에서의 지점개설 등으로만 가능하다. 2000년 이후 은행금융기관법에 의거, 외국계 은행 및 금융기관의 현지법인화가 추진되어 모든 외국계 은행이 현지 법인화된다.

또한 최근에는 1990년 라부안 역외금융센터 설립을 통한 역외시장의 육성, 1991년 대출금리의 자유화[59], 1995년 금융선물옵션시장의 창설 등을 통해서 아시아의 금융시장 리더가 되기 위해 노력하고 있다.

4. 은행계 금융기관

1) 상업은행

가. 역할

상업은행은 국내에서 가장 규모가 크고 중요한 위치를 차지하고 있는 금융기관으로 "은행 및 금융기관법 1989(BAFIA)"의 범주 안에서 운영되며, 중앙은행의 직접적인 감독을 받는다. 상업은행들은 국내의 광범위한 지점망을 통해 예금자와 차입자 사이의 금융중개자로서의 관점에서 국가의 경제발전과 복지증진을 위해 매우 중요한 역할을 수행하고 있다. 상업은행들은 국민의 저축 장려를 위해 노력해야 하는 중요한 역할과 책임이 있다.[60]

---

59) 예외는 부미푸트라에 대한 융자, 중소기업에 대한 융자, 주택구입융자 등으로 금리의 상한이 규정되어 있음

60)특히 어린세대들에게 저축습관은 국가경제에 있어 불필요한 인플레이션 압력을 억제하는데 중요한 전략이 될 수 있다.
사실 봉급생활자 특히 평균소득자와 대중들이 예금계좌 보유자의 대다수를 차지하고 있다.

나. 기능

상업은행의 기능과 업무는 다음과 같다.

- 예금계좌, 당좌계좌, 정기예금계좌, 기타 투자수단 등을 통한 예금 및 잉여자금, 유휴자금의 이동
- 국내 및 국제간 국내통화 및 외국통화의 이전, 지급, 수취 등을 위하여 고객에 대한 서비스 및 시설의 제공
- 개인, 기업, 여타 기관에게 개인소비, 투자, 운전자금, 생산적이고 경제적인 목적을 위한 당좌대월, 대출 등의 다양한 유형으로 자금의 대출
- 수출촉진 및 투자를 위해 이용 가능한 자금의 효율적인 사용을 촉진하기 위한 은행 서비스 및 시설의 제공
- 재무부증서, Cagamas채, 정부증권 등을 통한 정부프로젝트에 대한 금융지원 등이다.

다. 현황

상업은행은 금융기관들 중 가장 많은 자산을 보유하고 있으며, 2006년 말 현재 7,745RM으로 자산비중이 전체 금융기관 자산의 38.6%를 차지하였다. 다음으로 연기금, 중앙은행, 금융회사 등의 자산규모가 1,178RM, 928억RM, 735RM으로 각각 18.8%, 14.8%, 11.7%를 차지하였다.

국내 상업은행의 대부분 지분을 정부가 소유하고 있으며, 규모면에서 가장 큰 Malaysia Banking과 Bank Bimiputra의 지분 모두를 정부가 소유하고 있다. 정부의 금융 산업 육성정책에 힘입어 은

따라서 은행들은 국내의 일반 서민의 금융복지를 위해 저축한 자금에 대해 충분한 이자를 지급해야 하며, 또한 예금자들의 저축 장려에 역행하는 불필요한 비용이나 불필요한 절차 등의 형식을 강요해서는 안 된다.

행산업의 발전이 급속하게 이루어지고 있으며, 특히 상업은행의 경우 총 자산이 크게 확대되고 이익이 급증하였다.

그러나 정부는 말레이시아의 금융 산업이 과포화상태에 있다고 판단하고 중소은행의 합병 및 인수를 통해 대형화와 자본구조의 충실화를 유도하고 있다.

라. 외국계 은행

말레이시아에서는 독립이전부터 영국계 및 화교계 은행이 진출해 있었다. 1875년 영국계 및 화교계 은행이 진출해 있었다. 1875년 영국 Standard Chareerd Bank의 지점이 개설되었으며, 그 후 1900년 이전까지 네덜란드계, 화교계 은행들이 지점을 개설하였다. 그러나 1974년 이후 정부는 외국계 은행에 대한 신규 허가를 금지하였으며, 기존 진출은행들의 신규 지점 개설 및 ATM 설치도 허용되지 않고 있다. 따라서 외국계 은행들의 비중이 점차 축소되고 있지만, 식민지 시대부터 활동을 해왔기 때문에 영업기반은 비교적 건실한 편이다. 또한 정부는 동 은행들의 파산위험에 대비하여 자산비율측면에서 국내은행에 비해 엄격한 규제를 실시하고 있다. 국내은행은 위험가중자산의 비율이 8%인데 반해 외국계 은행은 10%의 비율을 적용받고 있다.

'은행 및 금융기관법 1989(BAFIA)'에 의거하여 외국계 상업은행들은 1994년 9월 30일부터 국내에서 영업이 가능한 지역 상업은행으로 전환되어 현지법인화가 진행되었다. 따라서 외국계 은행들은 외국에 의해 통제되는 '지점'에서 지역적으로 편입된 자회사로의 전환을 통해 지역은행으로서의 법적 지위를 유지할 수 있게 되었다. 아울러 완전한 소유권이 허용되었다. 한편 외국계 은행의 추가적인 진출이 허용되지 않음에 따라 해당 은행은 사무소, 기존

사의 지분참여, 역외금융센터에서의 지점개설 등의 형태로 진출하고 있다. 기존 국내 은행중 외국합작사가 없는 은행에 한해 30%까지 외국인 지분을 허용하고 있다.

2) 이슬람계 은행

1983년 4월 7일 'Islamic Banking Act 1983'이 발표되어 금리의 존재를 인정하지 않는 이슬람원리에 의거한 은행상품의 도입과 말레이시아에 이슬람계 은행의 설립을 위한 법적 장치를 제공하였다.[61] 동시에 정부는 '정부 투자법 1983'을 발동하여 이슬람원리에 입각하여 국채인 정부투자증서를 발행할 권한을 부여하였다.[62]

Banking Islam Malaysia Berhad는 Islamic Banking Act 1983' 하에서 영업을 시작한 최초의 이슬람계 은행이다.[63] 영업개시 이후 Bank Islam은 말레이시아 전역에 50개 이상의 지점망을 확보하는 등 매우 성공적으로 발전해왔다. 은행은 이슬람 원리에도 불구하고 요구불예금, 저축예금, 일반적인 투자예금 형태의 정기예금, 특별투자예금 등을 취급하고 있으며, 금리의 지급보다는 이익분배의 형태로 보상이 이루어지고 있다.[64] 이자가 없는 요구불예

---

61) *법은 Banking Act 1973'을 기초로 이슬람 원칙과 행동에 따라 필요한 부분을 수정, 보완하였다.
*동 법은 은행업무의 규제 및 감독에 대한 권한은 중앙은행에 부여하고 있다.

62) 정부투자증서는 유동자산으로 간주되며 이슬람 계 은행 및 이슬람은행업을 제공하는 여타 상업은행들이 자금을 투자할 수 있다. 말레이시아는 이슬람원리에 입각하여 국채를 발행한 최초의 국가이다.

63) 동 은행은 1983년 3월에 설립되어 콸라룸푸르에 최초 지점을 개설하여 영업을 개시하였으며, 1992년 1월에 콸라룸푸르 증권거래소에 상장되었음.

64) • 이자가 없는 요구불예금의 경우 예금자에게 일반적인 서비스수수료가 부과됨

금의 경우 예금자에게 일반적인 서비스 수수료가 부과된다.

- 저축예금에 대해서는 이익의 일정부문을 예금자에게 보상한다.
- 일반투자계정 및 특별투자계정 보유자는 은행과의 협약에 따라 투자이익의 일정 부분을 수취한 은행은 신용장, 어음수집, 송금, 외환 거래 등의 다양한 금융서비스 및 기능을 제공한다.

한편 1993년 3월 이후 상업은행, 투자은행, 금융회사 등 여타 금융기관도 은행금리 자유화제도의 시행으로 이슬람계 은행의 기능 및 서비스를 제공하기 시작하였다. 이러한 이슬람계 은행의 비약적인 발전을 통해 말레이시아는 다음의 포괄하는 이슬람은행 간 시장을 포함하여 더욱 발전된 이슬람계 은행업의 하부구조를 구축하게 되었다.

- 이슬람계 금융기관들의 은행간 거래
- 이슬람은행 간 투자
- 이슬람은행 간 수표결제제도

따라서 말레이시아는 전통적인 은행제도와 동등한 기준으로 이슬람은행제도를 보유하게 되어 '이중은행제도'를 갖춘 최초의 국가가 되었다.

3) 금융회사(Finance Company)

금융회사는 말레이시아에서 상업은행, 연기금펀드 다음으로 규모가 큰 예금금융기관으로 1960년대 초에 처음 등장하였다. 초기에는 '회사법'하에서 유한회사의 형태로 출발하여 할부금융, 중단

- 저축예금에 대해서는 이익의 일정부문을 예금자에게 보상함
- 일반투자계정 및 특별투자계정 보유자는 은행과의 협약에 따라 투자이익의 일정 부문을 수취함

기 대출 등 소비자대출을 제공하는 공인된 대형 대출기관으로서 운영되었다.

처음에는 금융회사를 통제하는 특별한 법률이 없어 금융회사의 기능과 업무는 일반적으로 'Money Lenders Ordinance 1951', 'Company Act 1965', 'Hire Purchase Act 1967' 등 관련 법률에 의해 규제되었다.

그러나 소비자 관련 금융 산업이 급속히 발전함에 따라 금융회사의 업무는 말레이시아의 통화상황과 유동성에 중요한 영향을 미치기 시작하였다. 따라서 'Borrowing Company Act 1969'가 금융회사를 통제하기 위해 1996년 6월에 발효되었다.[65] 지점망 확대와 업무 증가의 관점에서 금융회사는 운영자본과 여타 요건 충족을 위해 충분한 자본을 보유해야 한다.

금융회사는 중앙은행에 의해 유동성 요구액을 유지하도록 요구받았으며, 금융회사의 업무영역은 전통적인 업무인 할부금융, 리스형태의 소비자 금융 등의 형태에서 주택금융, 기업금융 등으로 확대되고 있을 뿐만 아니라 내국환 업무도 여행자수표도 취급하고 있다. 예금업무에 있어 금융회사는 상업은행과 유사한 고정예금계정 및 예금계정을 통해 예금 을 수취할 수 있는 권한을 가진다.

1997년 10월 이후 특정 금융회사에 대해 은행간 자금시장에서 거래가 허용되었으며, 금융 회사 중 은행간 금융 시장에 참여하고 있는 회사는 2006년말 27개에 이르렀다. 특히 그 중 18개 회사는 이자를 받지 않고 은행 업무를 수행한다. 그러나 금융회사는 상업

---

65) • 해당 법 하에서 중앙은행이 금융회사의 업무수행, 신규 지점 개설 등 전반적인 사항에 대해 규제·감독하는 강력한 권한을 부여받았음.
• 'Borrowing Company Act 1969'는 이후 'Banking and Financial Institutions Act 1989'로 대치되었음.

은행과는 달리 당좌계정을 운영할 수 없으며, 대고객 외환업무를 취급할 수 없다. 금융회사의 대출 업무에서는 일반적으로 할부금융, 리스, 팩토링, 주택자금대출, 여타 다양한 형태의 중단기 대출 등 소비자 대출에 집중되고 있다.

4) 머천트뱅크(Merchant Bank)

머천트뱅크는 투자은행에 속하는 금융기관으로 1970년대 초 외국금융기관과 국내자본의 합작회사의 형태로 시작되었다. 199년 1월부터 머천트뱅크의 효율적인 감독과 통제를 위해 1979년 1월부터 'Banking Act 1973'의 범위와 요구조건이 머천트뱅크의 업무까지도 포괄하도록 확대되었다.66)

머천트뱅크에 대한 기본적인 요구조건의 하나는 1천만 링깃의 최소 지불자본을 보유하고 있어야 하며, 머천트뱅크는 상업은행과는 달리 도매금융 분야에서 업무를 중점적으로 취급하고 있다. 머천트뱅크는 추가적으로 수수료 수입 등 영업할동으로부터 발생한 수입의 최소 30%는 보유하여야 한다. 이러한 목표를 달성하기 위해 머천트뱅크는 신주발행의 주간사 업무 등 증권 업무를 중심으로 기업자문서비스, 대출단 구성 및 관리, 채권 발생, 신탁업무, 프로젝트 파이낸싱, 프로젝트 적합성 조사, 리스 및 팩토링 금융, 벤처캐피탈 금융, 브론지론, 기업 인수·합병, 기타 특별한 컨설팅 및 자문서비스 등 수수료 관련 업무에 영업활동을 집중해왔다. 수익은 대부분은 주식상장 주간사 업무 등에 대한 수수료 수입과 기금이익으로 이루어진다.

---

66) 'Banking and Financial Institutions Act 1989(BAFIA)'가 'Banking Act 1973'를 대체함에 따라 머천트뱅크는 현재 'BAFIA 1989'에 의하여 중앙은행의 감독을 받고 있음.

5) Discount House

Discount House는 2차 금융기관으로 단기자금시장과 증권시장에서 중요한 역할을 담당하고 있으며, 최초의 Discount House는 1963년 12월에 설립되었다. Discount House는 단기자금시장에서의 여업, 즉 재무부증서, 정부채권 및 증권, 은행인수어음, 양도성예금증서, 변동금리부 양도성예금증서, Cagmas채권, 무역어음 등 다양한 자금시장 증권을 유통시장에 제공하는데 특화하고 있다.

따라서 Discount House는 은행간 시장에서 중요한 금융 중개자의 역할을 담당하고 있으며, 다양한 금융기관과 투자자 사이에서 단기 및 중기자금의 핵심적인 연결기능을 제공하고 있다. 현재 국내의 16개의 Discount House가 있다.

6) 은행산업의 역할

말레이시아는 건실한 은행제도를 가지고 있는데, 이는 원칙적으로 중앙은행에 의해 수행되는 철저한 통제 및 감독에 기인하며, 은행의 경영에 있어 수익성과 자본수익률은 가장 우선적인 고려대상이다. 특히 은행들은 법적, 경제적, 사회적 책임을 지고 있다. 말레이시아의 경제개발계획 추진으로 발생하는 과도한 인플레이션에 대해 은행들은 통화 공급의 조절을 통해 인플레이션을 사전에 방지하도록 커다란 도움을 줄 수 있다.

또한 은행들은 저축을 촉진시키고 젊은 세대들에게 저축습관을 심어주는 등의 중요한 책임이 있으며, 은행들은 전국에 걸친 광범위한 지점망을 통해 각 지역으로부터 잉여자금을 모아서 이를 다시 산업 등에 배분하는데 문제가 없어야 한다.

그러나 국내에서의 생산 활동, 특히 산업화 및 수출지향적인 산업 등으로의 보다 적극적인 자금배분을 촉진하기 위해서 은행들은 자금조달이 적정한 비용으로 이루어지도록 보장해야 한다. 은행의 서비스 및 시설을 고객이 저렴한 비용으로 이용할 수 있도록 해야 한다는 점 등이 강조되고 있다.

예금수취기관으로 가장 규모가 크고 중요한 금융기관인 은행은 국가 경제발전에 있어 경제적 중요성과 금융적 파워의 관점에서 중요한 역할을 차지하고 있다. 또한 은행들은 저축, 투자, 국제무역 등을 촉진하기 위해 금융서비스 및 시설들을 제공하고 있다. 21세기를 앞두고 국제경제의 환경 변화에 따라 말레이시아 은행산업은 강력한 도전에 직면하게 되었다.

따라서 은행산업이 보다 발전하기 위해서는 주요 전략과 적절한 계획을 혼합하여 구조화해야 할 것으로 보인다. 말레이시아의 은행산업은 직·간접적으로 금융자본시장의 중개자로서 거의 모든 자본시장에 자금을 제공한다. 오늘날 말레이시아의 경제발전은 주로 은행부문에 의한 자금조달에 의해 이루어졌으며, 향후 말레이시아 정부는 보다 다양화된 금융시스템 발전을 위해 노력할 것이 확실시 된다.

5. 비은행금융기관

1) 개관

말레이시아의 비은행금융기관은 크게 5가지로 분류할 수 있다.

- 개발금융기관
- 저축기관
- provident 및 연금기관

- 보장회사[67)]
- Building Society, 부동산 신탁, 리스회사, 팩토링 회사 등 기타 금융 기관

비은행금융기관들은 일반적으로 정부부처 및 정부기관의 감독을 받고 있으며, '은행 및 금융기관법(BAFIA) 1989'의 시행으로 인해 대다수 비은행금융기관은 중앙은행의 감독을 받게 되었다. 예를 들면 리스회사, 팩토링 회사, 건축신용기관, 개발금융회사, Credit token companies 등은 중앙은행에 재무제표를 제출해야 한다.

2) 개발금융기관(Development Finance Institutions)

말레이시아의 개발금융기관은 대다수 국가들처럼 은행 시스템이 다루지 않는 금융서비스를 제공하기 위해 설립되었다. 개발금융기관은 중장기 대출, 증권시장 참여 등의 형태로 금융지원을 확대하고 있다.[68)]

가. Malaysia Industrial Development Finance Berhad (MIDF : 말레이시아 산업개발공사)

Malaysia Industrial Development Finance Berhad(MIDF)는 1955년 말레이시아에 대한 World Bank Mission의 권고로 1960년에 설립되었다.[69)]

---

67) 라부안 소재 역외 보험회사 포함

68) 은행들이 제공하지 않는 금융서비스의 범주로는 신주발행을 위한 주간사 및 인수 업무, 대출보증 업무, 신규 프로젝트에 대한 컨설팅 업무, 동 프로젝트의 촉진, 재정적 및 기술적, 관리적 조언 및 지원 등이 있음

69) MIDF는 1992년 12월 쿠알라룸프르 증권거래소에 상장된 최초의 개발금융기관임

MIDF는 국가의 산업화와 그 다양화를 촉진시키는데 필요한 자금을 조달하는 역할을 담당한다. 그리고 이는 2.5억RM 규모의 New Entrepreneur Fund의 대출과정을 관리하기 위해 중앙은행에 의해 선정된 금융기관중 하나이다. 이는 설립 이후 금융그룹으로 성장 발전해왔다. 그 밖에 여타 자회사는 다음과 같다.

- Malaysia Industrial Estate Sendirian Berhad(MIEL) : 1964년에 설립되었으며, 산업 부동산 대발, 업무용공장 건설, 주거용 및 상업용 건물의 종합적인 개발 등을 담당한다.
- MIDF Consultancy and Corporate Service Sendirian Berhad (MIDFCCS) : 1971년에 설립되었으며, 자문 및 컨설팅 업무, 기술 및 관리 서비스, 주식의 상장 서비스, 발행 주식의 인수, 신규 주식 및 채권 발행을 위한 발행회사의 역할을 담당한다.
- MIDF Investment Holding Sdn Bhd (MIDFIH) : 1983년 MIDF의 투자촉진을 위해 설립되었다.

나. Borneo Development Cooperation(보루네오 개발공사)

Borneo Development Cooperation는 1958년에 설립되었으며, 원래의 설립목적은 농업에 기반을 둔 Sabha주와 Sarawak주의 공업화와 상업화를 통해 경제발전을 촉진하기 위한 것이었다.

Borneo Development Cooperation은 2개의 회사로 나누어져 있으며, 자산은 주정부의 소유인 Borneo Development Cooperation (Sabah) Sendirian Berhad와 Borneo Development Cooperation (Sarawak) Sendirian Berhad 등 2개의 회사에 동일하게 분배되어 있다. 두 회사는 주택 및 상업용 부동산의 개발을 위한 자금조달 등으로 업무영역을 확대하고 있다.

다. Sabah Development Bank Berhad(사바개발은행)

Sabah Development Bank Berhad는 1977년 8월에 Sabah 주정부에 의해 주의 경제개발과 진전을 촉진하기 위해 설립되었다. 이 은행은 민간기업 및 공기업에 중장기 대출, 무역금융, 신디케이트론, 기업금융, 리스기능, 주택담보부 대출, 관리서비스 등을 통하여 금융지원을 제공하고 있다. 1986년에는 Sabah Bank Berhad의 대주주가 돼 소매금융 업무에도 진출하였다.

라. Sabah Credit Cooperation

Sabah Credit Cooperation은 1955년에 설립되었으며, Sabah 주정부의 무이자 대출을 통해 자금원을 조달하고 있다. 이 회사는 중장기 대출의 제공을 통해 Sabah주 개발을 위해 개인투자를 유치하고 지역개발을 촉진하기 위해 설립되었다. 1981년에 이 회사는 Borneo Housing Mortgage Finance Berhad로부터 주정부의 지역개발업무를 양도받았다. 대출 포트폴리오의 대부분이 지역주민에 대한 주택자금 대출로 이루어져 있으며, 중소규모 농업, 상업 및 경공업에 대한 자금지원을 하고 있다.

마. Development Bank of Malaysia

Development Bank of Malaysia는 1973년 11월에 설립되었다. 주요 업무는 상업과 공업에 있어 Bumiputra 지분 참여를 지원하고 촉진하는 것이다.[70] 또한 임대를 위한 구입, 리스기능, 부동산

---

70) 이러한 목적을 달성하기 위해 중장기 대출의 형태로 Bumiputra 기업에 대해 자금을 투입하여 결과적으로 성공적인 기업이 될 수 있도록 하는 금융지원을 제공하고 있다.

개발을 위한 브리지론, 공업용 기계류 및 장비 설비의 임대 및 보증 등에 대해 금융지원을 제공하고 있다.

금융지원 이외에 이 은행은 중소 규모의 Bumiputra 기업에 대해 경영관리, 컨설팅, 조언 서비스 등을 지원한다. 동 은행은 현재의 금융활동을 보완하기 위해 5개의 자회사를 보유하고 있으며, 그 밖에 다수의 회사에 지분참여를 하고 있다.

바. Industrial bank of Malaysia Berhad

Industrial bank of Malaysia Berhad(Bank Industry Malaysia Berhad)1979년 정부에 의해 산업화를 위한 자금조달, 산업의 다양화 등 경제개발계획의 일환으로 설립되었다. 주요 업무는 해운, 조선, 중공업 관련 엔지니어링, 수출주도형의 산업 등 자본집약적이고 첨단기술 업종에 장기자금을 제공하는 것이다.

해운업 및 조선업에 대한 이 은행의 업무는 선박금융제도를 통해 운반, 창고, 항만시설 등 해운관련 업무를 포함하고 있다. 이 은행은 자본재의 수출을 촉진하기 위해 수출금융제도를 통해 장기적 수출신용을 제공하고 있다. 1988년에는 제약, 컴퓨터 소프트웨어, 원재료 기술 등 성장잠재력이 풍부한 첨단기술업종으로 금융지원 범위를 확대해, 1979년 설립 이후 빠른 속도로 여타 관련 업무까지 취급영역을 확대하기에 이르렀다.

사. Agriculture Bank of Malaysia

Agriculture Bank of Malaysia(Bank Pertanian Malaysia)는 1969년 9월에 국내 농업의 지속적인 발전을 촉진하기 위해 설립되었다. 국내의 많은 지점망을 통해 이 은행은 담배, 팜유, 고무,

코코아, 임업, 축산, 수산업 등 농축산업에 다양한 대출을 시행하고 있으며, 고정예금, 지로, 저축예금 등을 통해 자금을 유동화 하고 있다.

3) 저축금융기관(Saving Institutions)

상업은행 이외에 2차 예금금융기관으로 저축금융기관, 머천트 뱅크, 금융회사 등이 있는데, 특히 저축금융기관은 중·하류 소득층의 개인저축을 유동화하고 증진시키는 역할을 담당하고 있다.[71] 말레이시아의 최대 저축금융기관은 National Saving Ban(BNS)이며, 여타 저축금융기관으로는 도시 신용협동조합, 지방 신용협동조합, 주택신용협동조합, Sabah주 및 Sarawak주 신용협동조합 등 다수의 협동조합이 존재한다.

가. National Saving Bank(Bank Simpanan National: BSN)

BSN은 1974년에 우편저축예금제도를 대체하면서 설립되었다. 주요 업무는 경제개발계획의 자금원으로서 중·하류 소득층의 개인저축을 촉진시키고 유동성을 제고하는 데 있으며, 이러한 목적을 달성하기 위해 BSN은 총 투자금액의 최소 50%를 정부발행증권으로 보유해야 한다.

BSN의 예금고 확대를 위해 정기예금과 GIRO 저축제도를 도입하였다. BSN의 예금고가 급속하게 증가한 다른 요인은 Premium Savings Certificates제도이다.[72] 정부증권에 대한 투자 이외에

71) 예를 들어 National Saving Bank(Bank Simpanan National)은 은행 및 금융회사에 의한 서비스를 충분히 받지 못하는 시골지역에 위치해 있기 때문에 도시 지역의 은행과 금융회사의 역할을 대신하고 있음,

BSN은 trustee stock 및 non-trustee stock 등 특정주식에 대한 투자를 통해 잉여자금을 운용하고 있다.

나. The Cooperative Societies(협동조합)

'협동조합법 1948'에 의하면 협동조합은 '협동의 원칙에 따라 구성원의 경제적 이익의 증진을 위한 목적을 가진 단체'라고 정의하고 있어 엄밀한 의미에서 협동조합은 금융 중개자가 아니다. 협동조합운동은 1922년 처음으로 시작되었으며, 1948년 이전에는 6개의 협동조합이 있었다. 협동조합의 업무 및 운영을 효율적으로 감독하기 위해 1948년에 협동조합법이 제정되었으며, 그 이후 수차례에 걸쳐 개정되었다.

협동조합은 단일목적 또는 복합목적의 금융기관으로 업무와 운용목적에 따라 도시협동조합과 지방협동조합으로 구분한다.

도시 신용협동조합은 일반적으로 직장인 신용조합, 대출조합, 투자조합, 신용협동조합 연합체, Cooperation Central Bank 등이 있다. 주택협동조합은 1948년에 처음 시작되었으며, 재원은 조합원들의 지분과 금융기관들로부터의 차입으로 이루어진다.

지방협동조합운동은 1922년에 처음으로 시작되었으며, Farmers' Organization Authority의 감독을 받는 농업협동조합과 농민조직으로 구성되어 있다. 1954년 Bank Kerjasama Rakyat Malaysia Berhad(Rural Cooperation Apex Bank)가 농어촌의 저축증진과 협동조합의 발전 및 성장을 위한 중·단기 대출을 제공하기 위해 설립되었다. 또한 1973년에는 Farmers' Organization Authority(FOA)

---

72) 동 제도는 기간별로 추첨을 통해 당첨자에게 상품을 제공하는 것임. 또한 동 제도는 Premium Savings Certificates를 통해 저축예금에 대해 배당을 지급함.

가 농민들의 삶의 질을 향상시키고 그들의 사회·경제적 발전을 촉진시키는 등 농민관련 제반문제들을 처리하기 위해 설립되었다.

4) The Provident and Pension Fund(각종 사회복지기금)

Provident Pension Fund는 퇴직, 사고, 사망 등에 대해 구성원과 그들의 가족들에게 혜택을 주는 방법으로 사회 보장을 제공하기 위해 고안된 금융구조이다. Provident와 Pension Fund는 상업은행 다음으로 큰 자산규모를 가지고 있으며, 국내 최대의 장기자금 공급원으로서 운용자산의 약 50%가 정부증권에 투자되고 있다.

Provident와 Pension Fund 종류는 다음과 같다.

- Employees Provident Fund
- Teachers Provident Fund(TPF)
- Social Security Organization(SOCSO)
- Armed Forces Fund(Tabung Angkatan Tentera)
- Approved Statutory·사적 사회복지기금

가. The Employees Provident Fund (EPF : 피고용자연금기금)

EPF는 말레이시아에서 가장 중요한 사회보장조직으로 1951년에 'Employees Provident Fund Ordinance 1951'에 근거하여 설립되었다. 이 법은 1991년 'EPF Act 1991'로 대체되었다. 이 법에 의해 모든 피고용자와 참여를 원하는 자영업자는 기금에 매달 일정 금액을 납입해야 한다.73)

---

73) 피고용자가 납입해야 하는 월 납입액은 매달 직장으로부터 받는 총수입의 일정 비율로 피고용자의 월급에서 공제되며, 다음달에 EPF의 피고용

또한 고용자는 EPF에 있는 특정 피고용자의 계좌에 매달 일정 금약을 납부해야 한다. 국내 최대의 provident fund인 EPF는 정부에 대한 최대 장기자금의 공급자로서 국가경제발전에 중요한 역할을 수행하고 있다. 초기 단계에 EPF는 주로 구성원의 노후대비가 주목적이었으나, 점차 수혜의 범위가 확대되어 왔다.[74)]

나. The Teachers Provident Find(TPF : 교직원연금기금)

TPF는 도시근로자를 위한 기금 중 최대 규모로 1962년에 '교육법 1962'에 의해 설립되었다. 그러나 TPF는 퇴직연령에 도달한 가입자 수 증가에 따른 지급액 및 수혜자 수 감소로 인해 점차 축소되었다.

다. The Social Security Organization (SOCSO: 사회보장기구)

SOCSO는 1971년에 '고용자 사회보장법 1969'에 의해 설립되었다. 이 기금의 목적은 Employment Injury Insurance Scheme와 Invalidity Pension Scheme을 통한 산업 및 공공부문 저소득 근로자들의 사회보장 혜택의 확대에 있다.

라. The Armed Forces Fund(군인기금)

The Armed Forces Fund(Tabung Angkatan Tentara)는 1973년 군인들의 연금 수혜를 확대하기 위해 "Tabung Angkatan Tentara

---

자의 계좌에 송금됨.

74) 예를 들어 무능력수혜제도, 주택담보회수제도, 기간별 퇴직회수지급, 사망수혜제도 등을 통해 구성원의 퇴직 이전이라도 혜택을 부여하는 새로운 provision이 설립되었음.

Act 1973"에 의거하여 설립되었다. 군인들은 원급의 일정비율을 납부해야 하며 동시에 정부도 기금의 각 구성원 계좌에 일정부분을 납부하며, 또한 구성원들은 기금운용을 통해 배당받을 수 있다.

마. The Other Approved Statutory/ Private Funds

위에서 언급한 것 이외에도 정부에 의해 설립된 다양한 Statutory provident와 연금기금이 있다.

5) 보험회사

초기에 말레이시아 보험회사들의 운영 및 활동은 'Life Assurance Companies Ordinance 1948'와 'Fire Insurance Companies Ordinance 1948'에 의해 규제되었다. 1961년 정부가 'Life Assurance Act 1961'을 제정함으로써 보험회사들을 보다 포괄적으로 통제하게 되었으며,[75] 또한 보험 산업의 감독강화를 위해 2차례 개정되었다. 보험 산업은 재무부 연방재정부의 감독과 통제를 받았으나 1988년 5월 1일부터 중앙은행이 보험 산업의 감독권한을 양도받았다. 보험 산업의 감독 및 규제의 책임과 권한을 양도받은 중앙은행은 보험 산업을 활성화시키기 위해 다양한 조치들을 도입하였다. 말레이시아에서 보험 산업은 특히, 장기자금을 보유한 생보사를 통해 보유자금을 효율적으로 투자함으로써 국가의 경제발전에 중요한 역할을 수행한다.

---

75) 동 법은 1963년에 'Life Assurance Act 1963'으로 개정되었음.
동 법은 생명보험 및 일반보험 업무의 운영 및 활동을 규제하고 감독함.
동 법은 1965년 Sabah주와 Sarawak주로 대상 범위가 확대되었음.

6) 기타 금융기관 및 중개기관

가. Housing Credit Institutions(주택대출기관)

말레이시아 정부는 저소득층에 대해 저비용으로 주택을 구입할 수 있도록 하는 정책을 시행해 왔으며, 이러한 정책 하에서 상업은행과 금융 회사가 주택구입자들에게 주택자금을 제공하는 역할을 담당해왔다. 상업은행과 금융회사 이외에 Malaysia Building Society Berhad(MBSB)[76], Borneo Housing Mortgage Finance Berhad(BHFB)[77] 등 2개의 주택대출기관들이 주택자금대출 업무를 담당하였다.

나. 부동산신탁과 단위신탁(Property and unit trusts)

부동산신탁과 단위신탁은 소액 투자자들이 보다 유리한 투자기회를 얻어 고수익을 얻을 수 있도록 그들의 자금을 모아 공동으로 투자하는 수단이다. 부동산신탁과 단위신탁은 금융 중개자로서 부동산시장과 회사채시장에 대한 적극적인 참여를 통해 민간자본시장의 발전에 중요한 역할을 담당하고 있다.

---

76) MBSB는 주택대출을 제공하는 민간부문의 선구자 격인 금융기관으로 Malaysia Building Society Berhad가 전환되어 1950년에 설립되었으며, MBSB는 주택관련대출 자금을 주로 Employees Provident Fund(EPF)로부터의 대출, 주주 자금, 금융기관들의 예금 등으로 조성하며, 민간부문의 주택개발사업에 브리지론을 제공함.

77) The Borneo Housing Mortgage Finance Berhad는 1958년에 설립되었으며, 주 업무는 MBSB와 동일하다.
- 주택관련 대출업무가 주로 Sabah주와 Sarawak주에 집중되어 있음.
- 동 기관의 자본은 Sabah주 및 Sarawak주정부의 소유임.

다. 리스 및 팩토링 회사(Leasing and factoring companies)

리스산업은 1974년에 최초의 리스회사가 설립되면서 태동하였다. 팩토링산업은 1981년에 시작되었으며, 리스 및 팩토링 회사는 은행이 커버하지 못하는 중소기업에게 자금을 조달해주는 역할을 하고 있다. 'Banking and Financial Act(BAFIA) 1989'에 의거하여 모든 리스 및 팩토링 회사는 업무를 개시하기 전에 중앙은행에 등록을 해야 한다.

라. 기타 금융기관 및 중개자

벤처자본은 1984년 최초의 벤처기업인 Malaysia Ventures Bhd가 그 효시라 할 수 있다. 벤처산업은 도입초기에는 발전 속도가 매우 느렸으나, 세제혜택과 투자환경의 조성 등 정부의 지원에 힘입어 근래 몇 년 동안 비약적으로 발전하였다. 말레이시아의 대표적인 벤처기업은 다음과 같으며, 그들 중 대부분은 지분참여 등을 통해 금융기관과 밀접한 관련을 맺고 있다.

- Komplek Kewangan Malaysia Berhad(KKMB): 1973년에 Amanah Rakyat(MARA)의 자회사로 설립되었으며, 투자지주회사로서 금융, 증권, 기업 부문에 대해 대규모 투자활동을 하고 있다.
- Bumiputra Investment Foundation: 1978년 1월 정부에 의해 NEP계획에 따라 부미푸트라 소유인 민간기업의 주식보유를 촉진하기 위해 설치되었다.
- Pilgrims Management and Fund Board : 이슬람교도의 성지순례에 관련된 행위를 촉진하기 위해 설립되었다.

6. 단기금융시장 및 외환시장

단기금융시장과 외환시장은 단기적인 자금흐름에 대한 중개자이다. 단기금융시장에서는 금융상품 및 자산의 거래가 링깃화로만 이루어지고 있고, 외환시장에서는 링깃화뿐만 아니라 외국통화로도 거래가 이루어진다. 말레이시아에서 단기금융시장과 외환시장은 자금의 공급원으로서 밀접한 관련이 있다. 단기금융시장에서의 금리변동이 환율에 영향을 미치며, 외환의 재정 및 헤징거래는 단기금융시장에서의 자금 수급 상황과 국내금리에 영향을 미친다.

1) 단기금융시장(Money market)

가. 개요

일반적인 기업 활동과정에서 기업들이 필요한 가용자금을 초과하여 보유할 경우 사업자는 초과자금을 투자하는 것이 필요하며, 반대의 경우로 기업 활동에서 일시적으로 단기자금이 필요한 상황이 발생할 수 도 있다. 따라서 금융기관들은 단기금융시장에서 은행간 시장, 재무부증서, 은행인수어음, 양도성예금증서 등의 수단을 통해 자금의 일시적인 과부족으로 인해 발생하는 투자포트폴리오 변화에 적응하고 있다.

중앙은행은 증권시장과 단기시장자금간의 보다 신속한 결제와 청산을 통해 2차 시장(유통시장)의 효율성을 제고하기 위해 SPEEDS (System Pemindahan Electronic untuk Dana dan Sekuriti)라는 매우 정교한 건자결제시스템을 도입하였다.

한편 단기금융시장은 3가지 범주의 기능을 통해 금융기관들에게 자금의 유동성 조절수단을 제공하고 있다.

- 예금의 배분
- 예금의 대출 및 차입 거래(은행간 시장)
- 단기금융시장증서 거래

나. 예금의 배분

잉여자금은 일반적으로 상업은행, 금융회사, 머천트뱅크, discount house 등 금융기관에 예치되거나 금융상품에 투자되며, 상업은행의 경우 이자를 지급하지 않는 당좌계정을 통해 일시적인 단기자금을 수취할 수 있는 독점적인 권한을 가지고 있다. 저축계정의 예금 수신고를 높이기 위해 은행들은 복리이자 계산법을 채택하고 있으며, 금융회사의 경우는 처음에는 3개월 이상인 정기예금만 수취하였으나, 2006년 4월부터 15일 만기상품도 취급하고 있다.

머천트뱅크는 기업, 상업은행, 금융회사, 중앙은행의 인가를 받은 여타 금융기관 등으로부터 정기예금을 수취하고 있다. discount house는 일반적으로 공공기관, 은행, 여타 금융기관 등으로부터 1개월 미만의 이자지급예금만 수취하도록 허용되며, 최저예치한도는 50,000링깃이다.

다. 예금의 대출 및 차입 거래(은행간 시장)

상업은행, 머천트뱅크, 금융회사 등은 상호간에 단기자금을 차입하거나 대출하는데, 이들 사이의 단기자금거래를 일반적으로 은행간 시장이라고 한다. 은행간 시장은 은행시스템에서 중요한 단기자금의 공급원 역할을 수행하고 있다. 은행부채관리의 중요성이 점차 증대되고 있어 은행간 시장은 급속하게 발달하였다.

은행간 시장에서 자금운용은 일반적으로 1일, 1주일, 1개월, 2

개월, 3개월 등 단기로 이루어지며, 상업은행들은 대출과 투자 포트폴리오가 급속하게 증가함에 따라 일시적인 유동성 조절을 위해 은행간 시장에서의 차입에 의존하는 경우가 많아졌다. 중앙은행은 은행간 시장의 불안정성이 금융시스템을 혼란에 빠뜨릴 우려가 있기 때문에 불필요하게 급격한 변동이 일어나지 않도록 엄격히 감시하고 있다. 상업은행, 머천트 뱅크, 금융회사 등이 은행간 시장에 직접 참여할 수 있다. 특히, 1994년 1월에 이슬람은행 간 시장이 개설되어 이슬람은행간 투자, 이슬람계 금융수단의 은행간 거래, 이슬람은행간 수표결제시스템 등을 운영하고 있다.

라. 단기금융시장증서의 거래

상업은행, 머천트뱅크, 금융회사 등은 각각의 예금(적정채무)에 대한 특정비율을 기초로 유동자산의 일정액을 유지할 의무가 있다. 재무부증서는 주별로 이루어지는 정기입찰에 의해 매각된다. 정부는 단기자금에 대한 투자자의 투자기회를 제공하기 위해 3년~5년 만기 정부증권을 추가로 발행하였으며, 중앙은행은 거래 활성화를 위해 재무부증서 및 정부증권에 대해 시장금리로 재할인하는 기능을 제공하였다.

중앙은행은 단기금융시장의 발전을 촉진하기 위해 1979년 5월에 새로운 금융상품인 은행인수어음과 양도성예금증서를 도입하였다. 1988년 6월에는 변동금리부 양도성예금증서, 정부투자증서 등이 추가로 도입되어 투자자들에게 투자포트폴리오를 위한 금융상품의 선택의 범위를 확대시켰다. 1994년에 이슬람은행들이 이슬람율법에 따라 유동자금을 투자할 수 있도록 한 무이자증서인 정부투자증서가 도입되었다.

2) 외환시장

가. 개요 및 현황

말레이시아는 1960년대에 Currency Board System이 외환운영을 관장하였다. 말레이시아의 외환시장은 1973년에 싱가포르와 일반금융협정을 체결하고, 변동환율 제도를 도입한 이후 급속하게 성장하기 시작하였다. 말레이시아에서는 상업은행에게만 외환을 거래할 자격이 주어진다. 중개인은 상업은행간의 거래에 대해 중개역할을 하는 것만 허용된다. 외환의 주요 매도자는 제조업체와 비은행 고객간의 거래는 은행협회에서 고시된 환율에 의해 이루어진다.

나. 중앙은행의 역할

외환시장에서 중앙은행의 역할은 안정적이고 질서 있는 시장상황을 조성하는 것이다. 중앙은행은 일반적으로 링깃화 가치의 움직임을 매일 안정적으로 유지시키기 위해 외환시장에 개입하고, 중앙은행은 상업은행의 불필요한 외환노출을 최소화하기위해 개별은행에 대한 open position의 한도를 설정한다. 중앙은행에 의해 실질적인 조건에서 open position은 그 통화로 현물 및 선물환으로서의 전체 자산의 차이이자 동일통화에 의한 현물 및 선물환에 대응하는 부채의 총계이다. 중앙은행은 외환시장에 질서 있는 운영과 발전을 보증하고 과도한 투기 및 과도한 노출위험을 방지하기 위해 외환시장의 운영상황을 예의주시한다.

다. 외환통제

말레이시아에서의 외환통제는 1953년 'Exchange Control Act'에 근거해 이뤄지지만 비교적 자유로운 편이다. 말레이시아의 외환관리법은 중앙은행에 은행의 외환거래 인가권을 부여하고 있다. 외환거래가 허용된 공인은행은 말레이시아로부터 자금의 이전 및 송금의 권한을 부여받으며, 말레이시아로의 자금유입이 자유롭게 허용된다. 외환통제수단은 주로 자금의 흐름에 대한 통제보다는 지급 및 수취의 결제에 대한 감독에 치중한다. 그러나 링깃화의 역외차입은 이루어지지 않고 있는데, 이는 링깃화의 국제화를 추진하지 않는 중앙은행의 정책과도 관련이 있다. 한편, 비거주자 소유기업은 국내에서 링깃 화를 차입할 수 있으나, 충분한 자본여력을 보유해야 할 뿐만 아니라 상당한 규모의 자금을 국내로 유입시켜야 한다.

주요 외환통제규정은 1994년 12월 1일부터 더욱 완화되었다. 가장 두드러진 변화 중 하나는 수출업자가 지정은행에 개설하고 있는 외환계정에 수출금약을 초과하여 외환의 일정부분을 보유할 수 있도록 허용했다는 점이다. 또한, 국내차입이 없는 거주자는 'overnight balance'의 제한 없이 지정은행이나 국내은행의 해외지점에 복수의 외환계정을 유지할 수 있다. 국내거주자들의 외화차입을 용이하게 하기 위해 외화차입 시 승인을 요하는 한도금액이 200만 링깃에서 500만 링깃으로 인상되었다.

거주자들은 공인 상업은행이나 공인 머천트뱅크를 통해 12개월을 초과하지 않는 단기외화 무역금융 퍼실리티와 보증 퍼실리티를 획득할 수 있다. 국내의 비거주자 소유기업은 통합한도 1,000만 달러까지 차입 퍼실리티를 국내에서 자유롭게 획득할 수 있다. 외국증권사나 환거래은행으로 차입 대상이 확대된 국내은행의 링깃화 차입 퍼실리티의 통합한도는 10만 링깃에서 500만 링깃으로 상향조정되었다. 또한, 정당한 직업을 가진 비거주자는 국내에서 거주용 부동산의 건축비용 및 구입비의 60%까지 차입할 수 있다.

7. 자본시장

말레이시아의 자본시장은 은행대출과 예금에 집중되어 있는 금융시스템에 다양한 대출 및 투자수단을 제공함으로써 지난 수년간 급속히 성장하였다. 말레이시아의 자본시장은 1년 이상의 만기를 가진 국채 및 회사채, 주식, 상품선물 등의 거래가 이루어지는 시장을 말한다. 자본시장은 주식시장을 중심으로 발달하였으며, 주식시장은 1980년대 들어 제도개선 및 각종 육성책과 경제성장에 힘입어 규모가 확대되기 시작하였다. 주식시장은 1973년 콸라룸푸르 증권거래소와 분리되면서 점차 자본시장의 중심적인 역할을 수행하기 시작하였다.

채권시장은 국공채를 중심으로 발전하였으며, 1차 시장(발행시장)에서 정부 및 기업에 의한 증권의 신규 발행은 일반적으로 투자자에게 직접 제공된다. 채권시장의 경우 국공채시장은 1980년 이후 중장기채권을 중심으로 발전하기 시작하였으며, 주로 연기금, 상업은행, 보험사 등이 참여하고 있다. 한편, 채권의 유통시장은 제도의 미비, 한정된 투자층 등으로 인해 발달이 미약한 상태이다.

1) 주식시장

가. 콸라룸푸르 증권거래소

말레이시아 주식중개인협회는 1937년에 설립되었으나, 공식적인 주식 및 채권의 거래는 1960년 5월까지 이루어지지 않았다. 1976년 'Securities Industries Act 1973'의 도입으로 인해 기존 거래소의 영업이 KLSE이라 불리는 주식회사 형태의 조직으로 양도되었다. 1870년대 이후 일찍부터 수많은 증권사들이 활동했으나, 1960년에 말레이시아 증권거래소가 설립된 이후 비로소 주식의 거래 및 인수가 이뤄졌다. 초기에는 말레이시아와 싱가포르 양국의 증권거래소는 합작방식으로 운영되어 콸라룸푸르와 싱가포르의 2개 거래소에서 동시에 거래가 이루어졌다. 현재 콸라룸푸르 증권거래소, 부미푸트라 증권거래소 등 2개의 증권거래소가 있다.

증권거래소의 운영은 기본적으로 'Securities Industry 1973'에 의해 통제되었다. 1968년에 설립된 Capital Issues Committee (CIC)는 증권거래소에 이미 상장되어 있거나 상장을 신청한 기업에 의한 주식 및 여타 증권의 발행을 감독할 뿐만 아니라 주식 발행의 시기를 규제한다. 1974년 Foreign Investment Committee (FIC)의 설립으로 인해 주식시장의 발전을 촉진하는 계기가 되었다.

나. 주식시장의 발전

말레이시아 정부는 인종간 부(富)의 공평한 분배를 목표로 1971년 신경제정책(NEP: 1971년~1990년)을 추진하여 기업이 발행한 주식의 최소 30%는 부미푸트라가 보유하도록 의무화했다. 그 뿐만 아니라 공모주를 부미푸트라에 우선 할당하고 있다. 주식시장의 발전은 1980년대에 들어 새로운 국면을 맞게 되었다. 1986년

인수합병위원회가 FIC를 대신하여 1985년의 수정법률을 집행하기 위해 설립되었다. 자본시장에 커다란 영향을 미친 중요한 발전은 1992년 'Securities Commission Act'가 의회에서 통과되어 1993년 3월 1일에 시장의 감시자로서 기능을 지닌 증권위원회의 설립이라 할 수 있다.

증권위원회는 Capital Issues Committee와 인수·합병위원회의 기능을 흡수한 것으로 주식산업, 금융선물, 단위신탁, 부동산신탁, 기업의 인수·합병 등에 대한 규제 및 발전에 책임이 있다. 물론 선물계약과 관련된 증권위원회의 기능 중 상품선물계약은 관할하지 않는다. 증권위원회의 설립으로 인해 말레이시아는 금융시스템을 효율적으로 규제·감독하는 2개의 주요기관을 보유하게 된 셈이다.

다. 주식시장의 현황

말레이시아 주식시장의 가장 큰 특징은 부미푸트라 자본을 육성하기 위해 말레이시아 국적을 가진 내국인에 한해 발행가격을 시장가격보다 낮게 설정하는 관행이 있다는 것이다. 또한 민영화가 지속적으로 추진되고 있다.

주식시장의 급성장은 1990년 싱가포르 증권거래소와의 중복상장이 금지되기 이전에 싱가포르 증권거래소에서 이루어졌던 외국인 우량주들의 거래가 콸라룸푸르 증권거래소로 유입되었기 때문에 가능했다. 주식시장에서는 주로 부동산, 유통 및 서비스, 2차산업 관련 종목들이 주로 거래된다. 정부정책이 경제성장 원동력으로서 민간부문 육성에 중점을 두고 있기 때문에 주식시장은 급속한 경제성장에 맞추어 지속적인 급성장이 예상된다.

라. 증권회사

말레이시아의 증권회사는 1985년 이후 신규 면허가 중단되었으며, 은행계를 비롯한 금융기관의 증권사에 대한 출자만 허용되고 있다. 1986년 이전에는 개인만이 증권회사를 소유할 수 있으나, 1986년 이후 증권회사의 법인화가 가능해져 외국인증권서 및 은행의 증권업 진출이 허용되었다. 또한 증권사의 지점설립도 1991년까지 허용되지 않았으나, 1992년 1월부터 지방도시에 지점의 설립이 허용되었다.

정부는 최근 증권사의 최초 납입자본금을 30,000만 링깃으로 인상함에 따라 지방의 중소 증권사들이 콸라룸푸르 대형 증권사들의 자본참여를 원하고 있어 증권업계의 재편이 예상된다. 말레이시아는 위탁, 인수, 자기매매 등이 가능한 중개종합증권사의 개념을 지닌 증권회사는 없다. 현재, 말레이시아에는 100명 이하의 중소 증권사가 대부분이고, 국채와 회사채를 거의 취급하지 않는다.

2) 국공채시장

말레이시아의 국공채시장은 정부가 장기자금을 조달하기 위해 매년 수차례에 걸쳐 발행하는 Malaysia Government Securities (MGS)와 매주 또는 격주, 월간으로 발행하는 Treasury Bills로 구성된다. 말레이시아의 정부증권시장은 규모가 점차 확대되어 현재 국내 자본시장에서 가장 중요한 위치를 차지하고 있다. 정부증권시장의 성장은 70년대 말부터 시작되었으며 정부증권의 전체 유통규모는 1970년대 말 35억 링깃에서 2000년 말 1,2000억 링깃으로 늘어났다.

3) 회사채시장

1980년 최초로 회사채가 발행된 이후 회사채시장은 기업의 자금조달원으로서 점차 중요성이 증대되고 있으며, 1987년에 Cagamas에 의해 발행된 주택담보채권이 회사채시장의 발전에 주요한 전환점이 되었다. 자본시장 활성화 방안의 일환으로 1989년 1월부터 발효된 지침을 통해 채권발행의 기본적인 법적, 행정적 구조를 명확히 하였으며, 회사채 발행요건은 중앙은행의 승인을 거쳐 변경이 가능하며, 주요 발행요건은 다음과 같다.

- 발행자의 주주자본금이 최소 2,500만 링깃은 되어야 한다.
- 발행규모가 최소 5,000만 링깃이어야 한다.[78)]
- 만기가 최소 3년이어야 한다.
- 액면금액이 증서는 1,000링깃, 채권은 50,000링깃이어야 한다.
- 상환절차와 자금원이 상세하게 제시되어야 한다.
- 발행자의 채권대 주식 비율이 통상 2:1을 초과해서는 안 된다.
- 비거주자 서유의 기업이 발행한 채권은 60:40의 규정[79)]을 준수해야 한다.
- 발행의 주간사는 항상 발행에 대해 이중시세를 제공해야 하며, 주간사는 공인된 수탁자로서 임명될 자격을 갖추어야 한다.

초기에는 회사채 발행 및 거래에 대해 높은 인지세와 중개 수수료가 부과되어 시장의 발전을 가로막았으나 1991년부터 사채에 대한 개인투자를 촉진하기 위해 상장기업에 의해 발행된 보통채권이나 전환사채로부터 개인이 얻는 이자는 소득세가 면제되고 있

78) 1990년에 2,500만RM으로 조정되었다.

79) 국내은행으로부터의 자금조달 60%, 외국은행으로부터 40%

다. 또한 콸라룸푸르 증권거래소는 무보증전환사채나 신주인수권부사채의 거래 및 상장을 허용하였다.

회사채시장에서의 또 다른 발전은 1990년 이후 공동참여와 거치판매를 기초로 한 이슬람원리에 의한 채권발행이며, 1990년 11월 투자자에게 채권발행의 안전성 여부에 대한 정보를 제공하기 위해 신용등급평가기관인 Rating Agency Malaysia (RAM)이 설립되었다.

제 6 장

라부안 역외금융센터

1. 개요

말레이시아는 동남아 국가들 중에서 비교적 잘 발달된 금융제도를 보유해 그 동안 국제금융시장에서 나름대로 주요 역할을 수행해왔다. 1990년 10월 말레이시아는 홍콩의 중국반환을 계기로 라부안을 역외금융중심지로 육성하기 위해 이 지역을 국제역외금융센터(IOFC : International Offshore Financial Center)로 지정하고 인프라 개발에 힘쓰는 등 사업환경개선에 노력해왔다. 라부안은 사바주에 속하는 보르네오 섬 북부에 위치한 작은 섬으로 정부의 개발과 지원에 힘입어 공항, 항만, 도로 등 사회기반시설이 잘 정비되어있다.

또한 말레이시아 정부가 이 지역을 역외금융센터로 육성하는 것은 동부 말레이시아 개발에 필요한 자본조달 측면도 있다. 정부는 말레이반도와 동부 말레이시아의 균형개발 측면에서 제8, 9차 경제개발 5개년(2001년~2010년) 기간 중 보르네오 섬 개발을 주요 과제로 삼고 있다.

라부안 역외금융센터도 이러한 계획 하에 개발되었다고 봐도 무방하다. 라부안이 역외금융센터로 주목받고 있는 것은 이 지역의 지정학적 위치뿐만 아니라 자유로운 영업환경, 엄격한 비밀보장, 내국인에 적용되는 자본조달규제의 면제, 정부의 조세유인책 등에 기인한다. 특히 기업의 자료에 관한 공개조사의 제한과 주주 구성, 실질소유주, 사업관계 등에 관한 공개 금지, 그리고 기업의 재무상황 등에 대해 적법하지 않은 공개를 금지함으로써 비밀을 철저하게 보장한다. 주요 우대조치로는 예금이자의 원천과세 면제, 법인세 경감, 배당에 대한 면세 등이다. 또한 금융기관은 법인세만 부담하면 되며, 납부방법도 이익금의 3%나 2만 링깃 중 선택할 수 있다.

역외국제금융센터의 출범이래 다수의 역외은행, 신탁회사, 회계법인, 보험회사, 여타 금융기관들이 업무를 수행해 왔다. 1995년 말 역외금융의 중심지 역할을 수행하게 된 Financial Park가 완공되었으며, 2000년 8월 현재 영국, 독일, 스위스, 미국 등 47개 외국계 은행을 포함하여 50개의 은행이 진출해 있을 뿐만 아니라 다수의 외국기업들이 진출해 있다.

2. 자격요건

역외금융업을 수행하고자 하는 기업은 관련 법률에 의거하여 역외 또는 해외 역외기업으로서 법인화 하거나 등록해야 한다.

첫째, 역외은행업 면허는 중앙은행에 신청한다.

둘째, 신청서, 일정 서류, 지급보증서, 인수증 등을 제출해야 한다.

셋째, 최소 1,000만 링깃 또는 그에 상당하는 외화를 납입자본금과 적립금을 확보해야 면허가 승인된다.

국제역외금융센터 활동 관련 법률은 다음과 같다.

첫째, 역외기업에 관한 법률
둘째, 라부안 신탁회사에 관한 법률
셋째, 역외금융에 관한 법률
넷째, 라부안 역외사업 과세에 관한 법률
다섯째, 라부안 역외사업 소득세에 관한 개정 법률

말레이시아 금융기관을 통제하는 은행 및 금융기관에 관한 법률(BAFIA 1990)은 라부안의 역외은행에 적용되지 않는다.

3. 주요업무

라부안 국제 역외금융센터는 국내외 기업들과 투자자들에게 은행업, 보험, 이업자금 조달, 신용기능, 투자, 신탁관리, 전문적 금융서비스, 기타 금융 및 투자관련 행위 등에 있어서의 국제적인 영업활동 및 거래를 제공하고 있다.

말레이시아 거주자 및 비거주자들은 외화로 예금계정을 개설할 수 있다.

첫째, 예금의 이자에 대해 세금이 원천 징수되지 않는다.

둘째, 말레이시아 거주자는 이자에 대해 세금을 내지 않고 국내로 이자를 송금할 수 있다.

국내 및 해외기업은 장·단기 자금조달, 프로젝트금융, 신디케이션 대출, 상업대출 등에 대해 복수 통화로 대출이 가능하다.

라부안의 역외은행은 비거주자와 승인된 은행과의 외환거래가 가능하다.

고객들은 당좌계정을 개설할 수 있으며[80], 지급 및 자금 이체는 고객의 서명에 의해 이루어진다.

무역금융을 통해 신용자, Clean and Documentary Collections, Trust Receipts, Bankers Acceptances 등을 이용할 수 있다. 금융기능은 말레이시아 링깃 화보다 미 달러화 등 주요통화로 제공된다.

송금은 국제결제 및 국제인수로 이용이 가능하며, 고객은 현물 및 외환선도환거래, Swaps 등을 통해 외화를 매매할 수 있다.

투자를 목적으로 고객은 국제 주식시장에서 외국주식을 매매할 수 있으며, 역외은행은 종목 추천 서비스를 제공한다.

역외은행은 연금기금, 부유층 개인고객 등을 대상으로 포트폴리오관리와 투자은행 업무를 제공한다.

부유한 개인고객은 역외은행과 그들의 국제적인 영업망을 이용한 '프라이빗 뱅킹'기능을 제공받는다.

단 다음에 열거한 금융활동은 허용되지 않는다.

첫째, 외화수표에 대한 수표교환제도가 없기 때문에 역외은행은 자금을 예금계정이나 차입금계정으로 수취할 수 없다.

둘째, 돈세탁과 같은 불법 활동의 중심지가 되는 것을 방지하기 위해 역외은행은 비실명계좌를 개설할 수 없다.

셋째, 역외은행은 라부안 이외의 말레이시아에서 역외은행업을 수행하는 것이 금지되어 있으며, 라부안 내에 영업본점 이외에 다른 사무소를 개설할 수 없다.

---

80) 단 수표발행은 불허

4. 조세피난처에 대한 국제적인 규제 움직임

자본이동 자유화에 따라 국경간 자본이동 활발해지면서 조세피난처를 이용한 자본거래가 급증하는 추세이다. 조세피난처는 기업에 대한 세금이 낮거나 아예 없으며, 비실명 금융거래를 보장함으로써 다국적 기업이 조세회피나 돈세탁의 목적 등으로 이용하고 있다. 미국을 비롯한 선진국들은 조세피난처가 자국의 과세기반을 잠식하여 불법자금의 온상이 되고 있음을 지적하고 이에 대한 규제책을 강구 중이다.

1) OECD의 규제 작업 동향

1996년 G7 정상회담 및 재무장관회의에서 미국이 문제를 제기한 후 그해 말 경제협력개발기구(OECD)에서 본격적으로 작업에 착수하였고, 미국은 OECD의 작업과 별도로 조세피난처 명단 공표와 이 지역을 거쳐 가는 투자에 대해 신고를 의무화하였다. 1998년 'Harmful Tax Competition'이란 보고서를 통해 조세피난처로 인해 폐해 시정의 필요성을 역설한 데 이어 2000년 6월 'Progress on Identifying and Eliminating Harmful Tax Practices'보고서를 통하여 35개국 조세피난처 국가의 명단을 발표하였다.

또한, OECD에서는 조세피난처의 확산을 방지하고 조세피난처를 활용할 자본거래를 억제하기 위하여 다자간 협력방안을 제시하고 있다. 이와 같은 협력방안은 다음과 같은 원칙을 기반을 하고 있다. 이와 같은 협력방안은 다음과 같은 원칙을 기반으로 하고 있다.

첫째, 조세피난처의 리스트를 작성하고 그 리스트에 포함된 국가들과 지속적으로 대화하여 유해한 조세제도를 개선하도록 한다.

둘째, 조세제도의 개선을 거부하는 조세피난처들과는 조세조약을 체결하지 않으며, 이들 국가에 투자한 기업에 대해서는 세무조사를 강화하는 등의 방법으로 이들 국가를 통한 조세회피를 억제한다.

OECD가 정의하는 조세피난처는 조세에 민감하게 반응하는 금융 및 기타 서비스 소득에 대한 세 부담이 없거나 매우 낮으며 국제거래를 통한 조세회피의 유인을 제공하는 지역을 의미한다. 여기서 세 부담이 없거나 매우 낮다는 것은 금융 및 기타 서비스 소득에 대해 조세를 부과하지 않거나 명목상 부과하더라도 각종 조세특혜를 통해 실질적인 세 부담이 거의 없도록 하는 것을 의미한다. 국제 거래를 통한 조세회피의 유인을 제공하는지 여부는 다음에 제시하는 세 가지 조건에 의해 판단한다.

첫째, 정보교환의 미비

둘째, 조세제도의 투명성 부족

셋째, 실질적 경제활동의 부재. 즉, 해당지역에서 실질적인 경제활동을 하지 않고 수동적 투자 또는 명목적인 이윤을 기록하는 장소로 이용 가능한 지역.

이와 같은 기준에 따라 OECD는 총 47개의 협의지역을 선정하여 조사한 후 이들 국가 중 조세제도를 개선하겠다는 약속을 하지 않은 조세 피난처 35개의 리스트를 2000년 6월에 발표하였다. 이들 국가에 대해서는 1년간의 유예기간을 두어 유해한 조세제도의 개선여부를 타진한 후 2001년 7월에 비협조적인 조세피난처를 확정하여 발표했다. 확정된 비협조적 조세피난처에 대해서는 조세조약을 체결하지 않고, 이들 국가에 투자한 거주자에 대해 세무조사를 강화하는 등 조세회피를 목적으로 하는 자본거래를 억제하기 위해 회원국들이 공동으로 노력을 전개해 나가게 된다. 제도개선을 약속하여 비협조적인 조세피난처에서 제외된 국가들은 OECD가 정한 일정에 따라 제도를 개선해야 한다.

OECD는 또한 회원국들도 자국의 조세제도 중 유해한 조세경쟁을 유발하는 제도가 있는 경우 이를 일정 기간 내에 개선할 것을 요구하고 있다. 유해조세제도는 세 부담이 전혀 없거나 실효세율이 매우 낮으며 조세회피의 기회를 제공하는 결과를 초래하는 조세제도를 의미한다. 회원국의 유해조세제도는 주로 역외금융을 포함하는 금융·보험업, 사업본부, 지주회사, 분배센터, 서비스센터, 운송업 등에 대한 조세지원으로 2000년 6월까지 60개의 잠재적인 유해조세제도 리스트를 작성하였으며, 우리나라의 역외금융에 대한 법인세 면제도 이에 포함되었다. 조사를 통해 실제로 유해성이 인정될 경우 회원국들은 2010년까지 이 제도들의 유해성 요인을 없애야 한다.

2) OECD에 비협조적 조세피난처 제재조치 약화전망

경제협력개발기구(OECD)가 국가간 조세감면경쟁을 규제하기 위해 제정한 이른바 '비협조적 조세피난처' 판정기준이 당초보다 약화되고 제재일정도 연기된다. OECD는 행사 전날 이사회를 열어 비협조적 조세 피난처 판정기준에서 '상당수준의 기업 활동 부재' 기준을 폐지하기로 했다. 그리고 제도개선 약속시한을 2002년 2월말로 7개월 연기하는 내용을 골자로 하는 '금융·서비스부문 유해조세 경쟁규제를 위한 2001년 보고서'를 채택했다.

'비협조적 조세피난처'란 조세피난처 중 조세행정 투명성 및 과세정보 교환 개선약속이 없는 국가로 OECD는 2001년 5월 35개

비회원국 조세피난처 국가명단 및 21개 회원국의 47개 유해조세제도를 잠정 확정한데 이어 2001년 7월말까지 제재조치를 실시하기로 한 바 있다.

3) 한국의 경우

조세피난처 지역의 금융정보 및 조세정보가 투명해지는 경우 해당지역을 통한 불법외환거래의 적발·조세피난처 세금 부과 등이 보다 용이할 것으로 기대된다.

국내법인의 조세피난처에 가공회사를 설립하여 이 곳에 소득을 유보하는 경우 이 유보 보득은 해당 국내법인에 배당한 것으로 간주해 과세하게 되는데 지난 1997년부터 이 제도가 시행중이다.

또한 이 지역으로부터 유입되는 외화 출처를 분명히 함으로써 핫머니나 검은 자금의 유입도 사전에 인지할 수 있게 된다. 그러나 조세피난처를 통하여 들어오던 외국인투자에 다소 영향을 줄 수 있을 소지는 어느 정도 있어 보인다. 참고로 2000년 중 조세피난처를 통해 우리나라로 들어온 외국인직접투자는 신고기준으로 30억 달러로 총 157억 달러의 외국인 직접투자 중 19%에 이르렀다.

한편 2002년에 들어서면서 OECD 비협조적 조세피난처에 대한 제재조치의 약화가 전망되고 있는 실정이다. 우리나라의 경우 외국환 은행의 역외금융소득에 대해 법인세를 감면하는 제도가 '유해조세제도'로 판정됐으며, OECD가 발표한 35개 조세피난처 중 이달까지 바레인, 버뮤다 등 12개 조세피난처는 제도개선을 약속했다. 정부는 향후 회원국에 대한 유해조세제도 규제 작업은 계획대로 진행할 움직임을 보이고 있다. 그러나 이번 조세피난처 판정기준변경으로 35개 조세피난처중 일부가 최종명단에서 제외되는 등 비회원국 조세피난처에 대한 제재작업의 실효성이 약화될 가능성이 높아 보인다.

◈ 라부안에 한국계 유령회사 몰려든다!

말레이시아의 수도 콸라룸푸르에서 비행기로 2시간 반 남짓 남지나해를 날아가다 보면, '라부안'(Labuan)이라는 조그만 섬이 나온다. '라부안'이란 말은 말레이시아 말로 '항구'라는 뜻. 한낮에는 35도를 넘는 무더위로 거리가 텅 비는, 아름다운 휴양지다. 이 라부안의 번화가인 잘란 메르데카가에는 17층짜리 하얀 빌딩이 한 채 서 있다. 겉으로만 보면 다른 빌딩과 다를 것이 없지만, 이 17층 오피스 타워 하나에 무려 수천 개의 회사가 둥지를 틀고 있다.

<그림> 말레이시아 라부안

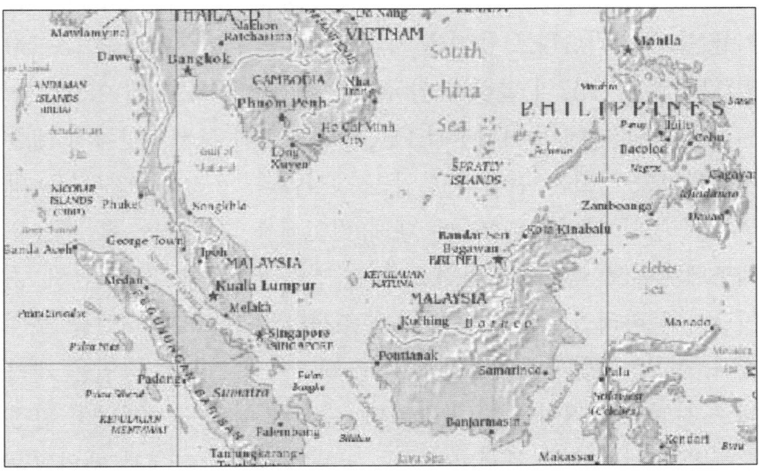

한 층에 수백 개씩의 회사가 어떻게 세들어 살 수 있을까?

대답은 간단하다. 대부분의 회사들이 사무실도 직원도 없는 '유령회사'(페이퍼 컴퍼니)이기 때문이다. 이 빌딩은 아시아의 돈줄을 흔드는 '역외펀드'(off-shore fund)들의 총 본산지로 유명한 곳이다. 라부안에 적만 두고 있을 뿐, 실제로는 베일에 가려 있는 아시아 '전주'들의 자금이 들어오고 나가는 금융창구다. 요즘 이 곳 라부안에 한국인들의 역외펀드가 다시 한번 몰려들고 있다. 역외펀드란 국내에서 자금이 조성되는 역내펀드와 달리, 자산운용상의 규제가 거의 없는 외국(제3국)에 설립되는 투자 펀드(회사)를 말한다. 역외펀드는 대체로 세금이 면제되는 '조세피난처'(tax haven)에 설립되는 것이 보통이다.

말레이시아 라부안, 아일랜드 더블린, 중남미의 버뮤다, 영국령 버진 아일랜드 등이 국제 금융시장에서 이름이 유명한 역외펀드 설립 지역이다. 역외펀드를 설립하면 전주들의 익명성이 보장되기 때문에 국내 재벌기업이나 금융기관들이 해외투자를 할 때 가끔 이 같은 기법을 사용한다. 그러나 문제는 조세피난처에 설립된 한국계 역외펀드들이 외국인 투자자로 둔갑한 후 다시 서울 증시로 돌아와 '주가 조작', '편법 외자유치'와 같은 불법사례를 저지르는 일이 많다는 점이다. 역외펀드는 지난 99년 불법 자금운용에 관한 금융 감독원의 집중적인 조사를 받고서 일시 잠잠해지는 듯 했으나, 최근 들어 다시 일부 재벌기업과 벤처기업을 중심으로 설립 붐이 일어나고 있다.

'라부안 오프쇼어 파이낸셜서비스(LOFSA)' 가잘리 누어(Ghazali Noor) 매니저는 "아시아 금융위기 시절에는 잠시 주춤했지만, 최근 다시 등록기업 수가 늘어나고 있다"며 "라부안에서 말레이시아와 한국 기업인이 가장 큰 고객"이라고 말했다.

LOFSA의 통계에 따르면 지난해 말 기준으로 라부안에 등록된 기업은 2,309개에 달한다.

이중 현지에 사무실을 실제로 보유한 은행·보험사 등 200여개를 제외하면, 약 2,100개 기업이 서류상으로만 존재하는 페이퍼 컴퍼니들이다.

비록 한국인은 라부안의 '큰 손'이지만 현지에서 한국인의 그림자를 찾기는 쉽지 않다.

한 택시 운전사는 "한국인들은 거의 찾아보기 힘들고, 주로 서양 관광객들과 동남아 금융인들이 많이 온다"고 말했다.

어떻게 이런 현상이 발생하는 걸까. 이는 라부안을 찾지 않아도 역외펀드를 전문적 등록해주는 '위탁 기업'(trust com pany)에 수수료만 내면, 금새 유령 회사를 만들 수 있기 때문.

홍콩 타이거아시아캐피탈사 케이 리 사장은 "홍콩 등지에서 변호사에게 1만 달러만 주면 다음 날까지 페이퍼 컴퍼니를 만들어 준다"며 "마치 기성복을 사는 것처럼 단 하루면 회사 하나를 만들 수 있다"고 밝혔다.

하지만 이런 역외펀드들은 서울 주식시장을 교란시키는 불청객이 되고 있다. 베일 뒤에서 얼굴을 가린 채로 거액을 주무를 수 있다는 점을 악용, 부도덕한 일부 기업인들이 주가조작이나 불법 외화유출에 악용하고 있기 때문이다.

한국기술투자 서갑수 회장은 지난 96년 5월 '아시아퍼시픽얼라이언스인베스트먼트'(APAI)라는 페이퍼 컴퍼니를 설립한 뒤 국내 은행의 보증을 받아 현지 금융기관에서 2000만 달러를 빌렸다. 서 회장은 이 자금으로 한국기술투자·아시아넷 등의 주식에 투자해 발생한 이익금을 빼돌린 혐의를 받고 있다.

국제금융 전문가인 김석기 전 중앙종금 사장(현 홍콩 거주)도

역외펀드 설립과 운용에 상당히 밝은 사람으로 알려져 있다. 그는 한누리증권 사장 재직시절 말레이시아에 적을 둔 「퍼시픽 이글」「퍼시픽 레인보우」 등 여러 개의 역외펀드 설립에 관여했으며, 골드뱅크가 99년 외자유치를 할 때 말레이시아 라부안 지역의 역외펀드 자금을 소개를 한 것으로 알려져 있다.

또 지난 98년 현대그룹은 라부안에 역외펀드를 설립한 뒤, LG 반도체와의 '빅 딜'(big deal)을 앞두고 있는 현대전자의 주식을 대거 매집하는 방법으로 주가를 조작했다. 쉽게 말해 현대그룹의 자금을 외국인 투자자금으로 둔갑시켜 마치 외국인이 주식을 산 것처럼 주가조작을 시도한 것.

당시 서울 주식시장에서는 '외국인들이 현대 주식을 매입한다는 소문이 돌았지만, 돈이 들어온 나라를 체크해 보니 '말레이시아' 자금이 대부분이었다. 외국계 자금이라고 포장은 돼 있지만, 실제로는 한국계 자금인 '검은머리 외국인'이었던 것이다.

역외펀드가 주가 조작의 온상이 되는 이유는 자금 조달이 쉬운 데다, 외국인 투자자금으로 위장할 수 있기 때문이다. 또 우리나라 금융당국의 감독이 미치지 않기 때문에 외국은행에서 돈을 거의 무한대로 빌려 투자자금을 자본금의 수백 배까지 '증식'(leverage) 할 수 있는 이점이 있다. 최근 라부안에 한국계 역외펀드들이 크게 늘어나고 있다는 것은, 반대로 서울 주식시장을 교란시키려는 세력이 준비작업에 나섰다는 얘기도 된다고 전문가들은 지적한다.

KTB자산운용 장인환 사장은 "역외펀드를 통해 조성한 국내자금으로 CB(전환사채)나 BW(주식인수권부사채)를 사들인 뒤 이를 외자유치로 선전하는 사례도 있다"며 "조세피난처에서 역외펀드 자금이 들어오면 일반 투자자는 일단 경계해야 한다"고 말한다.

- 조선일보 2001.05.09 -

제 7 장

외환위기 이후 금융시장의 동향

1. 동남아 금융위기의 영향

말레이시아는 1997~98년의 경제위기 이후 급속한 경제성장, 주식 및 부동산 가격의 급등, 금융기관들에 대한 건전성 감독 강화 등으로 인해 은행 시스템의 건전성이 크게 제고되었다. 부실대출의 비율이 1987년 35%에서 1997년 중반에는 3.6%로 크게 낮아졌으며, BIS자기자본비율도 1997년 중 적정수준에 이르는 등 자산건전성이 개선되었다.

그러나 1997년 7월 태국 바트화의 평가절화를 시발점으로 동남아 금융위기가 촉발되어 증권시장 및 외환시장이 심각한 타격을 입음에 따라 금융시스템이 매우 취약해졌다. 부채의존도가 높은 경제구조와 부동산 및 증권시장에 대한 위험노출이 가장 중요한 문제로 부각되었다.

이러한 문제를 해결하기 위해 말레이시아 중앙은행은 1997년 10월 은행의 총여신 증가율을 1997년 중 20%, 1998년 중에는 15% 이내로 제한하기 위해 은행별 여신운용계획을 제출하도록 하는 지도기준을 마련하였다. 이와 같은 조치에도 불구하고 1996~1997년 중 대출은 매년 전년대비 30%나 증가해, 2000년 말 상업은행의 총 대출에서 부동산부문이 32%, 증권부문이 14.5%, 소자금융부문이 13.5%를 차지하고 있다.

또한 동남아 금융위기의 시작과 더불어 은행 및 여타 금융기관의 수익성 및 자산 건전성이 급격하게 악화되었다. 1997년 6월말 3.6%였던 부실대출비율이 1997년 연말에는 5.7%로 상승하였다. 3개월 이상 연체된 대출을 부실대출로 분류하는 보다 강화된 건전성 분류 기준에 의하면 1998년 3월말 부실대출비율이 9.3%에 달해 1997년 연말의 6.7%에 비해 크게 상승하였다.

1997년 말 전체 은행의 BIS자기자본비율은 1997년 주식관련 대출에서의 대규모 손실 발생에도 불구하고 1996년 연말과 동일한 10.6%를 유지하였다. 1997년 말 2개 은행 및 3개 금융회사의 BIS자기자본비율이 8%를 밑돌았는데, 향후 부동산관련 부실대출 증과와 증권 자회사의 손실 증가로 인해 BIS자기자본비율이 8%를 하회하는 금융기관들의 수는 더욱 늘어날 것으로 예상된다.

정부는 1998년 5월 20일 부동산 가격의 급격한 하락을 방지하기 위해 외국인 투자자의 경우 해외조달자금으로 65,000달러 이상의 주거용 및 상업용 부동산을 무제한적으로 매입할 수 있도록 허용하였다.

한편 1997년 7월 이후 아시아의 금융위기가 본격화된 지 1년이 지난 1998년 7월 말레이시아를 비롯한 아시아 각국의 경제상황은 더욱 악화되었다. 1998년 1/4분기 및 2/4분기 GDP 성장률은 전년동기대비 각각 -2.8%, -6.8%를 기록하여, 1998년 상반기 중 GDP 성장률이 당초 예상치인 -5.7%를 크게 못 미쳤다.

이와 같은 경기침체는 신용경색에 따른 기업부도의 증가 및 내수부진에 기인한 것이라 할 수 있다. 그리고 자동차, 철강 및 비금속광물 등 내수에 크게 의존하는 산업의 성장률이 급격한 감소세로 전환되었다. 1997년 11월 이후 자금부족으로 인해 정부가 주도하고 있는 180여개에 달하는 주요 건설 프로젝트들의 무기한 연기로 인해 건설 및 관련업종이 크게 위축되었다. 대형 모노레일 건설공사가 중단되었으며, 철도망의 중심 터미널 역할을 하게 될 콸라룸푸르 중앙역사의 건설도 중지되었다.

1998년 7월에 예정되어 있던 20억 달러 규모의 해외기채 실패로 인해 금융기관의 부실채권 처리계획에 차질이 빚어짐에 따라 기업들의 자금 사정이 악화되었으며, 이로 인해 기업의 부도율도 증가하였다. 1997년 2월 이후 회의신청에 해당하는 말레이시아 '회사법 176조' 적용을 신청한 상장기업의 수는 약 30개에 달한다. 마하티르 총리의 적극적인 후원으로 <국민가전 프로젝트>를 추진했던 가전업체도 파산하였으며, 대형 통신서비스회사도 회사법적용을 신청하였다.

말레이시아 중앙은행은 신용경색을 해소하기 위해 지속적으로 노력하고 있다. 중앙은행은 1998년 2월 금융기관의 여신확대를 유도하기 위해 지급준비율을 13.5%에서 10.0%로 인하하는 한편, 시장개입금리를 11.0%에서 10.0%로 인하하였다. 또한 경기침체 심화 및 금융기관의 대출기피가 확산되자 같은 해 6월에는 지급준비율을 10.0%에서 8.0%로 추가 인하하였다.

이러한 중앙은행의 금융완화기조에도 불구하고 금융기관들의 신규대출 억제로 인해 기업부도가 증가하고 소비 및 투자를 중심으로 내수가 크게 위축되었다. 1997년 1월 말 연 10.18%를 기록했던 상업은행의 평균 대출금리는 1998년 6월말에 13.51%로 상승하였다. 상업은행으로부터의 차입비용은 같은 기간동안에 약 239억 링깃에서 약 401억 링깃으로 급증하였다.

외환위기 이후 말레이시아에서는 금융시스템의 유동성 부족으로 인해 기업의 사업추진을 위한 자금부족을 초래되고, 이로 인해 기업의 수익이 악화되어 파산함으로써 은행의 부실채권이 증가하는 악순환이 계속되고 있다. 신용경색에 따른 기업부도의 증가로 인해 금융기관의 부실여신비율은 1997년 4/4분기 이후 급격하게 높아져 1998년 6월 말 약 8.9%를 기록하였고 1998년 연말에는 약 20%에 달했다.

부실여신 처리와 관련된 이러한 일련의 조치로 인해 1998년 2/4분기 중 금융기관의 BIS 자기자본비율은 11.2%로 1/4분기의 11/1%에 비해 다소 높아진 것으로 나타났으며, 하반기 중에는 더욱 개선될 것으로 기대를 모았다.

<표 7-1> 상업은행으로부터의 차입비용 현황

(단위 : 억 링깃, %)

1996년 12월	1997년 3월	1997월 6월	1997년 9월	1997년 12월	1998년 3월
81.63	79.78	92.42	91.41	141.59	222.78

자료 : 한국금융연구원, 「동남아 주요국의 금융제도」1999

<표 7-2> 상업은행의 부실여신 추이

(단위 : 억 링깃, %)

	1997년 1월	1998년 6월
상업은행의 여신규모	2,351	2,966
평균대출금리	10.18	13.51
상업은행으로부터의 차입비용	239	401
차입비용의 대GDP 비율	8.5	15.0

자료 : 한국금융연구원, 「동남아 주요국의 금융제도」1999

한편 말레이시아 경제가 본격적인 침체국면에 진입했음에도 불구하고 국제수지 불균형에 따른 문제가 발생할 가능성이 높지 않은 것으로 나타났다. 국제원자재가격의 하락과 더불어 말레이시아의 주요 수출 시장인 아시아 경제가 극심한 경기침체에 직면함에 따라 수출증가세가 둔화될 것으로 예상되었으나 소비 및 투자를 중심으로 한 내부수진으로 인해 수입이 금감 할 것으로 예상되어 경상수지는 흑자를 나타내었다. 다만 민간외채 50% 이상을 점하는 만기 1년 이하 단기외채의 만기구조 불일치에 따른 외화유동성 위험은 상존하였다.

당시 말레이시아 중앙은행은 1998년 하반기 중 GDP 성장률이 1998년 상반기에 비해 다소 개선될 것으로 믿고 있었다. 이에 대한 배경으로 말레이시아 정부와 중앙은행이 내수 진작을 위해 재정지출확대 및 금융 완화기조를 더욱 강화해 나가기로 결정하였기 때문이다. 예를 들어 말레이시아 중앙은행은 1998년 8월 중 금융기관의 지준율을 8.0%에서 6.0%로 2.0%p 인하하기로 결정하였고, 시장개입금리도 10.0%에서 9.5%로 낮추기로 하였다. 말레이시아 중앙은행은 그러한 조치로 인해 금융부문에 약 80억 링깃 규모의 여유자금이 발생하였다.

2. 금융기관 간 합병 가속화

1997년 7월 태국에서 촉발된 아시아 금융위기는 아시아 각국의 경제 및 금융에 심각한 타격을 주었다. 말레이시아에서도 부실 금융기관을 정리함으로써 자국 금융시스템의 안정을 도모하기 위해 재무부 및 중앙은행의 주도하에 금융기관 간 재편이 가속화되었다. 1998년 들어 공식적으로 확인된 금융기관 간 합병 교섭은 4건이나, 대형 금융기관들을 중심으로 다수의 합병 교섭이 진행되었다. 1998

년 들어 최대의 이슈로 부상한 합병교섭은 금융재벌인 Rashid Hussin Bhd.(RHB)의 계열사인 RHB Bank와 Bank of Commerce의 합병 논의이다. RHB Bank는 1997년 DCB Bank와 Kwong Yik Bank가 합병한 은행이다. Bank of Commerce는 Lenong Group의 금융주식회사인 Commerce Asset Holdings의 자회사이다.

해당 합병교섭은 Lenong Group의 RHB의 대주주로 있어 원활하게 진행되어 자산규모면에서 620억 링깃으로 Malayan Bank에 이어 말레이시아 2대 은행으로 부상하였다. 또한 국립저축은행(Bank Simpanan National)의 산하에 있는 BSN Commercial Bank도 1998년 3월말을 목표로 중견은행인 Oriental Bank와 합병교섭을 진행하였다.

당시 중앙은행은 3월말까지 국내 금융기관을 6~7개의 그룹으로 통합하려는 계획을 추진하였고, 이러한 방침에 따라 대형은행인 Malayan Bank, Arab Malaysian Bank 등도 내부적으로 여타 금융기관과의 합병을 추진하였다. 금융당국은 1998년 5월 21일 금융기관들의 합병을 추진하기 위해 금융기관의 부실자산을 관리처분 할 자산관리공사(Asset Management Company)의 설립을 발표하였다. 그러나 30% 이내로 제한되어 있는 외국인 주식소유규제에 대한 완화조치가 선행되지 않으면 합병이 활성화되기는 어려울 것으로 전망되었다.

한편 중앙은행은 1998년 3월 말 39개 사인 금융회사를 합병을 통해 최종적으로 6사 체제로 재편하는 작업을 추진하였다. 중아은행은 금융회사의 재편을 통해 이 회사들의 자기자본비율을 8% 이상에서 1999년에는 10% 이상으로 높일 수 있을 것으로 보았다. 또한 최소자본금도 기존의 500만 링깃에서 2000년부터 6억 링깃으로 상향조정했다.

자동차관련 대출 등 개인고객 위주의 소매금융을 주 업무로 하는 금융회사의 1997년 말 부실채권비율이 7.8%로 은행의 5.0%에 비해 높아, 금융시스템의 효율성 제고를 위해 금융회사의 재편을 서두르고 있다. 정부는 금융회사의 재편 추진과 관련하여 피합병 금융회사의 자산이 1년 이내에 부실화될 경우 보상을 약속하고, 자산실사과정 등을 거쳐 승인하였다. 따라서 대부분의 금융회사가 국내 또는 외국 계 은행에 흡수 합병되었고, 합병되지 않는 금융회사들은 BIS자기자본비율을 1998년 연말까지 9%, 1999년 연말까지 10%로 유지하였다. 이 조건을 충족시키지 못할 경우 자산보전처분 또는 청산 등을 통해 정리절차를 받았다.

1998년 3월말 20건의 합병계획이 표면화되었고, 이러한 합병계획이 모두 실현되면 금융회사는 39개에서 8개로 급감한다. 이 중에서 14건은 은행에 의한 금융회사 자회사의 흡수합병계획이고, 나머지 6건은 계열을 초월한 금융회사 간 합병이다. 모 은행에 흡수 합병되는 금융회사는 Phileo Alliance (Malaysia), Southern Finance, Hock Hua Finance, RHB Finance, Sabah Finance, Chew Geok Finance, Oriental Finance, Multi-Purpose Finance, Kewangan Utama, BSM Finance 등 10개의 국내 은행 계열사와 HSBC Finance, United Overseas Finance, OCBC Finance, UBO Finance 등 외국계 은행 계열사 4개 등이다. 반면에 나머지 금융회사는 Mayban Finance, Hong Leong Finance , Arab Malaysian Finance 등 대형금융그룹의 계열사를 주축으로 6개의 금융회사로 재편되었다. 1998년 3월 30일 Arab Malaysian Finance 는 3개의 금융회사와 합병을 추진하였다. 또한 EON Finance를 중심으로 5개의 금융회사가 합병교섭을 추진하였다.

2개의 은행지주회사인 Affin Holdings BHD.가 ACF Holdings

BHd.를 합병하면서 양사의 금융회사인 Affkin Finance와 ACF Finance 가 합병되었다. 또한 RHD Bank와 Bank of Commerce가 합병하면서 Bank of Commerce가 30%의 지분을 보유하고 있는 MBf Finance도 합병은행에 흡수 합병되었다.

<표 7-3> 금융회사 간 합병 추진현황

합병 주도 금융회사	피 합병 대상 금융회사
Mayban Finance	Amanah Finance Malaysia
Hong Leomg Finance	Bolton Finance, Kewangan Bersatu
Arab-Malaysia Finance	Abrar-Malaysia Finance, Sime Finance, Advance Finance
Public Finance	Kewangan Industri, Boon Siew Finance
EON Finance $ Credit Corp	City Finance, Cempaka Finance, Persaka Finance
United Merchant Finance	BBMB Kewangan, Perdana Finance, Interfinance, Delta Finance

3. 주식거래 및 외환거래 규제책 발표

1998년 9월 1일 말레이시아 정부는 주식 궁비 후 최소 1년간 매각 금지, 고정환율제도 도입 등을 주 내용으로 하는 주식 및 외환거래에 대한 강력한 규제책을 발표하였다. 주식에 대한 규제책으로는 외국인투자자뿐만 아니라 국내투자를 대상으로 9월 1일부터 주식 구입 후 1년간 매각을 금지하였다.

외환 규제의 주 내용은 다음과 같다.

첫째, 9월 1일부터 무역결제통화는 외화를 사용한다.

둘째, 9월 1일부터 비거주자 계좌간의 자금이동은 허가제로 변경하고 해당 계좌의 링깃화 인출도 10월 1일부터 원칙적으로 허가제로 한다.

셋째, 10월 1일부터 링깃화의 현금 유출입은 1,000링깃으로 제한하고 국내거주자의 외화반출은 10,000링깃 상당액까지로 제한한다. 단 국내에서 조업하고 있는 해외기업의 이익 등의 송금은 규제 대상에서 제외되어 종전과 같이 자유로운 송금을 인정한다.

이 규제책의 목적은 해외로부터의 투기방지 일환으로 비거주자의 링깃화 표시 자산 매각에 엄격한 제한을 부과함으로써 자국통화의 안정과 경제회복을 도모한다는 것이다. 특히 국외에 주재하는 외국인·내국인·외국기업 등이 보유하고 있는 링깃화 표시 자산에 대한 외화로의 전환범위 규제가 명확해 졌다. 즉 취득 1년 미만의 국채, 주식, 부동산 등 링깃화 표시 자산을 매각할 경우 외화로의 교환을 금지하고 있다.

또한 비거주자간의 자금이동 제한, 링깃화의 유출 제한을 포함하여 투기성 자금의 움직임을 동결하였다. 비거주자의 링깃화 예금규모는 약 70억 링깃이며, 그 예금주의 대다수가 싱가포르인이다. 따라서 말레이시아 정부는 싱가포르를 경유한 외환 및 주식투기에 매우 민감한 반응을 보여 왔던 점을 감안하면 그러한 규제조치 역시 싱가포르투자자를 대상으로 하고 있다는 분석이 강하게 대두됐다.

그러나 말레이시아에서 활동하는 외국인의 비거주자계좌에 대해서는 외화교환 규제 및 자금의 출처제한 등의 대상에서 제외되었다. 쾅라룸푸르 근교의 정보관련 산업 집적기지인 'Multimedia super corridor'에 진출한 기업에 대해서는 자본규제 대상에서 제외해 지속적으로 우대지위를 부여하였다.

이 조치의 발표로 인해 해외투자자들은 마하티르 정권에 대한 불신감이 증폭되어 장차 금융거래가 극도로 위축될 것으로 우려해 왔으나, 예컨대 그러한 조치의 발표 당일 콸라룸푸르 증권거래소 종합주가지수가 전일 대비 13.3%나 폭락한 경우가 발생하였으나 그러나 그 해 9월 7일에는 정부의 지급준비율 인하(6% → 4%)와 정부의 영향을 크게 받고 있는 연금기금 등의 적극적인 주식 매수에 힘입어 급반등세로 돌아섰다. 9월 4일 싱가포르 증권거래소는 장외시장(COLB)에 등록되어 있는 말레이시아의 주식거래를 중단시켰다. 그리고 미국, 일본 및 유럽 등의 채권 은행단은 링깃화 표시 은행간 거래의 청산을 위해 협의에 들어갔다.

또한 당시 발표된 주식 및 외환 규제조치는 경제 자유화 및 국제화에 거스르는 것으로 그로 인해 말레이시아의 대외신인도가 크게 떨어졌던 게 사실이다. 따라서 주가 및 통화가치의 하락이 더욱 가속화될 가능성이 높아 마하티르정부의 의도와는 달리 말레이시아의 경제상황이 더욱 악화될 우려가 높았다. 말레이시아에서는 지난 1997년 7월 아시아 금융 위기가 발생한 이후 실물경제가 침체국면이 심화되어 환율 및 주가가 급락하였다. 1998년 9월 1일 현재 링깃화와 주가지수는 1997년 7월 대비 각각 약 40%, 75% 하락했다.

따라서 당시 일련의 규제책은 자국통화의 투기성 매각과 자본의 국외 유출을 방지하는데 초점이 맞춰졌다. 단기적으로는 투기자금의 소멸로 금리가 하락세를 보였다. 그러나 장기적으로는 말레이시아의 대외신뢰도에 커다란 타격을 줄 소지가 높았다. 한편 말레이시아 중앙은행은 1998년 9월 2일부터 링깃화의 환율을 1US$ =3.80링깃으로 고정한다고 발표하였다. 통화 및 경제위기로 인해 실질적인 고정환율제를 포기하는 아시아국가가 속출하는 가운데

변동환율제로부터 고정환율제로 역행하는 것은 말레이시아가 최초라 할 수 있었다. 외환위기에 처한 말레이시아의 링깃화 환율은 1997년 6월의 2.5RM/$에서 당시에는 4.2RM$ 전후로 급락하였다.

자본흐름 통제 하에서 고정환율제를 도입한 배경에는 통화정책과 환율정책을 분리함으로써 통화정책을 경기부양에 집중할 수 있었기 때문이다. 이러한 자본통제가 도입되기 직전만 하더라도 링깃화 표시 3개월 만기 예금금리인 경우 역외금리(싱가포르은행간시장금리)가 20%에 달한 반면 역내금리는 10% 이하로 하락하여 역내외 금리 차의 괴리감이 높아졌다. 그 결과 고수익을 추구하는 단기자본이 이탈하였고 이는 링깃화의 평가절하 압력을 가중시켰다.

<표 7-4> 주식 및 외환거래 규제의 주요 내용

• 해외계좌로의 송금은 9월 1일부터, 해외계좌로부터의 링깃화 인출은 10월 1일부터 허가제로 변경함
• 링깃화 현금의 국내외로 반출 및 반입은 1,000링깃을 상한으로 함
• 거주자의 외환반출은 10,000링깃 상당액을 상한으로 하고, 비거주자는 반입한 금액만큼 반출할 수 있음. (단 외환반입은 제한이 없음)
• 수출입에 따른 결제는 외국통화 표시로 함
• 주식을 구입한 이후 최소 1년동안 매각을 금지함
• 링깃화의 거래에 고정환율제를 도입함

다른 한편 급속하게 냉각되고 있는 국내경기부양 정책에 우선순위를 두고 있던 정부는 금리인하기조를 지속할 필요성을 느끼고 있었으나 그러한 조치는 대외부문의 부작용을 초래하기 때문에 이를 최소화하기 위해 자본통제 하에서 당시에 고정환율제를 도입하게 되었다.

고정환율제도의 실시 발표 이후 시중의 환전상에는 미 달러화에 대한 수요가 증가하여 1달러 당 3.8링깃 이상의 교환비율을 적용하는 사례가 속출했다. 따라서 일부에서는 공정 환율과 실세 환율의 이중시세가 정착될 것이라는 우려도 있었다. 콸라룸푸르 소재 외국은행 관계자들은 1달러당 3.8링깃의 환율은 타당한 수준이나, 외환거래에 대한 엄격한 규제를 기반으로 하는 고정환율제는 글로벌화 하고 있는 국제경제흐름에 역행하는 조치라는 지적이 강하게 제기되기도 하였다.

그러나 링깃화의 거래를 국내로 제한하는 데 그 목적을 두고 있는 외환통제는 단기적으로 외환시장이 불안정해 질 가능성이 있으나, 이러한 시스템에 점차 적응하게 되면 불안요소들은 해소되는 측면도 있었다. 즉 그러한 조치는 링깃화의 가치 회복, 주식시장의 추가적 하락 방지 등을 통해 장기적으로는 경제기조여건을 더욱 견고하게 만들어 장기적인 관점에서는 긍정적인 측면이 더 큰 것이었다. 당시 말레이시아 정부의 자본통제조치에 대한 평가를 보다 구체적으로 살펴보면 옹호론과 비판론으로 크게 나뉘어졌다.

우선 옹호론자들은 말레이시아의 경우 자본통제 이후 외환보유고의 증가, 무역수지의 개선, 소비지출의 회복 등 거시환경이 회복세로 보이고 있다고 주장했다. 대표적인 옹호세력은 MIT大 폴 크루그먼 교수와 인도네시아를 비롯한 일부 동남아국가들이었다. 일례로 외환통제 실시 2주일 만에 외환보유고는 597억 링깃에서 808억 링깃으로 급증하였다.

따라서 국제투기자본의 급격한 이동으로 인해 발생되는 외환위기로부터 국가경제를 보호하는 정책대안으로 검토되었다. 당시 Harvard大 로버트 베로 교수는 Business Week지의 기고를 통해 외환 위기극복을 위한 일시적인 자본통제정책의 시행을 옹호하였다. 즉 1994년 멕시코, 1997 태국, 그리고 브라질에서 국제통화기금(IMF)이 적용한 고금리정책과 외환시장개입(Sterilized intervention with high interest rates)을 통한 환율방어는 외환준비고를 고갈시키게 된다. 이는 결국 평가절하를 초래한다. 따라서 이들 옹호론자들은 외환위기국가에 있어 일시적인 자본통제는 비록 이상적인 조치는 아니지만 IMF의 고금리정책보다 바람직한 처방이라고 주장하였다.

반면에 비판론자들은 그러한 조치의 일환으로 실시되는 자본유출규제는 신규자본유입을 저해하여 외국인의 직접투자가 크게 감소했으며, 만일 규제가 장기화될 경우 법적인 허점을 이용한 자본유출이 심화될 위험이 있다고 경고하였다. 일례로 1998년 9월 당시 외국인 직접투자액은 1~8월간 월 평균인 3억 2,100만 달러에서 크게 감소한 1억 4,200만 달러를 기록하였다.

특히 금리인하에도 불구하고 은행대출이 감소한 것으로 나타나 자본 통제의 주목적인 통화량 증가를 통한 유동성경색의 완화에는 기여하지 못하였다. 또한 자본통제조치는 대외 신인도를 악화시켜 해외채권의 유통가산금리를 상승시키는 역할을 하였다.

1998년 9월 말, 1,011포인트까지 올랐던 Petronas채권[81]의 유통가산금리는 1998년 11월초 당시 687포인트로 금융위기에 처한 여타 아시아 국가들에 비해 여전히 높은 상태였다. 1998년 11월 8일 스탠리 피셔 IMF 총재는 1980년대 자본통제를 시행했던 중남미국가들이 위기상황에 적절하게 대응하지 못하고 있는 사례를 들어 자본 통제정책이 장기적으로 부정적인 결과를 초래할 것이라고 주장하였다.

---

81)말레이시아의 국영기업 채권으로 국채의 벤치마크 역할을 담당하고 있음.

시장경제에 기초한 단기자본통제는 지지하지만 경제위기를 벗어나는 데는 자본통제를 하지 않는 것이 유리할 것이라고 주장하였다. 이는 IMF의 권고를 무시하고 자본통제를 실시한 말레이시아가 향후 해외로부터의 금융지원 없이 재정적자를 해소하고 기업 및 금융 구조조정을 추진할 수 있을 지에 대해 의문을 제기한 것이었다.

제 8 장

말레이시아 방송제도와 산업

1. 말레이시아 방송제도와 산업

1) 말레이시아의 미디어 개황

말레이시아는 1국영 다민영 방송체제다. 국영방송으로는 RTM(국영 말레이시아 방송)이 1963년에 설립되어 2개채널로 전국 방송을 실시하고 있다. 라디오는 국영라디오 말레이시아가 산하의 6개 채널을 통해, 말레이시아어, 영어, 중국어, 타밀어로 방송하고 있다. 지상파 민간 방송으로는 먼저 TV3이 1984년에 설립되어 연예, 오락 위주의 전국 네트워크 방송을 실시하고 있으며 1998년에는 NTV7이 개국하여 전국 네트워크 방송을 실시하고 있다.

말레이시아의 미디어는 영국으로부터 독립할 때부터 상당히 발달되었었지만, 주로 공산주의자들의 활동을 저지하고 국가를 지원하는 등의 선전도구로서의 기능을 수행해 왔다. 그러므로 미디어의 주요 기능은 민심을 정부로 돌리기 위한 반공산주의 메시지를 전하는 것으로부터 발전되었다.

2) 말레이시아 방송제도

말레이시아에 TV가 등장한 것은 1963년 근대 말레이시아가 탄생하면서부터다. TV에 대한 높은 인기는 1969년 두 번째 전국적 네트워크를 등장하게 하였고, 1970년에는 위성 지구국이 설립되어 스포츠 등의 국제 이벤트를 위성중계하기에 이른다. 그 이후 방송의 탈규제화가 진행됨에 따라 1996년까지 대부분의 정부 소유 서비스가 민영화되었는데, 그 변화는 다음과 같다.

- 1984년 최초의 민영 방송TV3 설립
- 1994년 Time Highway Radio 설립
- 1995년 최초 구독 TV 채널인 TV4설립
- 1995년 최초의 케이블 텔레비전인 Mega TV 설립
- 1996년 최초의 위성 네트워크 Astro 설립
- 1998년 공중파 민영 방송NTV7의 설립

최근의 말레이시아 방송제도 동향으로 주목되는 것은 방송·통신 융합 시대를 대비한 법제 정비를 들수 있다. 말레이시아는 현재 공업입국에서 정보입국으로의 전환을 위해 '비전 2020'이라는 정책 대강을 수립하고 2020년까지 선진국 진입을 국가 목표로 삼고 있다. 이러한 국가 목표를 실현하기 위한 핵심적인 법률의 하나로 1998년에 종전의 1950년 통신법과 1988년 방송법을 통합한 '통신멀티미디어법'을 제정하여 이듬해 4월부터 시행해 오고 있다. 또한 이 법에 의한 말레이시아 내의 통신과 멀티미디어 활동에 대한 감독 규제 권한을 가지는 통신멀티미디어위원회를 설립, 말레이시아의 통신멀티미디어법령을 집행하고 기타 관련 문제를 처리하기 위한 별도의 법률로서 통신멀티미디어위원회법을 제정하였다.

이 법률은 통신과 방송 융합이 진행되고 있는 성황 속에서 별개의 영역으로 존재해 왔던 방송법과 통신법을 묶어 새로운 방송통신행정제도의 확립을 시도한 것이며, 방송과 통신을 동일한 개념 내에서 규제하고 있는 세계 최초의 법률이기도 하다.

이 법률의구체적인 목표로 말레이시아를 '통신・멀티미디어의 정보와 콘텐츠・서비스에서 세계의주요 중심 및 거점화'라는 국가 정책목표를 제시하고 있다.

참고로 통신멀티미디어위원회는 2003년 초에 지상파 디지털 방송 전환과 관련 검토결과를 발표한 바 있으며, 이에 따르면 2004년에 디지털 방송을 개시하고 2009년에 아날로그 방송을 전파한다는 방침이다.

3) 방송 산업 현황

1984년 탈규제가 실시된 이후 말레이시아에는 지상파, 위성방송, 케이블의 3가지 방식의 방송매체가 운영되고 있다. 지상파는 정부 소유의 TV1과 TV2, 민영 방송인 TV3와 NTV7이 운영되고 있고, 위성방송 ASTRO와 유료 케이블 방송인 MEGA TV가 있다.

RTM(Radio and Television Malaysia)은 1963년도 설립된 이래 꾸준하게 전국적인 지지도와 시청률을 유지하고 있다. 이와 더불어 1983년 신문사 New Staits Times에서 지분 투자해 설립한 TV3, 그리고 몇 해 전인 1998년에 설립된 NTV7이 3대 경쟁축을 이루고 있다. 그 밖에 TV4라는 또 다른 지상파 채널이 설립되기도 했지만, 1998년 이후 아시아 전역에 불어 닥친 IMF 여파로 폐쇄되었다.

말레이시아에는 현재 4개의 지상파 채널(RTM 1. 2, TV3, NTV7)이 방송 시장을 장악하고 있으며, 1개의 위성방송사(Astro)가 유료 방송 시장을 반독점하고 있는 상황이다.

말레이시아는 방송 광고 시장 규모는 2007년 기준 약 5,800억 정도이며, TV 수신기는 2007년 현재 말레이시아 총 가구의 98%에 보급되어 있다. 유료방송 시장은 위성방송 가입자가 2007년 12월 현재 약 407만 명이며 케이블 TV는 2007년 현재 150만 명 정도로 추산되고 있다.

말레이시아 방송은 지상파 방송중심의 시장구조를 보이고 있다. 말레이시아 지상파 방송 가운데 가장 커다란 영향력을 행사하고 있는 채널은 국영 방송인 RTM이다. 2002년도 전반기 채널 시청률을 살펴보면, RTM은 TV1, 2를 합쳐38%의 채널 시청률을 기록하고 있으며, 이어 TV3이 34%, NTV7이 15%를 차지하고 있다. 나머지의 채널 시청률은 군소 지상파 방송국인 TV8, CH9등이 차지하고 있다.

시청 점유율뿐만 아니라 방송시장의 특징중에 하나는 인도네시아 및 우리나라와는 달리 인쇄매체의 광고 시장 규모가 2배 이상 TV 시장을 능가하고 있다는 점이다. 인쇄매체는 인종별, 언어별로 발행되고 있어 광고매체가 다양한 반면, 방송매체는 주파수 사정 등 방송국 수에 한계가 있어 이에 따른 격차로 보인다.

가. 지상파 국영 방송(RTM)

1963년에 설립된 말레이사의 국영방송 RTM은 산하에 TV1과 TV2를 두고 있으며, 전국의 98%를 커버하고 있다. 재원은 정부교부금과 광고수입을 축으로 하고 있다. RTM의 관리는 정보부의 방송분과가 책임지고 있고, 방송분과의 최고 책임자이자 RTM의 최고 경영자는 정보부 장관의 통제를 받도록 되어 있다.

TV1과TV2는 각각 독립적으로 운영되는데, TV1은 말레이어로만, TV2는 영어, 중국어, 타밀어, 말레이어로 방송된다. 정부 소유인 이 두 채널은 기본적으로 정부의 대변인 및 국민들을 선도하는 역할을 하고 있으며, 정부의 지원을 받고 있긴 하지만, 광고도 방송할 수 있다.

① TV1

TV1은 프리미어 채널이라고도 불리며 국내 제작의 교육 프로그램 및 정보 프로그램을 중심으로 말레이어로 방송되고 있다. 그런 만큼 주요수용자가 말레이인이며, 절반가량이 시골에 거주하는 시청자들로 구성되어 있다. 국영방송으로 정부의 방침에 입각한 안정적인 방송을 실시하고 있지만, 일부에서 방송 내용에 활기가 없다는 지적도 있어 민영화 및 24시간 방송을 통한 경쟁력 강화가 검토 과제가 되고 있다.

주로 인기 있는 프로그램 장르는 드라마, 영화, 뉴스와 이슬람 종교 관련 프로그램들이며, 이 채널에서 방송되는 외국 프로그램들은 반드시 말레이어로 더빙되어야 한다.

② TV2

TV2는 TV1에 비해 도시 지향적인 프로그램을 방송하며 골든 채널이라고 불리고 있다. TV2의 시청자는 일반적으로 중국인이나 영어 사용자, 인도인들이 시청하며 이의 대다수가 도시에 거주하고 있다. 이 채널에서 인기 있는 프로그램들은 TV1과 마찬가지로 드라마나 영화가 가장 인기를 끌고 있기 때문에, 이 채널의 프로그램 10개 중 대략 7개는 드라마나 영화로 편성되어있다.

나. 지상파 민영 방송

말레이시아의 대표적인 민영방송인 TV3와 NTV7은 주식회사의 형태로 이루어져 있다. 말레이시아와 해외 방송사의 프로그램 공급자가 되는 것이 궁극적인 목표인 TV3은 사업 영역을 여러 방송 관련 분야로 확장해 나아가고 있는 도중에 있으며, 방송의 선도주자로서 디지털 방송을 가나(Ghana) 지역에서 실시하고 있다. NTV7은 TV3보다 1년가량 늦게 출범하였는데, 결단력 있는 경영으로 현재 말레이시아의주요 방송사로서 자리 매김 되고 있다.

① TV3

TV3은 1984년에 설립된 말레이시아 최초의 민간 상업 방송국이다. 개국 당시부터 프로그램 편성을 전략적으로 실행해 왔으며 1995년 이래 지상파 방송에서 단일 채널 기준시청률 1위 자리를 지키고 있다. TV3은 TV 광고 시장 가운데 약 47%를 차지하고 있는 등 말레이시아 방송을 선도하고 있는 방송국이라고 할 수 있다. 초반에 TV1의 대체 채널로 인식되었던 것과는 달리 중국인 시청자들이 늘어나면서 중국이나 일본 시리즈의 방영을 늘리고 있다. TV3의 수용자는 주로 젊은층인데 이들을 끌어들이기 위한 주요 편성 전략은 영화나 드라마, 시트콤을 많이 방영하는 것이며, 이와 같은 오락, 음악, 스포츠 프로그램이 전체 프로그램의 40%가량을 차지하고 있다. 나머지 60%는 교육, 보도, 정보 프로그램으로 편성되고 있다. 2000년 상위 20 프로그램 안에 무려 10개의 프로그램이 포함되어 있으며, 1, 2, 3위를 모두 차지하고 있다.

한편 외국프로그램 편성비율은 2003년 기준 약 27% 수준으로 미국, 영국, 홍콩, 호주, 인도, 일본 등지로부터 수입하고 있다.

② NTV7

1998년에 방송을 개국한 상업 방송국으로 개국 초기에는 수도권을 중심으로 방송했지만, 현재는 사바, 사라와크 2개주를 제외한 말레이 반도 거의 전역을 커버하고 있다. 방송 시간은 1일 평균 18시간이며 드라마 및 쇼 프로그램을 중심으로 서양적인색채가 강한 프로그램을 다수 편성하고 있다.

NTV7은 주로 화이트 컬러나 전문직 종사자 등의 상위 계층을 타깃으로 삼고 있다. 그러나 이런 설정이 결과적으로 대중성의 상실을 불러왔고, 이는 2005년 5월 말레이시아 상위 40개 프로그램에 NTV7의 프로그램이 1개만 들어가는 결과를 가져왔다. 그러나 현재 NTV7은 점차 고 품격의 프로그램을 방송하는 채널로 자리매김 되고 있는 중이다.

③ CH9

2003년 9월에 개국한 제3의 상업 방송국으로 방송 지역은 수도권이다. 방송시간도 오후 3시 30분부터 8시 까지 이며 젊은 층을 타깃으로 오락 및 스포츠 등의 영어 방송을 실시하고 있다.

다. 위성방송

말레이시아에서는 1995년 케이블 방송인 Mega TV가 서비스를 개시함으로써 유료 방송시대의 막이 열렸다. 이어, 1996년 디지털 위성방송 Astro가 등장하여 케이블과 위성의 본격적인 경쟁 체재에 막 돌입하려는 와중, 1998년 이후 IMF 사태가 들이닥치면서 케이블 방송 Mega TV가 폐쇄되었다. 결과적으로 디지털 위성방송 Astro는 유료 방송 시장을 독점하게 된 것이다.

Astro는 부호인 Ananda Krishnan 계열의 Measat Broadcasting

Network System가 운영하는 유료 위성 디지털 방송이다. 2006년 12월 현재 시청 계약수는 300만 건을 넘어섰으며 시청료는 월 44.95링깃부터 99.95링깃까지 패키지 내용에 따라 다르다.

말레이시아는 총 TV 시청 가구 수 가운데 30%인 약 200만 명 이상이 Astro에 가입하고 있다. Astro는 40개의 TV채널을 보유하고 있는데, 그 중 24개의 TV채널이 해외에서 유입된 채널들이다.

Astro가 인기를 끌고 있는 배경으로는 지상파 방송과는 달리 검열제도가 적용되지 않는 다는 점, 영어 방송이 중심이라는 점, 서양의 위성 채널이 많다는 점 등을 들 수 있다.

그 밖에 케이블 TV로는 2001년에 Mega TV 가 방송을 중지했기 때문에 현재 운영되고 있는 케이블 TV는 Maxis Cable TV다. 그러나 경영난으로 1998년 이래 네트워크는 확대되고 있지 않다.

2. 말레이시아의 외국 프로그램 규제 및 유입 현황

1) 외국 프로그램 심의

가. 외국 방송 프로그램 규제제도

말레이시아는 국산 프로그램에 대한 쿼터제를 실시하고 있는데 지상파 TV에만 적용된다. 방송 프로그램의 60%는 말레이시아 제작 콘텐츠로 편성해야 하는 만큼, 나머지 40%는 외국 프로그램을 편성할 수 있다.

말레이시아는 엄격한 사전 심의제도를 채택하고 있다. 뉴스 등의 생방송을 제외하고는 모든 외국 프로그램은 심의를 거쳐야 방송할 수 있다. 말레이시아 내무부 소속의 방송심의 위원회 직원이 각 방송국 마다 파견되어 있어서 방송되기 전에 먼저 프로그램과 광고를 심의한 후에 방송하게 된다.

말레이시아의 방송 심의 기준에 따르면, 대부분의 국가에서 시행하고 있듯이 방송 시 담배, 술, 마약 등의 취급에 대해 규제를 가하고 있다.

나. 외국 방송 프로그램 심의 사례

최근 몇 년간 한국 드라마에서 흔히 사용되는 스토리 코드가 연상녀와 연하남 간의 사랑, 사제 간의 사랑 등이었는데, 이는 중국은 물론이고 말레이시아를 포함한 동남아 몇몇 국가들에서 심의 문제로 난색을 표명하는 경우가 있었다. 예를 들어, MBC의 드라마 <로망스>(김하늘, 김재원 주연)는 사제간의 사랑이라는 내용을 담고 있어 방송심의통과가 어렵다고 판단해 구매를 포기하기도 했다. 초반부에 서로가 사제 간인 줄 모른 상태에서 사랑의 감정을 느꼈다는 설정으로 한국에서는 심의를 비껴갈 수 있었지만, 말레이시아에서는 통용되기 어렵다고 미리 판단한 것이다. 다만 이것을 제외하고는 한국 프로그램이 방송 심의 문제로 말레이시아 방송국에서 거부되는 사례는 거의 없다. 한국 역시 TV 프로그램은 방송심의 규정이 존재하고 있는 만큼, 말레이시아의 방송 가이드라인과 대동소이해 동 가이드라인에서 규정하고 있는 VHSC에 한국 드라마 내용이 걸려드는 경우는 극히 드물기 때문이다. 한국 프로그램이 방송되기 위해서는 사전 심의를 거쳐야 하는데 한국 프로그램은 많이 커트되는 편이 아니며, 서양 드라마는 폭력적이고 선정적인 장면 등이 많아 커트하는 편이라고 한다.

또한 말레이시아에서 특히 강조하고 있는 인종 문제는 한국이 동일 민족 국가이기 때문에 인종 차별적인 문제를 프로그램에서 다루는 일이 없어 문제될 것이 없다.

아울러 프로그램 수출 시 계약서에 “심의에서 문제가 생길 경우, 해당 장면은 부분 삭제할 수 있다.”는 조항을 삽입해 주므로 말레이시아 방송사, 배급사 측에서는 한국 드라마를 수입하는 데 이러한 문제는 전혀 방해 요소로 작용하지 않는다고 할 수 있다.

2) 외국 프로그램 유입 현황

가. 채널별 방송 프로그램의 특성

국영 방송 RTM은 산하에 TV1과 TV2를 운영하고 있으며, TV1은 시골 거주자를 주요 가입자 기반으로 하고 있으며 대체적으로 보수적 성향을 띠고 있다. 이에 반해 TV2는 도시 지향적인 프로그램 편성을 축으로 일부 해외 프로그램을 구입해 방송하고 있다. 구입 프로그램은 주로 미국, 일본, 홍콩, 인도, 인도네시아 등이다.

말레이시아에서 부동의 채널 시청률 1위를 차지하고 있는 TV3은 주로 말레이시아의 젊은 층이 선호하고 있는 채널이다. 외국 프로그램 비율은 약 27% 정도로 다수 미국, 영국, 홍콩, 오스트레일리아, 인도, 한국 등에서 프로그램을 구입하고 있다.

1998년부터 방송을 개시한 NTV7은 전문직과 지식인층을 타깃으로 하고 있는 채널로 드라마 및 토크쇼를 중심으로 서양적인 색채가 강한 프로그램을 편성하고 있다.

나. 프로그램 제작 및 수입

말레이시아의 모든 지상파 채널은 약 60%의 국내 제작이 의무화되어 있다. 또한 저녁 8시 30분부터 9시 30분까지인 프라임타

임에는 외국 프로그램의 편성이 제한되어 있다.

1997년, 1998년의 경기침체로 국내 텔레비전 프로그램 제작이 어려움을 겪게 되자 많은 프로덕션들은 기존 영화와 방송 프로그램을 배급하는데 중점을 두게 된다. 그러나 그 이후 국내 프로그램 쿼터제에 따라 드라마, 토크쇼, 게임쇼 등의 제작이 증가하게 되었다.

다만, 말레이시아에서 자체 제작한 영화는 드물다. 주로 인기 있는 영화들은 수입 영화이며, 1995년 말레이시아에서 자체 제작된 15편의 영화중에 4분의 1만 흥행에 성공하였다.

한편, 텔레비전 수입 프로그램의 비율은 지속적으로 증가세를 보이고 있는 것으로 나타났다. 이는 1992년 당시 전체 방송 시간 월 509시간에 해당되던 수입 프로그램이 1997년 월 1만5818시간으로, 또 1999년에는 월 5만3289시간으로 증가한 것을 보면 알 수 있다. 주요 프로그램 수입 국가는 미국, 영국, 홍콩, 호주, 인도, 일본 등이다.

다. 외국 프로그램 편성

말레이시아 방송규제기관에서 규제하는 해외 수입 프로그램 지상파 채널 방영 비율은 최고 400%선이다.

모든 지상파 채널에서 해외 프로그램을 40% 가득 채워 방영하고 있고, 실제로 비교적 높은 시청률이 나오고 있다.

말레이시아의 방송 초기에 중점적으로 방송되던 해외 프로그램은 주로 미국 프로그램이었다. 2001년 <아시안 커뮤니케이션 핸드북>에 따르면, 미국 프로그램이 58.6%로 압도적인 비중을 차지하고 있고, 그 다음으로 홍콩(22.5%), 영국(7.8%), 인도(4.7%)순이다.

수입 프로그램의 유입으로 말레이시아의 전통적인 가치관이나 이슬람 문화가 타격을 입는다는 비판이 제기되자 앞서 언급했듯이 말레이시아 정부는 자국 프로그램 쿼터제를 도입하여 모든 지상파 채널에 60%의 국내 제작 편성이 의무화되었으며 주 시청 시간대인 저녁 8시 30분부터 9시30분 까지는 외국 프로그램을 방영하지 못하게 하였다.

그럼에도 말레이시아에서 수입 프로그램의 인기는 상당한 것으로 평가된다. 비록 이의 인기가 외국 드라마와 영화에 집중되어 있는 것은 사실이지만, 닐슨미디어리서치의 시청률 TOP20에 따르면, 고 시청률 프로그램 20가운데 수입프로그램이 9개를 차지하고 있을 정도로 상당한 위치를 차지하고 있다.

또한 실제로 말레이시아는 기본적으로 외국으로부터 수입한 프로그램의 편성 비율이 상당히 높은 국가 중에 하나라고 할 수 있다. 앞서 언급했듯이 지상파 TV의 수입 프로그램 편성 비율을 40% 정도까지 허용하고 있으며 Astro는 총 93개 채널 가운데 24개의 채널을 해외에서 도입하여 제한 없이 방영하고 있다.

말레이시아에서 수입하는 프로그램은 그들 민족의 다양성 이상으로 다채롭다. 미국의 드라마, 시트콤과 오락 리얼리티 프로그램이 큰 부문을 차지하고 있으며, 멕시코와 베네주엘라의 테레노벨라, 인도의 타밀과 힌디어로 된 뮤지컬 드라마(모든 인도의 드라마는 음악과 춤이 공존하는 뮤지컬 형식을 띔.), 중국계(대만, 중국, 홍콩) 프로그램 등이 많이 수입되고 있다.

3. 말레이시아의 한국 프로그램 유통과 거래

1) 말레이시아의 한국 방송 프로그램 유통

가. 말레이시아의 한국 방송 프로그램 수출 현황

말레이시아는 인도네시아와 마찬가지로 사전심의제도를 실시, 한국 프로그램을 포함해 모든 국내의 프로그램은 심의를 필해야지만 방송될 수 있다. 또한 인도네시아와 마찬가지로 지상파 방송사가 말레이시아 수출시장을 주도하고 있다.

<표 8-1> 대 말레이시아 한국 방송 프로그램 수출 현황

(단위 : 천$)

년도	구 분	총 계		지상파 방송사		케이블 TV 등	
		수출액 (편 수)	수출액비중 (편수비중)	수출액 (편 수)	수출액비중 (편수비중)	수출액 (편 수)	수출액비중 (편수비중)
2002	총 계	21,342 (19,591)	100% (100%)	18,716 (18,337)	100% (100%)	2,626 (1,254)	100% (100%)
	말레이시아	396 (315)	1.9% (1.6%)	261 (287)	1.4% (1.6%)	135 (28)	5.1% (2.2%)
2003	총 계	33,076 (16,880)	100% (100%)	27,830 (14,174)	100% (100%)	5,246 (2,706)	100% (100%)
	말레이시아	848 (623)	2.6% (3.7%)	711 (505)	2.6% (3.6%)	137 (118)	2.6% (4.4%)

나. 한국 프로그램의 유통 실태

2001년부터 한국 드라마가 유입되기 시작하여 아시아권에서는 태국의 프로그램이 가격이 저렴하고 자극적인 주제로 이루어져 있어 현재 인기가 가장 높다.

<표 8-2> 채널별 한국 드라마 방송 현황

채 널	시청자 특성	주요 한국 드라마 방영작
RTM Ch.1	보수적, 전국민 대상	
RTM Ch.2	도시거주자 대상	진실(MBC), 아름다운 날들(SBS), 불꽃(SBS), 눈물이 보일까봐(MBC), 사랑을 예약하세요(SBS)
TV3	젊은층 대상	이브의 모든 것(MBC), 겨울연가(KBS), 가을동화(KBS), 호텔리어(MBC), 러브레터(MBC), 천국의 계단(SBS)
NTV7	고소득, 전문직 대상	팝콘(SBS), 첫사랑((KBS), 해피투게더(SBS) 등
Astro	PAY채널 - 가입자 대상	Phoenix TV : 상도(MBC), 세상끝까지(MBC), 별은 내 가슴에(MBC), 사랑(MBC) 등 다수 TVBS : 피아노(SBS) 등 TVB8 : 메리의 집(KBS) 등 Shuang Xing : 올인(sbs), 내 인생의 콩깍지(MBC) 등

다. 대 말레이시아 프로그램 수출 현황

KBS미디어는 2001년 이후 2004년 상반기까지 말레이시아에 총 16편의 프로그램을 판매하였다. 즉, 드라마 12편, 다큐멘터리 2편, 만화영화 2편 등이다.

<표 8-3> KBS미디어의 대 말레이시아 프로그램 수출 현황

프로그램 명	편수	장 르	판 권	비 고
저 푸른 초원 위에	52	드라마	FREE TV	2004년
검정고무신	13	만화영화	FREE TV	2003년
여름향기	20	드라마	TV	2003년
여름향기	20	드라마	VIDEO	2003년
유정	56	드라마	TV, VIDEO	2003년
종이학	54	드라마	TV, VIDEO	2003년
태권왕 강태풍	26	만화영화	FREE TV	2003년

몽골리안루트	8	다큐멘터리	FREE TV	2002년
겨울연가	20	드라마	TV, VIDEO	2002년
광끼	36	드라마	TV, VIDEO	2002년
러빙유	16	드라마	TV, VIDEO	2002년
순수	16	드라마	TV, VIDEO	2002년
음식다큐	5	다큐멘터리	TV, VIDEO	2002년
초대	18	드라마	TV, VIDEO	2002년
프로포즈	14	드라마	TV, VIDEO	2002년
가을동화	18	드라마	TV, VIDEO	2001년

SBS프로덕션은 2002년부터 2004년 상반기까지 총 23편을 판매하였으며 모두 미니시리즈 드라마이다.

<표 8-4> SBS프로덕션의 대 말레이시아 프로그램 수출 현황

프로그램	편수	분수	장 르	판 권	년 도
수호천사	16	60	드라마	비디오	2002
여자만세	16	60	드라마	비디오	2002
팝콘	16	60	드라마	비디오	2002
지금은 연애중	16	60	드라마	비디오	2002
재즈	16	60	드라마	비디오	2002
내마음을 뺏어봐	16	60	드라마	비디오	2002
명랑소녀성공기	16	60	드라마	지상파, 케이블, 비디오	2002
순수의 시대	16	60	드라마	위성, 케이블, 비디오	2003
별을 쏘다	18	60	드라마	비디오	2003
태양속으로	20	60	드라마	비디오	2003
술의 나라	16	60	드라마	지상파, 케이블, 비디오	2003
선녀와 사기꾼	20	60	드라마	지상파, 케이블, 비디오	2003
수호천사	18	60	드라마	지상파	2003
여자만세	16	60	드라마	지상파	2003
팝콘	16	60	드라마	지상파	2003

해피투게더	16	60	드라마	지상파	2003
요조숙녀	16	60	드라마	지상파, 케이블, 위성, 비디오	2003
지금은 연애중	16	60	드라마	위성	2003
별을 쏘다	16	60	드라마	위성	2003
태양속으로	20	60	드라마	위성	2003
천국의 계단	20	60	드라마	지상파, 케이블, 비디오	2004
파란만장 미스김	16	60	드라마	위성	2004
발리에서 생긴 일	20	60	드라마	위성	2004

2) 말레이시아에서의 한국 채널 현황

현재 말레이시아 방송 시장에 진출해 있는 한국 채널은 없으며, 현지 사업자인 MiTV(Multimedia Interactive TV)가 자체 인터넷 인프라를 이용한 IPTV(Internet Protocol TV)를 통해 한국어 채널 서비스를 구상하고 있다. Astro TV의 가입자는 2004년 약 104만 명이며 일본의 NHK월드, 중국의 CCTV 9등을 재전송하고 있지만 한국계 채널은 없는 실정이다.

3) 말레이시아 프로그램 수출 시 계약과 저작권

가. 프로그램 수출 계약 절차

한국 프로그램이 말레이시아어로 말레이시아 방송국을 통해 방송되기 위해서는 주로 대만의 중국어 더빙권을 구입하여 이를 말레이시아어로 재번역을 해서 유통시키고 있다. 한국어 프로그램을 대만 시장에서 방송될 수 있도록 중국어 자막을 삽입하고 이를 말레이시아로 수출할 때는 말레이어로 다시 재번역을 해야 하는 만큼, 한국어 대사와는 의미가 달라지는 자막오류가 심심찮게 발생하기도 한다.

<표 8-5> 말레이시아 수출시 계약 FLOW

프로그램 판매 계약 채결 (한국 방송사-말레이시아 방송사/배급사)
⇩
대만으로부터 중국어 더빙권 구입하여 말레이시아로 제공 (경우에 따라 말레이시아는 직접 대만에서 구입하기도 하는데, 이 경우 대만 회사에서 더빙권 가격을 너무 높이 요구하는 문제가 있어, 한국에서 동남아 지역 더빙권을 구매하여 말레이시아, 싱가포르, 인도네시아 등지로 제공해 주는 경우가 많음.)
⇩
제공받은 중국어 더빙본 테이프에 말레이어 자막 처리 후 방송 (다민족 화합정책에 따라 말레이어 자막이 의무화되어 있음.)

나. 말레이시아 복제 배포권 시장

all rights권에 속해 있는 복제 배포권(videogram right)은 방송권이 아니고, 콘텐츠를 VHS, VCD, DVD 테이프 또는 디스크에 복제하여 유통할 수 있는 권리를 말한다. 말레이시아의 복제 배포권 시장은 90% 이상이 VCD, DVD 시장이다. 그러나 동남아시아와 중국 전반에 걸쳐 불법 유통이 상당히 심각한 수준이고 말레이시아도 예외가 아니다. 주로 한국 프로그램의 첫 수출지는 대만인데, 대만에서 중국어로 더빙되러 방송되면 곧바로 복제 배포물이 동남아시아 전역의 연결고리 유통망을 통해 불법적으로 말레이시아로 배포되고 있다. 일단, 대만에서 방송된 이후에는 불법유통을 막을 길이 거의 없다고 해도 과언은 아니나, 최소한 정품과 비품의 화질 차이가 난다면 완전한 성공은 못되지만 현재의 상황보다는 개선된 상황을 예측할 수 있다. 또한 타이틀에 따라 대만과의 계약 시 아시아 전 역권을 함께 계약하는 것도 하나의 방법일 것이다.

4) 한국 프로그램에 대한 반응

가. 말레이시아 시청자 특성

말레이시아인들의 지상파 TV 주 시청 시간대는 저녁 6시부터 9시 사이(59.9%), 가장 선호하는 장르는 드라마인 것으로 나타났다. 또한 말레이시아인들은 지상파 TV의 경우 하루 2시간 정도를 이용(31.4%)하고 있으며 위성방송은 오히려 4시간 정도를 이용(34.4%)하고 있는 것으로 나타났다.

나. 한국 프로그램에 대한 시청

◈ 말레이시아 시청자 특성과 한국 프로그램 수용

말레이시아 응답자는 해외프로그램의 접촉 빈도가 상당히 높은 것으로 파악된다. 해외 프로그램을 규칙적으로 시청하는 응답자들은 83.0%였으며, 아시아 프로그램을 규칙적으로 시청하는 사람은 77.5%였다. 한국 프로그램을 규칙적으로 시청하는 응답자들은 다소 낮은 47.5%였지만, 대만의 32.9%, 필리핀의 25.5%보다 월등히 높은 수치다.

수입 프로그램의 언어 수용 유형에 대해 질문한 결과, 지상파 TV의 경우 자막형태를 가장 선호하는 것으로 나타났다. 지상파의 경우에는 자막방송이 더 저렴하고 수월하게 이용할 수 있기 때문에 가장 선호되는 것으로 해석된다. 한국 드라마 시청을 확대하기 위해서는 자막삽입이 유효하다는 주장도 있다. 드라마의 주시청층이라 할 수 있는 대부분의 가정주부들은 더빙을 선호하는데 TV앞에 앉아서 자막을 읽고, 화면을 보고 하다 보면, 화면에 대한 집중도가 떨어지기 때문에 시청을 그만두는 경우가 많다는 것이다.

<표 8-6> 말레이시아인이 아시아 지역 중 선호하는 수입 프로그램 제작국

선호국가	%
홍　콩	38.1
일　본	14.3
한　국	12.2
대　만	12.2
싱가포르	6.8
중　국	6.1
태　국	1.4
인　도	1.4

<표 8-7> 수입 프로그램 언어 수용 유형

	해외 프로그램	아시아 프로그램	한국 프로그램
지상파 TV	자막(76.7%)	자막(79.2%)	자막(67.2%)
위성 TV	원어(65.5%)	원어(46.9%) 자막(46.9%)	자막(66.7%) 더빙(33.3%)

◈ 한국 프로그램의 시청률

말레이시아에 수입된 역대 한국 프로그램 가운데 가장 높은 시청률을 기록한 프로그램은 2002년 10월에 TV3에서 방송되어 9.8%를 기록한 <가을동화>로 추정된다. <가을동화>는 인도네시아에서도 한국 드라마 가운데 가장 높은 시청률을 기록한 바 있어 가을동화적인 정서가 말레이시아와 인도네시아에서 공통적으로 관통하고 있음을 알 수 있다.

<표 8-8> 한국 프로그램의 시청률

프로그램 명	방송국	방송 기간	평균 시청률
가을동화	TV3	2002. 10. 1~ 10. 25	9.8%(157만4000명)
겨울연가	TV3	2002. 8. 13~ 9. 30	6%(102만3000명)
순 수	TV3	2002. 10. 27~ 10. 28	5.5%(90만 명)

◈ <겨울연가>에 대한 반응

겨울연가는 말레이시아 TV3에서 젊은 층을 중심으로 인기리에 방송되었으며 평균 시청률 6%를 기록했다. 처음에 <겨울연가>의 경우 중국계를 타깃으로 하려고 중국어 더빙방송을 하였으나, 말레이계도 무척 많이 시청하였다. 말레이계는 중국어는 못 알아듣지만, 말레이어 자막이 있었기 때문에, 나중에는 중국계보다 말레이계인들이 더 많이 시청하였다고 한다.

<겨울연가>는 말레이시아 드라마들과 비교하여 몇 가지 흥미로운 요소들을 가지고 있다.

① **아름다운 겨울풍경** : 겨울연가의 스토리는 겨울과 연관된 장면이 다수 등장, 겨울이 없는 말레이시아 시청자들에게는 신선하고 아름답게 다가갔다는 점이다. 결과적으로 겨울 장면은 말레이시아 시청자들로 하여금 한국의 겨울연가 촬영 장소를 방문하게 된 동인이 되었다.

② **첫사랑** : 대부분의 사람들이 자신의 첫사랑은 이루지 못한 채 기억 속에 각인되는 그리운 추억으로만 남아 있다. 그러나 겨울연가의 두 주인공은 수많은 곤란을 극복하고 일관되게 사랑을 지켜냈다. 이렇게 미완의 첫사랑을 스토리 축으로 구성하고 있는 점은 말레이시아 여성들에게도 커다란 관심의

대상이 되었다.

③ **출연 배우들의 뛰어난 용모** : 말레이시아 시청자들의 대부분이 한국 배우들이 말레이시아 배우들보다 젊고 연기력이 뛰어나다고 답했다. 아울러 출연배우의 사실적인 연기에도 많은 사람들이 감동했다고 한다.

④ **서정적인 음악과 마음을 사로잡는 대사** : 음악은 시청자들의 감정이입을 더욱 강화시키고 시청자와 드라마 속 현실을 더욱 견고하게 묶는 고리가 되었으며 겨울연가의 대사는 말레이시아 드라마와 비교해 풍부한 표현을 담고 있다고 평가하고 있다.

⑤ **광고 효과** : 많은 사람들이 드라마가 방영되기 전, TV나 라디오의 광고를 통해 겨울연가를 알게 되었다고 한다. 그러한 광고가 말레이시아 사람들의 호기심을 유발시켜 드라마 시청을 유도한 것이다.

제 9 장

말레이시아 관광정책

1. VMY2007

말레이시아는 2007년을 '말레이시아 방문의 해(Visit Malaysia Year 2007)'로 선포하고, 말레이시아를 아시아 지역 최고의 휴양지로 홍보하는 국가적인 캠페인을 하였다. 말레이시아 방문의 해로 지정된 2007년은 말레이시아 독립 50주년을 맞는 해로서 캠페인의 의미를 강조하고 있다. 말레이시아는 이번 '2007년 말레이시아 방문의 해' 캠페인을 통해 보다 많은 관광객을 유치하고 말레이시아를 방문하는 전 세계 관광객들에게 말레이시아만의 독특한 관광 프로그램과 다양한 행사를 선보였다.

'2007년 말레이시아 방문의 해' 캠페인을 위한 첫 단계로 말레이시아 관광부는 'Malaysia Welcomes the World(말레이시아는 전 세계인을 환영합니다)'라는 캠페인을 벌였으며, 'Malaysia Welcomes the World' 캠페인은 '2007년 말레이시아 방문의 해'를 앞두고 말레이시아 전 국민들의 관광에 대한 인식을 새롭게 하고 호스피탈리티(Hospitality)서비스를 업그레이드 하는 데 의의를 두고 있다.

2. 말레이시아 관광 정책

1) 말레이시아 관광청

1959년 최초로 통상부(Ministry of Commerce) 산하에 관광국(Department of Tourism)을 신설, 1972년에는 PATA 총회 유치를 계기로 관광개발공사(TDC: Tourist Development Corp.)를 설립하고 70~80년대를 통해 관광기반 하부구조 건설에 주력하였다. 1986년에는 다시 PATA 총회 유치를 계기로 1987년에 문화·예술·관광부(MOCAP: Ministry of Culture, Arts and Tourism)를 신설하고 TDC를 지속시켰다가, 1992년에 MTPB(Malaysia Tourism Promotion Board)설립법이 국회를 통과함으로써 기존의 TDC를 MTPB로 대체하고, 하나의 독립된 청으로 자리매김하였다. MTPB의 약칭은 'Tourism Malaysia'이다.

2) 관광진흥정책의 방향과 전략

말레이시아 관광진흥정책의 방향과 전략은 다음과 같다.

가. 관광진흥정책 목표

- 외래관광객 증대
- 방문객들의 평균체재 기간을 늘려 관광수입 증대
- 국내관광의 성장 촉진
- MICE로부터의 수입 증대

나. 말레이시아 관광청 관광진흥 전략 (2004년부터 2006년 3년간 우선과제)

- 관광객 증대
- 말레이시아의 주요시장에 지속적으로 개발과 유지
- 시장의 다양화
- 실제적인 여행으로 흥미 유도
- 시장 개발 증대 : 새로운 시장, 새로운 상품, 새로운 세분 시장

다. 주요 관광진흥 계획

① 일본시장 대상 Post-SARS 유치 전략

- 2007년 일본관광객 60만명 유치 목표, 장기적으로 100 만명 유치 목표
- 차관을 중심으로 2003년 부터 일본 주요도시에 관광 유치단 파견
- 정부, 호텔, 항공사가 연합하여 특별 패키지 제공
- 30대의 여성층, 장년층, 가족단위 여행객 및 신혼여행객 등이 핵심타켓
- 언론인과 여행업자를 대상으로 "Mega Fam Tour" 추진

② Malaysia, My Second Home

- 복수비자 취득자로서 말레이시아에 장기 체류를 원하는 세계 모든 사람들을 대상으로 하고, 인가된 병원의 건강검진서가 필요하며, 말레이시아 이민국 및 다른 말레이시아 해외대표기구, 말레이시아 관광공사 등에서 신청이 가능하다. 또한, 'Social Visit Pass'를 발급하여 처음에는 5년 기한 후 갱신 가능하다.
- 신청자격조건: 50세 이상은 말레이시아내에 있는 금융기관에 일정금액을 유치하거나 매월 고정수입이 있는 사람이고 50세 미만은 일정금액을 유치하고, 매월 고정수입이 있어야 한다.

③ Homestay Program

말레이시아의 문화와 말레이시아인들의 일반적인 가정생활도 체험할 수 있도록 하기위한 새로운 숙박형태이다.

◈ 세부내용

① 적정 수준 이상의 시설을 갖춘 가정집을 대상으로 한다.
② 이 사업에 참여하는 관광업체는 관광객에게 예약, 교통편 제공, 국내외 프로그램 촉진 등 다양한 서비스를 제공하여야 한다.
③ Ministry of Culture, Arts and Tourism(MCAT)는 홈스테이 프로그램에 대한 안내책자(brochures) 분배를 도와준다.
④ 홈스테이 참여를 원하는 사람은 Ministry of Culture, Arts and Tourism(MCAT)의 신청서를 작성하면 된다.

3) 홍보 및 마케팅

가. 홍보

① 홍보대상국

- 중점시장 : 중국, 대만, 홍콩, 인도, 동남아시아국가연합(ASEAN)
- 잠재시장 : 서아시아, 파키스탄, 인도차이나, 뉴질랜드

② 프로모션 프로그램

- 여행박람회에 참여, 판매와 로드쇼를 위한 조직구성, 소비자 프로모션, 특별 프로젝트 및 지역간 협력(ASEAN), 프로모션 협력(TM-MH, TM-STB).

③ 새로운 마케팅 접근

- 주제가 있는 광고
- 메가팸투어 프로그램 : 말레이시아에 대한 인식고취, 긍정적인 선전이나 홍보 형성, 말레이시아 브랜드 강화, 산업 네트워크 강화 등의 목적으로 시행하고 있다
- 국외에서 활동할 문화예술단 구성: 그 지역에 상주하면서 정기적으로 각종 말레이시아 문화예술 공연을 한다, 아시아(방콕, 베이징, 광저우, 홍콩, 뉴델리, 오사카, 서울, 상하이, 싱가폴, 타이페이, 도쿄, 아부다비, 자카르타), 유럽(런던, 노팅엄), 미주(LA, 뉴욕, 밴쿠버), 오세아니아(퍼스, 시드니)
- 틈새시장 : 생태관광(Eco Tourism), 농촌관광(Agro Tourism), 교육관광(Edu Tourism), 스포츠관광(Sports Tourism), 의료·건강 관광(Medical & Health Tourism)
- 스페셜이벤트

나. 주요 캠페인

① Malaysia Truly Asia

- 개요
  - 1998년 1999년 말레이시아 관광산업의 심각한 침체를 극복하기 위한 캠페인으로 1999년 10월부터 시행됨.
  - 국제관광뿐만 아니라 국내관광 촉진을 위한 캠페인.
- 의미

  말레이시아인, 중국인, 인도인 아시아 최고의 3대 문명에 소수민족의 민족성을 결합한 것으로 독일, 포르투갈, 태국, 영국의 영향을 받은 문화에게는 다른 지역과 차별화되는 말레이시아만의 독특함과 색깔을 보여준다.

다. 관광산업 침체 극복을 위한 마케팅

① 1998년 1999년은 외래관광객 수 감소, 실업자 증가, 여행사 도산, 국가의 프로모션 예산 감축, 항공기 최소 및 중지 등 말레이시아 관광산업에 있어서 심각한 침체 기간이었다.

② 이를 극복하기 위한 말레이시아 관광청의 행동계획으로는

- 브루나이 등 경제침체의 영향을 받지 않은 시장에 프로모션 노력을 집중한다.
- 즉시 재방문을 할 수 있는 역내관광 강조
- 국내관광 성장 촉진

라. 아름다운 말레이시아의 이미지 창출

말레이시아의 아름다운 이미지를 창출하기 위하여 주변 국가와 관계를 수립한다.

- Indonesia-Malaysia-Thailand Growth Triangle
- Indonesia-Malaysia-Singapore Growth Triangle
- Brenei Darussalam-Indonesia-Malaysia-Philippines East ASEAN Growth Area
- ASEAN Co-ordinating Committee on Services
- ASEAN-NTOs
- ASEAN-Mekong Valley
- ASEAN Centre, Japan
- ASEAN-ROK
- ASEAN-India-Bureau International Exhibition

4) 관광상품개발

가. 건강관광

- 문화예술관광부와 보건부가 건강 여행 목적지로서의 말레이시아를 홍보한다.
- 보건부는 건강관광 진흥을 위해 의학전문가, 개인병원, 클리닉의 광고를 제한하는 현재의 법을 개정하고
- 보건부는 건강관광위원회 설립하였다.
- 병원, 여행사 및 관련 업체들과 협력하여 다양한 상품을 제공하고, 유럽 등에서 사설병원에 대한 투자가 이루어졌다.
- 2001년 약 10만명의 외국 관광객들이 말레이시아 병원

에서 치료를 받았으며 150백만링깃(2003년 1월 1링깃은 약 330원: 495억원)의 수입을 올렸다.

- 향후 수년 내에 4억링깃(1,320억원), 2010년에 이르러서는 22억링깃(7,260억원) 수입을 올릴 계획을 설정하였다.

5) 수용시설개선 및 기타

가. 관광시설 확충

① 외래관광객 수용태세를 개선하기 위한 방안으로 주요 도시 또는 관광지에 호텔 및 휴가촌 개발 계획을 진행 중이다.

② 사회간접자본시설의 확충을 위하여 '비전 2020 : Twin City'의 건설을 추진하고 있다.

나. 고정환율제

1998년부터 고정환율제를 시행하여 가격안정으로 여행객들에게 매력요인이 되고, 여행기획자나 상품 개발자들에게도 안정된 가격으로 상품을 기획할 수 있어서 말레이시아 관광 촉진에 도움이 된다.

6) 관광산업 지원

가. MICE(Meeting, Incentives, Convention & Exhibitions) 산업 중점육성

① 'MICE 참가자 배증(倍增)프로젝트'를 통해 현재 전체

관광수입 중 5.3%의 MICE산업을 15%까지 증가시킬 계획이다.

② 전세계 MICE 관련 바이어와 언론인을 초청하여 말레이시아를 휴가와 컨벤션 목적지로 홍보하는 'Global Meet Malaysis 메가 팸투어'행사를 2001년부터 전개하고 있다.

③ 대규모 컨벤션단지 개발

- 콸라룸푸르 시내 중심부에 아시아 최대 규모의 컨벤션 전용 건물을 포함하는 면적 100,000㎡의 컨벤션 단지를 2004년까지 완공 하였으며
- 한 번에 2,000명 이상을 수용할 수 있는 컨벤션센터 건물과 음악회, 스포츠 등의 각종 행사의 중심지로 만드는 것이 목적이다.

나. SARS 및 이라크 전쟁 극복을 위한 지원

- 여행사의 세금 감면, 호텔의 전기세 할인혜택, 특별 시설 지원금을 공급한다.
- 6월~12월까지 호텔의 전기세를 5% 감면하고
- 택시업자에게 6개월 동안 도로이용료(road tax) 50% 감면하고
- 6월~12월 호텔과 레스토랑의 서비스세금 공제, 2003년 6월 호텔의 무료초대권에 대한 서비스세금 철폐하고 있다.
- 2003년 6월~12월까지 여행업자들의 수입세 할부납부 연기.
- 급여연체, 침체된 사업체에 재건 대출을 위한 재정재단 설립을 추진한다.

다. 관광사업체 지원을 위한 인센티브 정책

① 관광 사업자를 위한 소득세 감면 혜택

- 단체 관광의 형태로 최소한 500명 이상의 외국인 관광객을 유치한 관광사업자에게 단체 관광을 통해 획득한 수입에 대하여 소득세 감면 혜택을 부여하고 있다.
- 국내 관광 패키지로 연간 최소 1,200명의 국내 관광객을 유치한 관광사업자에게 소득세 감면 혜택 부여하고 있다.
- 이 장려정책은 1994년부터 2006 과세연도까지 적용됨.

② 해외홍보 활동에 대한 이중 공제

- 호텔과 관광 사업자(tour operator)의 해외홍보 활동으로 발생하는 지출에 대해 이중 공제 혜택 부여하고 있다.
- 말레이시아 외의 지역에서 실시한 매스미디어 광고와 홍보비용.
- 해외고객을 대상으로 한 홍보책자, 정기간행물과 안내책자의 출판비용과 고객에게 무료 배송된 경우 배송비로 지출된 비용.
- 해외시장 개척을 위한 시장조사에 지출된 비용. 단 문화예술관광부 장관의 사전승인을 받은 때에 한한다.
- 광고계약 협상과 성사를 위한 해외출장 또는 문화예술관광부 장관이 승인한 무역박람회, 회의 또는 포럼 참가를 위한 해외 출장시 교통비로 지출된 비용, 단, 해외체제기간 중 숙박비는 1일당 300링깃, 식비는 1일당 150링깃을 초과 할 수 없음.

- 문화예술관광부 장관이 승인한 무역박람회, 국제회의, 포럼의 개최에 지출된 비용이다.
- 말레이시아 관광 유치를 위해 설립된 해외영업사무소의 유지관리 비용.

③ 서비스 세금에 대한 감면

- 서비스 관련 세금 감면은 2성급 호텔과 그 이하의 급에서 최소 20개의 객실을 가진 호텔, 예외적으로 페낭 섬, 조호르바루, 그리고 콸라룸푸르 지역에서는 최소 50개의 객실을 가진 호텔에 적용하고 있다.
- 서비스 세금은 객실 대여, 식음료 그리고 담배 등에 관련하여 5%에서 10%까지 고객의 비용 절감 차원에서 감면하고 있다.

④ 호텔의 확장, 리모델링, 현대화 사업에 관한 세금 감면

- 숙박업 사업자는 호텔의 확장, 리모델링, 현대화 사업에 관련하여 개척 자격부여와 투자세 공제 정책 하에서 소득세나 투자세의 감면 혜택 부여하고 있다.
- 이 세금 감면 혜택은 5년 이상 운영된 호텔에 한해 1회만 신청 가능.

⑤ 중저가 호텔(3성급 이하의 호텔)의 건설에 관한 소득세·투자세 감면

- 문화예술관광부의 인가를 받은 3성급 이하의 호텔에 한해 세제감면 혜택을 부여하고 있다.
- 호텔업 회사는 개척 자격 부여의 조건하에서 소득세 감면이나 투자세 공제정책에 따라 투자세 감면 혜택 부여하고 있다.

⑥ 관광 요식업에 대한 세금 감면 혜택

아래와 같은 조건을 갖춘 요식 사업자들에게 세금감면 혜택 부여하고 있다.

- 건물과 건물 내부 장식이 말레이시아 문화를 보여주는 곳
- 관광객의 관심을 집중시킬 수 있는 시장 지역
- 관광 패키지에 포함될 정도의 인기를 가진 곳
- 문화 전시, 행사가 개최되는 곳

⑦ 국제회의와 무역박람회의 주최에 대한 세금 면제

- 말레이시아에서 개최되는 국제회의를 주최하는 내국기업으로서 500인 이상의 외국인 참가자를 유치한 때에는 당해 소득에 대해 세금 면제를 하고 있다.
- 연간 500명 이상의 외국인 방문객을 유치하는 업체가 말레이시아 내에서 개체되는 국제무역전시회의 주관 운영으로 얻은 소득의 경우 세금을 면제받을 수 있으나 당해 무역전시회는 말레이시아 대외무역개발공사(MATRADE)의 승인을 받은 것이어야 한다.

⑧ 기타 세제감면

- 관광 프로젝트를 위해 수입되거나 내수로 구입되는 설비와 기계에 대한 물품세와 판매세에 대해 감면 혜택을 부여하고 있다.
- 호텔과 관광 프로젝트는 수입이 확인된 자재/장비에 대한 수입관세와 판매세를 완전면제받을 수 있으며 국내 매입이 확인된 장비에 대한 판매세와 국내 소비세를 면제받을 수 있다.

3. 말레이시아 관광 동향

1) 외래객 입국 동향

① 말레이시아를 방문한 외래관광객은 1998년 10.6%의 마이너스 성장을 보였으나, 1999년부터 2006간 최근 7년간 연평균 25.5%의 높은 성장세를 기록하고 있다.

② 1999년도에 1998년 대비 42.9%의 급성장세를 보인 것은 1997년 초부터의 아시아 전체의 경제 위기와 내부적으로는 폭동으로 인한 부정적인 이미지가 언론에 부각되어 1998년 입국자수가 전년에 비하여 약 50% 정도 감소하였다가 1999년 이후 아시아의 경제가 안정이 되고, 내부적으로는 말레이시아 관광청의 조직개편과 '말레이시아 진실의 아시아(Malaysia Truly Asia)'라는 캠페인을 통해 1999년 말레이시아 방문 관광객이 증가한 것으로 보임.

③ 2000년 위기에 빠져있던 아시아 경제가 상당한 회복을 보이는 등 전반적으로 세계 경제 상황이 양호하여 해외여행이 폭발적으로 늘어나면서, 아시아 주요 관광지 중 질병 및 사고의 위험이 적으며, 다양한 즐길 거리와 천혜의 자연경관을 갖춘 말레이시아가 휴양여행지로 선호됨에 따라 전년대비 28.9%가 증가하여 사상최초로 1천만명 이상의 외래 관광객을 유치하였음.

④ 2001년 전세계 대부분의 국가가 세계 경기침체 및 미국 테러사태의 영향으로 부진을 면치 못하고 있는 상황에서 말레이시아는 12,775천명의 관광객을 유치하여 전년대비 25%의 성장세를 기록하였는데, 이는 말레이시아의 제

1·2시장인 싱가포르와 태국의 해외관광객이 9.11 미국테러의 여파로 역내여행을 선호한 것에 기인한 것으로 분석된다.

⑤ 2007년에는 외래 입국자수가 15,402천명으로 전년대비 5%의 플러스 성장률을 보이고 있는데 이는 싱가포르, 태국, 인도네시아 등 인근 동남아 국가의 관광객 수가 꾸준히 증가하였기 때문이다.

2) 내국인 출국 동향

① 말레이시아는 인구가 약 2,420만명으로 1인당 국민소득이 5,607달러(2007년)이며, 경제 성장률은 7.5%(2007년)에 달하는 지역이다.

② 전체 인구의 25%를 차지하는 중국계를 중심으로 해외여행이 이루어지고 있으며, 기업체에서 실시하는 인센티브 해외여행이 다른 어느 나라보다도 활발한 편임. 이는 말레이시아내에 다국적 기업들이 많이 입주하고 있기 때문인 것으로 분석된다.

③ 해외여행을 떠나는 말레이시아인은 1999년 2,607천명, 2000년 3,053천명, 2001년 3,625 2007년 5,230천명으로 각각 1.7%, 17.1%, 18.7% 34.7의 꾸준한 성장세를 기록하고 있다.

특히 주목할 점은 말레이시아가 1999년 외래객 유치 40% 이상 급성장했다는 것으로 이는 관광관련 정부 조직개편, 부정적인 국가 이미지 쇄신을 위한 홍보활동 등의 정부의 적극적인 노력으로 인한 것으로 분석된다.

<표 9-1> 말레이시아 관광객 추이

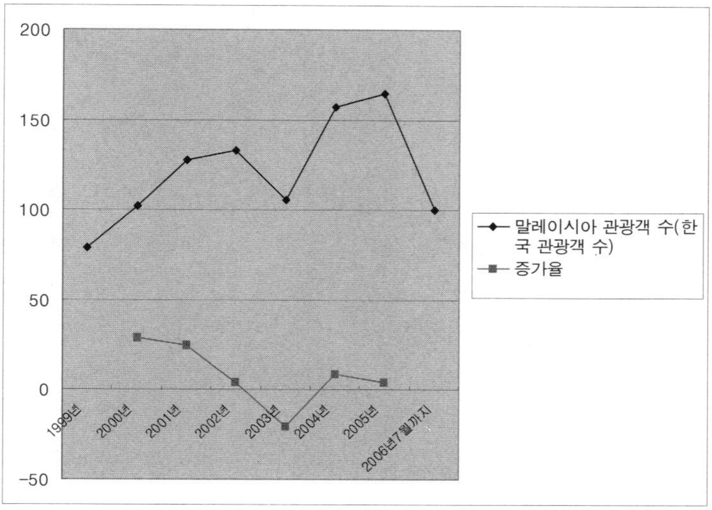

<자료>말레이시아 관광청

3) 국제 관광 수지 동향

말레이시아는 1998년 4억달러, 1999년 12억달러, 2000년 17억달러, 2001년 24억달러, 2002년 25억달러, 2003년 21억달러, 2004년 29억달러, 2007년 32억달러의 관광수지를 기록하고 있다. 말레이시아는 입국자수보다 출국자수가 3배나 많은 것으로 나타나지만 관광수지면에서는 흑자를 보이고 있는데, 이는 관광출국자수가 대부분 인센티브 관광객이기 때문인 것으로 분석된다.

4. 관광정책 추진체계

1) NTA

가. 명칭

문화예술관광부(Ministry of Culture, Arts & Tourism) : 문화예술관광부는 1987년 창설되었으며 기존에 통산부(The Ministry of Trade and industry)에 속해 있던 관광업무가 문화예술관광부로 이관되어 운영되고 있다.

나. 예산

① 관광기금 20억 링깃(2007년)

- 특별관광기금 500백만 링깃(105백만달러), 관광시설기금 800백만 링깃(2007년 예산)
- 2007년에는 관광시설기금이 400백만링깃(73백만달러)
- 관광기금은 개발은행(Infrastructure and Development Bank)에서 관리하고 있다. 초기에는 새로운 관광상품에 투자할 계획임. 효율을 높이기 위해 정부는 정부의 재무부(Ministry of Finance)에서 기금의 지불이나 승인과 관련하여 평가한다.
- 관광기금 중 특별관광기금으로 MTPB 예산을 지원한다.

② 관광 프로모션 예산: 415백만 링깃(2007년예산)

다. 주요기능

- 국가차원의 관광 정책 및 기타 다른 관광정책에 대한 실행과정을 점검한다.

- 국내관광진흥을 위한 개발과 계획을 수립한다.
- 지역주민과 관광객의 욕구를 맞추고 지역의 특성을 기반으로 한 관광활동 및 관광상품을 개발한다.
- 관광산업의 서비스 및 시설에 대한 품질 평가를 실시한다.
- 관광산업 발전에 방해가 되는 각종 이슈들에 대한 통제 및 조정 기능.
- 연구를 통하여 관광의 잠재성을 확인.

2) NTO

가. 명칭

말레이시아 관광공사(Malaysia Tourism Promotion Board 또는 Tourism Malaysia): 1972년 법령에 의해 통산부(The Mini stry of Trade and industry) 산하의 기관으로 '말레이시아 관광개발협회(The Tourist Development Cor poration of Malaysia)'가 설립되었으나, 1992년 말레이시아관광공사법(MTPB: Malaysia Tourism Promotion Board Act)에 의해 '말레이시아관광공사(Malaysia Tourism Promotion Board)'로 변경되었고, 문화예술관광부(Ministry of Culture, Arts & Tourism)의 감독을 받고 있다.

나. 조직

- 말레이시아 관광공사는 크게 Deputy director general I, Management, Deputy director general II 3개 체제로 구성되었다.

- 지역사무소 11개소 중 8개만이 운영중이고 나머지 3개는 활동을 하고 있지 않다.
- 말레이시아 관광공사 인력은 국내 429명, 국외지사 61명(현지직원)으로 총 490명이 있다.

다. 주요기능(말레이시아 관광청 내부자료)

- 말레이시아 국내외 관광 홍보 및 촉진
- 국제관광, 국내관광 증진을 위해 말레이시아를 개발
- 정부, 비정부단체 등 관광관련 단체에서의 중재자 역할
- 관광관련 문제에 대한 대정부 건의활동 등이다.

제 3 부

말레이시아 산업 정책

제 1 장

말레이시아 산업구조 정책의 변화

오늘날 국가간의 경제적 교류는 날로 확대되고 있다. 상품과 서비스 무역의 실질 증가율은 세계경제의 성장률을 상회하고 있으며 자본의 국가간 이동도 빠른 속도로 증가하고 있어 세계경제는 지구촌을 무대로 하여 빠르게 통합되고 있다.

이처럼 경제활동에 있어서 국경의 개념이 약회되고 국가간의 장벽이 해소됨에 따라 개별국가의 경제정책이 타 국가의 경제에 대하여 미치는 영향도 점차 강해지고 있으며 이와 같은 경제정책의 상호의존성은 국가간의 마찰 요인이 되고 있다.

한편 세계경제의 급격한 변화는 자국이 경제정책이 경쟁력을 지니도록 요구하고 있으며 특히 산업정책을 합리화하도록 요구하는 것이 시대적인 대세라고 할 수 있다. 그렇다면 산업정책이란 과연 무엇인지 구체적으로 살펴보자.

산업정책이란 산업구조 정책으로도 불리는데 이것은 정부가 경제운영의 목표를 달성하기 위하여 시행하는 정책의 한 수단이다. 산업정책에 대한 논의는 오랜 역사를 갖고 있지만 산업정책이 체계적이고 본격적으로 논의·정의되기 시작한 것은 1960년대 이후부터이다. '산업정책'이란 용어는 1970년대 중반만 하더라도 영어권에서는 거의 찾아볼 수 없었는데 산업정책의 개념과 용어를 처음으로 사용하기 시작한 것은 일본이었다.

일본통산성이 경제정책을 수행하는 과정에서 산업정책이란 용어를 사용하면서부터 비로소 산업정책이란 용어의 개념이 형성되었는데 일본에서조차 이 새로운 개념 및 용어는 생소하게 받아들여지고 있었다. 그 이전에는 산업합리화, 산업구조론 또는 산업구조의 고도화, 신 산업체제론, 산업재편성 등의 용어로서 산업정책의 문제가 거론되었다.

1. 산업구조 정책의 개요

산업정책은 그 짧은 역사와 이의 실시 여부에 대한 각국의 엇갈린 견해로 인하여 구체적으로 일치된 학문적 정의가 없다. 따라서 경제학자에 따라 아주 다양하고 폭넓은 정의가 내려지고 있는데, 용어 자체도 구조정책, 적극적 조정정책(Positive adjustment policy), 산업전략(Industrial strategy) 같은 다양한 표현으로 사용되고 있다.

한 나라의 산업은 생산요소 가격, 제품의 상대가격, 기술수준 및 수요 패턴의 변화 등에 따라 산업간 또는 산업내 구성이 항상 동태적으로 변화하게 된다. 특히 수요의 소득탄력성, 규모의 경제, 기술진보속도 등의 차이와 정부의 정책개입정도 및 국제 분업구조에 따라 산업의 발전 속도는 달라 질 수 있다.

따라서 산업구조[82]는 국민경제에 바람직한 방향으로 형성될 수 있고 불균형발전의 정도가 심화되어 산업관련효과가 약화되는 방

82) 제조방식이 유사한 상품을 생산하는 기업들의 집합을 산업이라 할 때 (J.Robin-son) 산업구조란 제산업간의 구조, 즉 산업 상호간의 구성비율 관계를 지칭하는 경우와 어떤 특정한 산업의 구조, 즉 기업의 수, 진입장벽, 제품수요의 가격탄력성 등을 포함하는 산업조직론 적 입장에서 대별할 수 가 있는데, 여기서는 전자의 개념을 뜻한다.

향으로 형성될 수도 있는데, 산업발전에 관한 경험적 법칙들에 따르면 첫째, 1인당 국민소득이 높은 나라일수록 제 1차 산업의 취업자비율이 낮고, 소득수준이 낮은 나라일수록 높은 경향을 나타내고 있다.

둘째, 공업부문에서도 공업화 초기에는 소비재산업이 먼저 발달하지만, 점차 자본재(투자재)산업의 발달속도가 빨라짐으로써 자본재산업의 순 생산액에 대한 소비재산업의 순생산액비율(호프만비율)이 낮아지는 경향을 갖는 것으로 나타났다.

산업구조정책이란 이러한 산업 간의 불균형발전을 전제로 산업간 자원 배분에 정부가 개입하여 시장의 실패를 보완하고 구조조정으로 인한 사회적 손실을 극소화시키고자 하는 정책이라 할 수 있다. 이와 같은 산업구조 정책의 범주 속에 광의로는 미래성장산업의 육성, 산업조직효율과 및 사양산업에 대한 조정원조 등이 포함된다 하겠으나, 주로 ① 국제비교 우위구조에 입각한 대외경쟁력 우위산업 육성 ② 산업의 전후방 파급효과를 감안한 구조고도화 ③ 신기술·신산업의 육성 ④ 사양산업에 대한 조정원조 등이 산업구조정책의 골격을 이룬다고 할 수 있다.

최근 산업정책에 대한 세계 각국의 학자들의 견해를 요약해보면 대충 다음과 같다.

즉 산업정책이란 산업의 발전과 효율성을 증대시키기 위한 정책으로서 경쟁력 시장기구가 갖는 결함, 즉 시장실패 때문에 자유경쟁에 의해서는 자원배분 또는 소득분배상 어떤 형태의 문제가 발생할 경우, 국가가 산업부문간의 자원배분 또는 개별산업 내의 산업조직에 개입함으로써 그 나라의 경제적 후생수준을 향상시키려고 하는 정책이다. 또 특정 산업의 국내생산자가 보다 경쟁력을 강화할 수 있도록 생산적 자원을 배분하는 통합된 정부의 행동이며 아울러 산업이 경쟁력 있는 생산성을 확보하도록 하기 위한 일관성 있는 공공정책의 집합이라고 정의하고 있다.

산업정책에 대한 배경과 특징을 살펴보면 대략 다음과 같이 정리할 수 있을 것 같다. 우선 1950~60년대 이후 꾸준하게 성장해온 일본경제이다. 일본경제는 전후 미국의 1/10분에 불과하던 1인당 국민소득이 1990년대 중반에는 대등해질 정도로 고도성장을 구가해 왔다. 그 이유는 그 동안 국내불황, 오일쇼크, 통상압력, 엔고 등 많은 악조건에서도 부단하게 성공적으로 구조조정을 해왔기 때문이다. 많은 사람들은 일본의 중요한 성공요인으로 효율적인 산업정책을 꼽고 있다.

또 하나의 특징은 전통적으로 농업국이자 저개발국이던 아시아 신흥 공업국의 출현이다. 동남아 신흥 경제성장국뿐만 아니라 말레이시아 역시 1970년대부터 1990대까지 한국, 일본 못지않은 고도성장을 실현하여 국제사회의 주목을 받았다.[83] 말레이시아의 경제발전에 많은 영향을 준 나라로는 일본과 한국이며 최근까지 경제성장을 거듭할 수 있었던 것도 한국과 일본을 모델로 하고 있었기 때문이었다.

또한 구미 선진공업국의 보호주의적 통상정책을 들 수 있는데 이로 인하여 부분적이나마 제공업화에 성공했다. 말하자면 사양산업으로 여겨졌던 일부 산업에 대한 경쟁력이 다시 생기면서 산업구조 또는 산업 조정에 대한 새로운 인식이 대두되게 되었다는 것이다.

다음으로 전자·정보기술 등 하이테크를 기반으로 하는 신산업군의 출현이다. 신산업이 가지고 있는 유치성과 성장잠재력 때문

83) 외환위기로부터 시작된 경제위기로 국제사회의 원조를 요청하게 되면서 대외이미지 뿐만 아니라 경제성장에 대한 우려의 목소리가 커지고 있다.

에 유치산업보호 논쟁을 불러일으키면서 선진공업국, 개발도상국 할 것 없이 모든 나라가 하이테크산업의 육성을 위하여 경쟁적인 노력을 하고 있기 때문이다.

또한 산업정책의 특징은 공급 지향적 성격을 갖고 있는 정책이라는 것이다. 즉, 경제성장을 직접적인 목적으로 하여 총공급관리에 초점을 맞추고 있다는 것이다. 이는 재정·금융수단을 통하여 총수요를 관리함으로써 단기적인 경제안정을 직접적 목표로 하는 케인즈적 거시정책과 구별되는 점이다. 또한 산업정책은 생산자원의 공급과 배분에 정부가 개입함으로써 산업 활동을 지원·조정 또는 규제하여 그 효과가 발생하게 된다. 이 경우 정부개입의 정당성을 확보하여 주는 근거는 이른바 시장실패 즉, 시장가격기구를 통한 최적자원배분이 이루어지지 않는 현상이 발생할 수 있다는 것이다.

산업정책은 역사적으로 볼 때 경제발전이 뒤떨어진 국가에서 강조되었는데 국민경제의 성장잠재력이 미약하거나 훼손될 때 그 중요성이 부각되었다. 오늘날의 일본은 1968년 명치유신 이후 중요산업을 정부가 직접 영위하였고, 2차 세계대전 이후 최근까지도 전략산업의 육성에 있어서 정부의 직·간접적 지원이 큰 역할을 담당하였다. 또한 말레이시아의 경우 1970년대 중반부터 본격적으로 산업화를 추진함으로서 정부가 철저하게 개입했다.

이와 같이 경제발전의 초기단계일수록 산업정책이 보다 강조되는 이유는 그 존재 근거가 되는 시장실패가 선진국보다는 개발도상국에서 보다 폭 넓게 존재하기 때문일 것이다.

2. 산업구조 전환의 방향

1990년대 들어오면서 산업구조의 변화는 급격하게 변동하는 국제경제 현상에 적응하는 과정으로 전개되면서 국민 경제적 관점에서 산업 간의 어떤 구성이 가장 바람직한 산업구조냐? 하는 질문에 초점이 맞춰지고 있다. 산업정책론 관점에서 보면 전통적 무역이론에서와는 달리 한 나라의 비교우위는 고정불변의 것이 아니라 정부의 정책에 따라 창조되고 기술진보와 인적 자본에 따라 끊임없이 변하고 있기 때문이다.

리카르도의 '비교생산비설'이나 헥셔-오린의 '요소부존이론'에서 각국의 산업구조는 그 자체가 최적이며 정태적이다. 각국의 산업구조는 그 나라가 가지고 있는 비교우위에 결정되는데 이는 무역당사국뿐만 아니라 세계경제의 후생을 극대화시키므로 그 자체가 최적의 산업구조가 된다. 리카르도의 이론에서는 자국의 노동생산성이 높아 비교생산비가 상대적으로 낮은 산업에 특화한 산업구조가, 헥셔-오린 이론에서는 자국이 지닌 요소의 상대가격이 저렴한 산업에 특화한 산업구조가 최적의 산업구조인 것이다.

그러나 오늘날과 같은 동태적 국제 분업 체제 속에서 정태적 최적산업구조의 개념을 받아들이려는 이론이 존재하고 있다. 노동력이 풍부한 개발도상국은 헥셔-오린의 이론에 따라 신발이나 봉제완구 같은 노동집약적 산업에 특화한 자국의 산업구조를 최적이라고 생각하지는 않는다. 왜냐하면 급격히 진전되는 기술진보와 축적되는 학습효과에 의한 과학 기술 잠재력 향상에 의해 각국의 최적산업구조의 개념이 시대상황에 따라 바뀌면서 국제 분업체제 자체도 동태적이 되기 때문이다. 그러므로 최적산업구조의 개념은 '주어진 일정시점'에 그 나라가 '어느 경제발전 단계'에 있느냐에 따라 파악되어야 한다. 이와 같이 각국의 경제발전단계에 따라 최적산업구조가 다를 뿐만 아니라 '어느 시점'이냐에 따라서 그 개념도 변한다. 그렇기 때문에 선진국에서부터 중진국, 개발도상국에 모두 적용될 수 있는 최적산업구조의 개념을 일률적으로 정할 수 없는 것이다. 여기서는 말레이시아 입장을 중심으로 산업구조를 전개해 보고자 한다.

말레이시아가 효율적인 산업구조의 방향정립을 위해서는 우선 세계화 시대의 말레이시아 경제의 과제를 도출하고 이러한 과제의 성취를 위해서는 각 경제주체간 시장의 합리적이고 효율적인 역할 분담이 있어야 한다.

위에서 언급한 것과 같이 말레이시아의 산업구조 전환은 경제성장과 발전의 핵심적 과제이다. 산업구조전환이 잘못되면 산업부문간의 불균형이 심화되어 각종 경제사회문제가 발생한다. 수출산업위주의 산업정책이면 내수산업이 소홀히 다루어지기 쉽고, 비석유화학 제조업 우선 정책은 석유·가수부문 성장을 저해하기 쉽다. 대기업 편중정책으로 중소기업의 발전이 저해될 수도 있다. 공업투자 우선 정책으로 인하여 농업이나 교통산업의 발전이 더뎌지기 쉬우며, 생산성이 낮은 산업에는 비교적 많은 투자가, 높은 산업에는 오히려 적은 양의 투자가 이루어져 자원배분이 왜곡될 수도 있다.

말레이시아는 근래의 경제개발계획(신경제정책)을 성공적으로 발전시키면서 고도성장을 달성하고 있다. 1997년 태국에서 시작된 동남아 외환위기로 인하여 말레이시아 경제가 타격을 입었지만 마하티르 수상의 효율적인 경제정책으로 인하여 이제까지 추진하였던 경제개발계획을 지속적으로 추진할 것으로 보인다. 앞으로 말레이시아가 바람직한 경제발전을 위한 산업구조는 어떠한 방향으로 전개되어야 하는지 구체적으로 설명하면 다음과 같다.

첫째, 현대는 급격히 변화하고 자국의 실리를 추구하는 시대이므로 산업구조 전환은 자국의 경제발전을 증진시키는 방향으로 이루어져야 한다. 특히 말레이시아의 경우 1980년대 이전까지는 수입대체 산업육성정책을, 1980년 이후에는 수출지향 산업육성정책을 채택하여 왔다. 1980년 이후 지금까지 말레이시아의 수출은 섬유, 의류, 목재, 컬러 TV 등 노동집약적 산업중심이었다. 이들 제품을 만드는데 필요한 기계장치는 주로 일본으로부터 수입에 의존해야 했으므로 말레이시아의 수출 증가는 곧 기계류 수입의 증가를 의미한다. 그러나 1980년대 후반에 들어오면서 첨단산업을 중심으로 급격하게 발전되는 형태를 보여주고 있다. 따라서 제품의 고급화를 이루고 또한 최종 제품생산에 필요한 각종 기계장치 및 첨단고부가가치 산업제품을 생산할 수 있는 방향으로 말레이시아의 산업구조를 전화해 가는 것이 중요하다. 말레이시아는 앞으로 경제발전을 통해 최종재 산업의 폭을 넓히는 것은 물론 경쟁력을 증가시키기 위하여 각종 수출품생산에 사용되는 관련 산업을 대대적으로 육성해야 한다.

둘째, 산업구조전환은 국민의 생활과 밀접한 관련이 되도록 이루어져야 한다. 특히 국민들 생활과 밀접하게 관련되어 있는 사회간접자본시설에 비중을 염두에 두어야 한다. 말레이시아의 산업정책에서 나타난 특징에서 볼 수 있듯이 1980년 이후 지금까지는 산업정책의 초점이 해외수요, 즉 수출에 두어졌으므로 말레이시아 국민들의 수요는 비교적 소홀히 다루어져 왔다. 산업정책은 장기적으로 국민소비생활의 변화를 충분히 감안하여야 좋은 효과를 창출할 수가 있다. 예를 들면, 자동차수요가 팽창하는 데도 이를 도외시하면 자동차산업 발전이 뒤처지면 자국 산업의 국제경쟁력 역시 떨어지게 된다. 또한 경제발전을 통한 국민들의 소득수준의 향상은 소비의 패턴을 변하게 하므로 국민들의 욕구변화에 적절히 대처하지 않으면 고급소비재의 산업을 적절히 반영할 수가 없다.

그리고 1990년대 들어오면서 콸라룸푸르를 중심으로 대도시에 살고 있는 말레이시아 국민의 자동차 수요가 급격히 증가하고 있으며 이에 필요한 도로·주차장 등 사회간접자본시설에 대한 투자가 부족하게 되면 이들 서비스의 비용이 급증하게 된다. 특히 말레이시아 도로, 철도, 항만 등 전통적인 인프라가 상당히 부족할 뿐만 아니라 인력개발, 정보통신과 같은 신인프라도 엄청나게 부족하다. 따라서 마하티르 정부는 예산배정을 증액하면서 부족한 재원을 보충하기 위해서 민간기업의 참여를 적극적으로 유도할 필요성이 높다. 민간기업의 SOC참여는 세계적인 추세이기는 하나, 어차피 수익성이 있는 일부 사업에 국한될 수밖에 없기 때문에 정부의 국공채발행 또는 조세 부담률을 높이는 방법이 연구되고 있다. 이와 같이 산업구조전환은 무엇보다 국민의 생활욕구 및 수요에 맞게 이루어져야 하는 것이다.

셋째, 경제정책의 방향과 일치하도록 산업구조가 이루어져야 한다. 예를 들면 말레이시아는 경제발전과정에서 1980년대 이후의 산업정책 방향을 비 석유·제조업의 중점적인 육성과 발전에 비중을 두었는데 특히 비 석유·제조업의 발전은 다른 산업의 발전을 촉진시키는 부수적인 효과를 갖고 있다. 철도, 항만, 전력, 용수 등 각종 사회간접자본시설의 확장이나 배후도시건설도 필요로 하는 것이다. 따라서 산업구조의 고도화는 이와 같은 일련의 산업연관관계를 잘 고려해야 한다.

넷째, 시장의 기능을 최대한 활용해야 한다. 즉 산업구조전환은 합리적으로 운영되는 방향으로 전개되어야 하는 것이다. 사회주의 국가에서는 중앙통제기구의 명령에 의하나 자본주의 경제에서는 가급적 시장메커니즘에 의하여 이루어지도록 해야 한다. 가격은 국가의 자원을 효율적으로 분배해주며 국민들이 원하는 것에 대해 최소의 비용으로 최대의 만족을 주는 장점이 있기 때문이다.

다섯째, 말레이시아의 산업구조전환은 급변하는 국제정세의 변화에 맞게 추진되어야 한다. 말레이시아는 경제개발과정에서 산업정책의 모델을 일본과 한국에 두었고 특히 한국의 경제성장의 모델을 따르고 있다. 따라서 상호보완적인 발전을 이루며, 상호경쟁산업 간의 대책을 합리적으로 추구해야 한다. 예를 들면, 섬유산업의 육성에 있어서는 주변 경쟁국(중국, 태국, 인도네시아, 베트남 등)들의 산업구조를 살펴보아야 하고, 말레이시아가 중점적으로 육성 발전시키고 있는 기술집약적 산업 및 첨단산업(컴퓨터, 가전, 자동차, 우주공학, 조선 등) 육성에 있어서는 싱가포르, 한국, 홍콩, 중국, 일본, 대만 등을 잘 벤치마킹하여 추진해야 한다.

3. 말레이시아 경제구조전환의 패턴

말레이시아의 경제성장과정에서 산업구조전환에 대해 구체적으로 살펴보면 다음과 같은 특성을 가지고 산업구조전환을 시도했음을 볼 수 있다.84)

84) 체너리의 분석틀을 통하여 10대 기본과정 중심으로 살펴보면, 체너리는 정상패턴, 전형적 패턴 또는 평균적 패턴이라고 한다. 여기서는 이 중 평균적 패턴, 평균수준 또는 기대수준이란 개념을 사용한다.

1) 공산품중심의 무역구조변화

세계 대부분 국가의 산업구조변화는 공산품 중심의 무역구조의 변화를 통해서 이루어지고 있다. 말레이시아 역시 산업구조의 변화는 무역구조의 변화로부터 시작하였고 이는 말레이시아의 경제개발계획(신경제정책)의 실행과정에서 필연적인 결과로 보인다.

말레이시아는 경제성장과정에서 1970년대 후반 이후의 산업정책의 방향을 수출지향 산업육성책으로 전환하였다. 이에 성장 지향적이고 공업 지향적이며 대외 지향적으로 변화했으며, 이러한 산업정책의 전략은 무엇보다 비석유 제조업부문의 생산과 수출을 대폭적으로 증가하게 만들었다. 이는 또한 무역구조의 대대적인 변화를 초래하였으며 무역구조의 변화는 또 다른 산업의 연쇄적인 변화를 유발하였다.

◈ 체너리의 경제구조 전환과정론

후진국이 한꺼번에 경제구조전환을 모두 마쳐서 선진국이 되거나 또는 선진국이 되었다고 하여 경제구조전환을 일시에 중단하는 것은 아니다. 경제가 발전하는 한 구조전환은 계속된다. 그리고 경제발전이란 산업구조나 무역구조의 변화가 잘 이루어진다고 하여 소망스러운 방향으로 진행되는 것이 아니다. 고용, 분배, 도시화 등 이와 같은 경제발전은 끊임없는 구조전환의 과정이므로 체너리는 발전론을 "발전과정론(theory of process of development)"이라고 한다.

현재 세계 198개국을 단순히 선·후진국으로 양분하는 사람도 있으나, 사실 이들 나라는 발전단계로 볼 때 거의 모두 상이한 발전단계에 있는 상이한 국가라고 할 수 있다. 모든 나라는 소득수준에 있어서 상이하므로 발전단계에 있어서도 그러하다. 그런데 중요한 것은 현재의 선진국도 옛날에는 후진국이었으나 끊임없는 구조전환을 거쳐 오늘날의 선진국이 될 수 있느냐 하는 것이다. 또한 이런 과정에서 연속적으로 발생하는 구조전환의 공통성과 보편성은 어떤 것이며 또 이를 어떻게 구명하느냐가 문제이다.

체너리는 경제성장 과정에서 발생하는 구조전환을 크게 ①자원배분과정 ②축적과정 ③인구변화 및 분배과정 등 3대 과정으로 분류한다.

2) 비석유화학 제조업중심의 생산구조 변화

말레이시아 산업정책의 전환은 비석유·제조업 중심의 생산구조로 변화시켰다. 이것은 말레이시아뿐만 아니라 전 세계 중진국 이상의 산업구조 변화과정에서 나타나는 보편적인 특징 중의 하나이다. 쿠즈네츠 교수가 경제구조 전환에서 발생되는 현상을 설명한 것을 살펴보면 다음과 같다.

쿠즈네츠 교수의 경제성장과정에서의 견해를 보면 다음과 같은 점을 설명하고 있다. 쿠즈네츠 교수가 경제성장의 구조전환에서 다음의 3가지 구성요소가 매우 중요하다고 하였다.

① 국민산출량의 지속적 상승은 경제적 성장의 표현이며 넓은 범위의 재화를 공급할 수 있다는 것은 경제적 성숙의 징표이다.

② 기술진보는 지속적 경제장의 기반 또는 그 선행조건을 제공한다. 그러나 이것은 필요조건이지 충분조건은 아니다.

③ 이러한 새로운 기술에 내재해 있는 성장가능성을 실현시키기 위해서는 제도, 태도, 이념면의 조정이 이루어져야 한다. 사회적 변혁이 수반되지 않는 기술적 혁신은 전기 없는 전구와 같다. 가능성은 존재한다고 할 수 있겠지만 보완적 요소 없이는 아무 것도 일어날 수 없는 것이다.

◈ 쿠즈네츠 경제구조 전환론

쿠즈네츠가 중시하는 경제구조의 전환은 다음의 여섯 가지이다.

① 1인당 산출량과 인구의 높은 증가율

② 경제성장과 더불어 전산업 중 농업의 비중은 감소하는 반면 비농업부분의 비중은 점증한다.

③ 생산단위의 규모가 확대된다. 즉 경제성장에 따라 영세 내지 소규모의 개인 기업 또는 가족기업의 비중은 감소하고 대기업의 비중이 증가한다.

④ 농촌보다 도시부문이 빨리 성장하므로 인구와 노동력은 농촌을 떠나 도시로 이동한다. 이에 따라 직업의 구조와 고용의 입지형태도 변화한다.

⑤ 산업화에 따른 대외 지향적 진출성향

⑥ 사회, 정치, 이념상의 높은 전환. 즉 어떤 사회에서 경제구조의 현저한 변화가 일어나기 위해서는 동시에 태도, 제도 및 이념상의 변화가 일어난다.

말레이시아경제는 특히 1970년대 후반부터 쿠즈네츠가 지적하는 바와 같은 고도의 구조전환을 시작했다. 그가 밝히는 구조전환의 변화를 보면, GNP 중 농림어업의 비중은 1960년대의 약 33%

에서 2001년에는 10.3%로 계속 하락하였다. 이처럼 과거에는 농림어업이 국민의 생활과 생산 활동을 지배하였으나 지금은 GNP의 70% 이상이 비농업부문에서 생산된다. 또 비농업부문 중에서도 서비스업의 비중이 계속 높아지고 있다. 제조업의 GNP에 대한 비중은, 미국의 경우에는 1920년대 이미 최고수준에 이르렀으나, 한국의 경우에는 1988년까지 계속 높아져왔다. 말레이시아는 경제개발계획에 착수한 이후 현재까지 제조업의 비중이 계속해서 증가하고 있다.

둘째의 변화인 기업의 규모 역시 계속 증가하여 왔다. 특히 개인기업보다 법인기업의 비중이 증가하고 있으며, 법인기업 중에서도 중소기업보다 대기업의 비중이 점증하고 있다. 현재 많은 국내기업들은 국제기업, 다국적기업, 범세계적 기업(transnational enter prises), 또는 초국적기업(global enterprises)의 형태로 전환되고 있다. 말레이시아 기업의 규모도 선진국과 같이 대규모화되고 있으며 또한 비인간적으로 조직화되고 있다.

셋째의 변화를 보면, 농촌부문의 비중은 크게 감소한 반면 각급 도시의 성장은 매우 빨랐다. 2000년 현재 총인구의 72%가 인구 5만 명 이상의 도시에서 살고 있다. 인구 2만 명 이상 도시에 거주하는 사람의 수는 총인구의 약 78.3%이다. 각급 도시의 성장에 따라 노동인구의 직업구조는 물론 지역적 분포 또한 크게 변화했다.

3) 직접생산자본(DPC: Directly productive capital)투자의 증가

1970년대 중반 이후 공산품생산과 수출의 확대는 수출산업의 설비투자 또는 직접생산자본의 투자 확대를 초래하였고 이는 경제발전에 필요한 자본 및 저축과 투자구조의 변화를 초래하였다.

말레이시아에서는 이러한 투자가 예상외로 상당한 많은 정도로 이루어졌으며 말레이시아의 대대적인 DPC(직접생산자본) 투자와 나은 국내 저축률은 많은 해외자본의 도입을 초래하였다. 특히 말레이시아는 다른 개도국과 마찬가지로 경제개발에 소요되는 재원 중 많은 부분을 외채에 의존하고 있다. <표 1-1>에서 보는 바와 같이 1970년대 후반부터 본격적인 경제개발이 추진되면서 경제개발에 필요한 자금을 외국으로부터 조달하면서 증가하였다. 1980년 외채가 66억 달러에서, 1986년 220억 달러로 1990년도에 160억 달러로 감소하였다. 이 기간 동안 외채가 감소한 원인은 국제원유 가격의 상승과 수출증가에 따른 경제성장으로 무역수지의 흑자를 통해서 외채 상환을 추진하였기 때문이다.

그러나 1990년대로 들어서면서 '말레이시아의 비전 2020' 경제정책을 수행하면서 자본집약적인 산업(반도체, 전자 등)을 발전시키면서 필요한 자본을 외국으로부터 차입하면서 외채가 다시 증가하기 시작하였다. 일례로 1993년 261억 달러, 1995년 343억 달러를 넘어섰고 1997년 외환위기가 발생하면서 470억까지 외채가 증가하였다. 이 시기에 외채가 증가한 가장 큰 요인은 경제개발과정에 필요한 재원을 확보하면서 무분별하게 차입했기 때문이다.

마하티르 수상은 외환통제 및 외채를 조기상환하고 기업들의 생산 활동이 외환위기의 양향으로 축소되면서 다시 외채가 감소하기 시작하였다. 그러나 2001년도에 들어오면서 447억 달러로 2000년도에 비해서 약 32억 증가하였는데, 이것은 말레이시아 경제가 다시 회복되고 경기부양책이 효과를 거두면서 기업들의 차입이 늘어나면서 외채가 다시 증가하기 시작하였다.

<표 1-1> 말레이시아 외채 추이

(단위 : 백만 달러 US$)

연도	1980	1986	1990	1992	1993	1994	1995	2000	2002	2003	2004	2005	2006
외채	6,611	21,880	16,080	20,024	26,148	29,537	34,352	41,939	48,300	48,600	52,200	51,000	51,000

자료 : Bank Negara Malaysia Annual Report

4) 사회간접자본(SOC : Social overhead capital) 투자의 증가

말레이시아는 영국의 식민지시대부터 고무, 주석 등 자원관련 산업과 더불어 도로, 항만, 전력, 통신 등이 비교적 잘 발달되어 있는 편이며, ASEAN 국가 중 인프라가 가장 잘 정비되어 있다. 또한, 말레이시아의 사회간접자본 부문 등 인프라부문은 말레이시아의 지속적인 경제성장을 위해 반드시 개선·확충해야 할 분야로 향후 경제개발에서 크게 활성화 될 것으로 보인다.

말레이시아는 이제까지의 경제개발 과정 중에서 필요한 직접생산 투자 부분과 더불어 항만, 도로, 전력, 용수, 공업단지 관계시설 등 각종 사회간접자본에 대한 투자가 상당히 증가하여 왔으며 또한, 사바주와 사라왁주의 사회간접자본 투자를 증가시키고 있는데 제 8차 말레이시아 계획(2001~2005) 동안 약 80억 링깃(23억 달러)를 투자할 계획으로 도로, 철도, 항만 등 SOC에 집중적인 투자를 하고 있다.

5) 많은 교육투자와 인적자본형성

자본형성과 관련하여 중요한 것은 최근 들어 말레이시아가 급속히 경제발전을 할 수 있었던 원인 중의 하나가 인적자본 형성, 즉 교육투자가 상대적으로 크게 높아졌다는 데에서 원인을 찾을 수 있다.

말레이시아 정부가 교육부문에 투자를 증가시키면서 국민들의 의식수준이 발달하는 계기가 되었으며, 정부가 1970년대부터 말레이어를 의무적으로 가르치게 하였으나 1990년대 들어오면서 마하티르 수상이 교육 개혁과 경제발전이라는 슬로건을 내걸고 개발적인 교육개혁정책을 실시하였다. 즉, 영어와 중국어, 말레이어를 공용어로 지정한 외에 영어를 국립대학에서 자유롭게 사용하도록 동기를 부여하고 있으며, 구체적으로 근래 들어 국립대학 10여개 및 580여 개의 사립대학에 영어로 수업을 진행하는 대학교에 각종 지원책을 아끼지 않고 있다.

또한 2002년도에 들어오면서 국립대학에 중국인들의 입학을 제한하는 쿼터제도를 부분적으로 철폐하고 있다. 또한 최근 사이버자야라는 최첨단 멀티미디어 도시에 최첨단 정보통신 대학교를 신설하고 인재를 육성하는데 정부가 집중적인 투자를 하고 있다. 현재 말레이시아는 10여개의 국립대학에 20여만 명과 570여 개의 사립대학에 30여만 명이 재학 중이다.

이 같은 인적자본에 대한 정부 및 민간단체의 의욕적인 투자로 인해 경제발전에 필요한 유능한 근로자, 경영인, 기업가 및 정부정책당국의 활동이 활발해지고 있다. 최근 들어 말레이시아가 각 분야의 기술전문가 뿐만 아니라 사회계층의 지도층 및 중산층의 토대가 굳건하게 형성될 수 있었던 것은 높은 교육열과 든든한 교육투자의 기반이 마련된 결과 때문이라고 해도 과언이 아니다. 즉 말레이시아는 한국의 경제발전을 모델로 하여 인적자본에 대한 투자를 확대시키고 있다고 할 수 있다.

6) 고용구조의 변화

1980년대 중반부터 비석유제조업 부문의 대폭적인 생산 증대는 고용 구조면에서도 변화를 초래하였고 이로 인해 3차 산업부분의 고용이 급속하게 증가하였다. 말레이시아 산업별 고용구조를 자세히 살펴보면 높은 경제성장률과 빠른 공업화 진전의 영향으로 농·임·어업 및 광업 인력의 비중이 계속해서 감소하고 있다. 그리고 제조업 및 서비스의 취업인구가 계속해서 증가 추세를 보이고 있다.

7) 급속한 도시화

말레이시아 정부는 최근 사이버자야 라는 지역에 최첨단 멀티미디어 도시를 건설하고 있다. 격한 경제성장의 결과 최첨단 정보처리 기능을 갖춘 도시화 건물이 필요해졌기 때문이다. 이와 같이 말레이시아는 다른 국가에 비하여 도시화가 빠르게 진행되고 있다. 이유는 경제개발 과정에서 많은 인구가 농촌에서 도시로 이주하는 동시에 경제발전과 더불어 많은 농촌지역이 도시지역으로 탈바꿈하고 있기 때문이다.

공업은 농촌보다는 도시나 도시근교에 기반을 잡게 되므로 공업부문 고용의 증가는 곧 도시부문의 고용과 인구증가를 의미한다. 즉 인구이동은 농촌부문으로부터 도시부문으로의 인구이동을 의미하는 것이다. 그 결과 최근의 도시의 인구증가율은 6.5%로 농촌지역의 0.6%에 비하여 월등히 높아졌다. 따라서 말레이시아의 급속한 산업화는 고도의 도시화(Urbanization)를 초래했다.

말레이시아의 도시인구는 1971년 전체인구의 17.1%에서 1980년 23.2%로 증가하였으며, 2000년 말 현재 약 46.1%의 비율을 보이고 있다. 인구 2만 이상의 도시를 기준으로 한 도시화율(Urbanization rate) 73.2%는 세계은행에 따른 선진국 평균치 77.0%에 거의 접근해 가고 있다. 향후 말레이시아는 경제개발과 더불어 2·3차 산업에 종사하는 인구가 증가하면서 도시화는 더 빠르게 진행될 전망이다. 또한 자연인구 증가율(2000년 2.3에서 2001년 2.28%)의 체감비율이 낮은 것을 고려해 볼 때 이는 앞으로 말레이시아의 인구증가가 대규모 지역간 인구이동을 통해 농촌인구는 감소하면서 도시인구는 상대적으로 팽창하는 형태로 전개될 가능성이 높다. 또한 급속한 도시화과정에서 인구와 산업의 수도권 집중이 심화되면서 야기되는 부수적인 문제(환경, 수도, 전기 및 제반 문제)도 상당히 커다란 사회문제가 될 것으로 보인다.

8) 소득분배의 변화

말레이시아는 급속한 공업화과정에서 일반국민의 소득분배에 있어서 변화를 초래하였다. 우선 고도성장부문인 제조업과 저성장부문인 농업간의 격차가 벌어져 도·농간 소득격차 역시 증가하였다. 복수 민족국가인 말레이시아는 총인구의 3분의 1을 점하는 중국계의 화교는 도시에 거주하면서 소득이 높은 상업 등 3차 산업에 종사하고 있어 경제권의 거의 70% 이상을 장악하고 있다.

반면에 원주민인 말레이계는 농촌에 거주하면서 주로 농업에 종사하다보니 도시에 거주하는 화교와 농촌에 거주하는 말레이종족간의 소득 격차도 갈수록 벌어지고 있다. 따라서 말레이정부는 원주민의 지위향상을 도모하기 위해 '부미푸트라' 정책을 실시하고 있지만 경제적 격차는 갈수록 확대되고 있다.

또한, 경제의 실권을 장악한 화교는 유통부문, 서비스, 플랜테이션, 광산업에서 경험을 토대로 막대한 부를 창출하였지만 거액의 자본과 기술을 필요로 하는 근대공업부문, 특히 중공업부문에의 투자는 꺼려왔다. 따라서 정부는 부미푸트라 정책의 실시 이외에 페낭섬을 비롯한 몇 곳의 첨단하이테크 단지를 육성하면서 전자, 반도체산업의 발전·육성정책을 추진하면서 말레이종족의 소득을 증가시키려 많은 노력을 아끼지 않고 있다. 그러나 아직까지도 도시에 거주하는 화교와 농촌에 거주하는 말레이종족간의 소득격차는 점점 벌어지는 양상을 띠고 있다.

특히 쿠알라룸푸르를 포함한 대도시 지역은 고용기회가 많고 교육과 문화의 혜택이 크다는 매력으로 인하여 수도권으로의 인구유입과 소득의 격차는 더욱더 심각해 질 것으로 보인다. 또한 급속한 도시화와 도시 SOC 투자 및 소득상승에 따라 도시의 주택 부동산 가격이 급등하면서 주택문제도 발생하기 시작하였다. 뿐만 아니라 공업생산이 급팽창하는 과정에서 최근 기업부문에서는 대기업과 중소기업 간의 격차도 커지기 시작하였다. 그리고 이와 같은 공업화과정에서 소득재분배 문제도 심각하게 대두되고 있다.

9) 인구구조의 변화

소득증가와 생활수준의 향상으로 도시화과 급격하게 진행되면서 농촌 인구의 도시 유입이 증가하고 있다.

말레이시아는 전통적으로 농업사회의 특징을 지니고 있어서 많은 자녀의 출산 등 출생률과 사망률이 높았다. 그러나 말레이시아 정부는 경제개발계획을 시행하면서 적정규모의 인구를 유지하는 것을 경제성장의 중요한 기반으로 간주했다. 그 결과 1970년대부터 신경제정책의 실시와 함께 가족계획정책을 적극 추진하여 온

결과 최근 들어 출생률이 점점 감소하고 있다. 또한 사회가 산업화, 분업화 되면서 여성들의 사회참여 활동이 증가, 여성들의 취업률도 늘어나고 핵가족화 현상도 나타나기 시작하였다. 전반적으로 국민들의 소득증가 및 현대의학의 발전과 보급으로 인해 사망률이 크게 떨어지면서 말레이시아 인구구조도 청장년 비율이 점점 증가하는 구조를 보여주고 있다.

10) 국내소비구조의 변화

소득증가와 도시화로 인해 국민의 소비나 수요구조에 있어 큰 변화가 일어났다. 즉 국민들의 소득수준이 높아지면서 즉 구매력이 높은 화교계의 중·상류층과 말레이계의 중산층이 증가하였다. 달리 말하면 소비계층의 층이 두꺼워지면서 소비행태에도 큰 변화를 가져왔다.

가장 중요한 것은 엥겔법칙에서도 나타나듯이 농산물에 대한 수요는 상대적으로 줄어들고 반대로 공산품에 대한 수요가 증가하고 있다는 것이다. 소비지출 구성에서도 2001년 현재 식료품에 대한 지출이 전체의 45% 이상을 차지하고 있다. 그 다음으로 주거비가 17%, 생활용품 및 교통, 통신 등 서비스 요금 12.1%, 의류 및 신발 8.2%, 내구소비재, 기타의 순서로 민간 소비지출의 변화추이를 눈여겨 볼 필요가 있다.

아직까지 식료품의 비중이 비식료품 비중보다 높게 나타나고 있지만, 2001년 자료를 이전 자료와 비교해보면 그 비중이 점점 감소하고 있다는 사실을 알 수 있다. 대신 비식품류의 비중은 전 부문에 걸쳐 증가하고 있으며, 특히 생활용품, 서비스, 의류, 신발, 주거비 등에 대한 지출이 늘어나고 있다. 이는 생활수준이 높아지면서 소비지출이 곡물과 야채 등 1차 산업 위주에서 공산품과 서비스 위주로 변화하고 있다는 것을 의미한다. 이것은 결국 공산품 생산과 공업 생산 면에서 고용 비중을 더욱 높이는 방향으로 산업구조가 변화하고 있다는 것을 의미한다.

그리고 말레이시아인의 수요구조가 점차 후·중진국 형에서 선진국 형으로 변화한다는 것을 예시해 주는 사례라고 할 수 있다. 즉 산업구조가 1차 산업 중심에서 2차 산업으로 그리고 다시 3차 산업 중심으로 변화하고 있는 셈이다. 이러한 변화는 다시 다른 사회, 문화, 경제구조의 변화를 초래하고 있다.

제 2 장

말레이시아의 "비전 2020"

말레이시아는 독립 후 30여 년간 이룩한 경제적 성과(소득수준의 향상, 산업생산의 증대, 산업기반의 확충)에 대한 자신감을 바탕으로, 유럽이나 미국과 같은 수준의 선진국으로 도약하기 위해 '말레이시아의 비전 2020'을 강력하게 추진하고 있다.

'말레이시아의 비전 2020'은 정부와 민간의 동반자적 관계를 바탕으로 산업화와 사회개조를 시도하는 청사진으로, 경제사회의 정의구현과 시장경제체제 확립을 목표로 하고 있다.

'말레이시아의 비전 2020'은 마하티르 수상의 가부장적인 관심과 영향력에서 비롯된 것으로, 정부가 민간부문을 계도하고 지도자의 가치관을 민간의 사고방식과 경영방식에 주입시키려는 것으로 볼 수 있다.

1. <말레이시아 비전 2020>의 추진배경[85)]

말레이시아는 다민족국가로서 종족 간·계층간 경제적 격차에 따른 문제로 고민해왔다. 특히, 1969년의 인종폭동을 경험하면서 민족간 경제적 불균등을 해소하는 것이 사회통합과 국가의 존립에 필수적이라는 의식이 형성되기 시작하였다. 이에 따라 1970년대부터 말레이시아 정부는 신경제정책(New Economic Policy)과 OPPI (First Outline Perspetive Plan)을 펼치면서, 민족과 계층간 부의 균등분배를 위한 '사회공학'적 노력을 전개하였다.[86)]

그 결과 1971~90년 기간동안 연평균 6.7%의 실질성장을 이룩하여, 빈곤수준은 전 국민의 52%(1970년)에서 17%(1990년)로 떨어졌다. 그리고 말레이 원주민인 부미푸트라의 자본소유비중은 2%에서 20%로, 다른 민족의 자본소유비중은 34%에서 40%로, 외국인의 자본소유비중은 63.3%에서 30%로 변화하여 종족 사이의 부(富)의 편중화 현상도 상당 부문 해소되었다. 관계당국에서 고용구조에 있어서도 고용패턴이 민족간 인구분포비율에 접근하도록 유도하여, 수치상으로는 대체로 성공을 거두었다.

'신경제정책'은 고용과 소유구조에 있어서 민족간 격차를 해소하고, 경제성장을 저해하지 않으면서 부의 재분배를 성공적으로 수행할 수 있었다. 그러나 '사회공학'적 노력에도 불구하고, 낙후

---

85) 말레이시아 수상 마하티르는 1991년 2월 28일 '말레이시아 실업평의회' 발족식 기조연설에서 말레이시아의 선진화를 위한 '말레이시아 비전 2020'을 제시한 바 있다. '비전 2020'은 말레이시아가 2020년까지는 '완전한 선진국'이 되는 것을 목표로 하는 청사진이다. 이에 나타난 내용과 특성은 비슷한 발전 수준의 개발도상국뿐만 아니라, 말레이시아보다 앞선 있는 선·중진국에게도 시사하는 바가 크다.

86) 한국개발연구원, <KDI 정책포럼>, 1995

지역과 종족의 자생력은 아직 형성되지 못하였다. 고용 면에 있어서도 고부가가치 공정이나 고급인력 고용 구성에서는 비부미푸트라의 비중이 인구분포비율보다 훨씬 큰 양상을 보이고 있어 인종간 임금격차가 축소될 기미가 보이지 않고 있었다. 이에 따라 '신경제정책'을 일단 완결하고, 국가적 통합에 박차를 가하기 위하여 1990~2000년 기간 동안 '신개발정책(New Economic Policy)과 OPP2(Second Outline Perspetive Plan)'을 추진하게 되었다. <비전 2020>은 이 <신개발정책>과 OPP2, 그리고 OPP2의 전반부 결과를 가늠해 보는 수단이 되는 6차 5개년(1991~95)을 유기적으로 결합하는 과정에서 구체화되었다.

2. <말레이시아의 비전 2020>의 내용과 실천목표

말레이시아는 현재의 선진국들이 안고 있는 문제점들을 답습하지 않고 '선진국'이 되고자 노력을 기울인다. 경제, 정치, 정신, 문화 모든 면에서 선진화될 뿐만 아니라, 국가적 통합, 사회적 응집력, 사회정의, 정치적 안정, 국민적 긍지와 자신감을 획득해야 된다는 입장이다. '비전 2020'은 이와 같은 맥락에서 말레이시아가 선진국으로 부상하기 위해 해결해야 할 과제를 다음과 같이 제시하고 있다.

첫째, 지역과 종족을 망라하여 운명공동체로서, 정치적, 지리적, 인종적으로 통합된 말레이시아를 건설한다.

둘째, 자신과 긍지가 넘치는 자유롭고 안정된 선진 말레이시아를 건설한다.

셋째, 공동체의식과 합의정신에 투철한 성숙된 '말레이시아식'

민주사회를 신설하고 발전시킨다.

넷째, 높은 정신적 가치와 종교적(이슬람)가르침에 충실하고, 윤리의식이 투철한 시민들로 구성된 도덕적이고 윤리적인 사회를 건설한다.

다섯째, 성숙되고 자유스러우며 관대함이 충만한 사회를 건설하여, 인종과 종교적 신념이 다른 사람들이 다양한 전통과 문화와 종교를 유지하면서도 한 나라의 시민으로 단결하는 사회를 건설한다.

여섯째, 현재 이용 가능한 기술을 잘 활용할 뿐만 아니라, 미래의 과학 기술을 발전시키는 데에 기여하는 과학적이고 진보적인 사회를 건설한다.

일곱째, 개인이나 국가가 중심이 되어 시민의 복지문제를 해결하기보다는, 가정이 중심이 되어 구성원의 복지에 관심을 가지며, 자아보다는 공동체가 우선하는 사회를 건설한다.

여덟째, 공평하고 형평에 맞는 분배가 이루어지는 경제적으로 정의로운 사회를 건설하며, 사회구성원이 동반적 관계를 유지하면서 경제발전에 함께 참여하는 사회를 건설한다.

아홉째, 경쟁 지향적이고 동적이며, 견고하면서도 회복력이 강한 풍요로운 경제사회를 건설한다.

이와 같은 과제를 달성하기 위해서 '비전 2020'은 두 가지 실천목표를 제시한다.

첫째, 실천목표는 '경제성장'과 '경제사회 정의'를 동시에 달성하여, 경제적으로 풍요로우면서도 정의로운 사회를 건설한다는 것이다. 이를 위해서는 빈곤을 추방하고 차별을 철폐하는 조치가 불가피하다. 이를 위해서 우선 국가차원의 '인적자원개발' 프로그램을 운영하여 부미푸트라와 비부미푸트라의 경제적 격차를 해소하기 위한 기반을 조성하는 데 주력하고 있다. 또한 경제성장률 목표를 매년 평균 7%로 설정하여, 매 10년마다 경제규모가 2배로 확장되도록 노력하고 있다. 2020년의 경제 규모를 1990년의 8배가 되도록 경제규모를 확장하여 경제사회정의 구현의 기초를 마련한다는 것이다.

두 번째 실천목표는 시장경제체제를 정착시킨다는 것이다. 이를 위해 농업, 제조업, 서비스산업 등 산업 간의 균형발달을 유도하고, 전 산업에 걸쳐 효율성을 향상시키며 경쟁력을 제고 하는 데 주력하고 있다. 또한, 산업간 연계관계를 확대하고 심화시키는 한편, 산업구조를 지식·기술·정보 집약적인 산업구조로 이행시키기 위해 노력하고 있다. 아울러서 과학기술면에서 적어도 몇몇 분야에서는 선진국을 따라 갈 수 있도록 노력하고 있다. 특히 상업화가 가능하고 실용성이 있는 기술개발에 치중하면서, 요소생산성의 향상에 주력하고 있다. 그리고 인위적 보호 장벽이나 생산자지원과 같은 비경쟁적 요소를 제거하고, 시장경쟁을 확대하여 진취적인 기업가가 주도하는 경제를 만들겠다는 계획이다.

3. <말레이시아 비전 2020>의 특징

1) 정부와 민간의 동반자적 관계

말레이시아는 '비전 2020'에 제시된 목표를 성공적으로 수행하기 위한 전략적 수단으로 정부와 민간부문의 동반자관계에 기초한 '말레이시아 주식회사(Malaysia Incorporated)' 개념을 도입하였다. 그리고 이를 추진하기 위해서 민간과 정부관리로 구성된 '말레이시아 실업평의회(Malaysia Business Council)'를 발족시켰다.

이것은 하나의 거대한 주식회사이며, 공공부문과 민간부문이 회사 운영의 책임자인 동시에 이윤을 함께 나누어 가지는 주주로서 동반관계에 있다는 인식에 기초하고 있다.

가. 정부의 역할

말레이시아의 주식회사의 일원으로 정부는 민간부문의 성공이 자신의 성공인 것으로 동일시해야 할 뿐만 아니라, 민간부문의 성공을 위한 여러 가지 서비스를 제공해야 한다는 입장이다. 특히 잘못된 규칙과 관료주의의 폐해를 제거하기 위하여 공직사회에 '변화의 문화'를 조성하고, 공직사회가 창의성과 혁신성을 발현하기에 적합한 환경과 유인을 제공해야 한다는 것이다

구체적으로 '공공서비스 혁신상'을 제정하여 공공부문의 생산성을 높이고 서비스의 수준을 개선하는 공직자에게 이를 수여하고 있다. 또한, 주요 행정개혁프로그램에 관한 정보를 제공하고, 이의 전파를 돕기 위해 '말레이시아의 공무원 서비스 패러다임의 전환'이라는 보고서를 연속물로 발간하고 있다.

나. 민간부문의 역할

과거 말레이시아의 경제성장은 공공지출의 확대를 통해서 이루어졌다. 그러나 최근 민간부문의 성장과 대외진출이 경제성장을 주도함에 따라 민간부문의 경제적 역량에 대한 정부의 신뢰감이 증대되고 있다. 특히 1980년대 중반 이후 민간부문이 성장의 견인차 역할을 담당하고 있어, 민간의 자발적인 참여와 민간의 역량을 집결하지 않고서는 선진국으로 진입하는 것이 어려울 것이라는 인식이 높아지고 있다.

2) 산업화와 사회구조

가. 산업화 기반 확충

‘비전 2020’은 OPP2에 제시된 ‘가속적 산업화 드라이브’ 정책을 통하여 산업기반을 확충하고 다각화해, 중간재 생산기반의 낙후성을 탈피하여 자생적 기술개발능력을 제고하는 것을 중점 추진사항으로 삼고 있다. 특히 중소기업의 중요성을 강조하고, 중소기업의 육성을 통해서 고용을 창출하고 전문가기업을 육성한다는 전략이다.

또한 시장경쟁체제의 기본 틀을 구축하기 위해 자본과 금융시장에 대한 규제완화를 적극 추진하고, 공익사업에 경쟁원리를 도입하며, 고용기금과 사회보장기금 운영에도 경쟁을 도입하여 투자재원의 효율적인 활용을 도모하고 있다.

그리고 대외지향적인 성장전략을 고수하면서 수출상품의 다양화와 시장다변화를 위해 노력하고 있다. 이와 함께 외국인 투자를 확대하기 위해서 정부와 민간이 적극적으로 유치활동을 전개하고 있다. 특히, 경제의 국제화를 강조하면서, 투자대상지역으로 말레이시아의 투자환경을 개선하기 위한 노력을 강화하고 있다. 또한, 지속 가능한 성장을 위한 환경과 생태계 보전 문제도 높은 관심도를 보이고 있다. 그리고 과학기술정책의 목표를 다른 나라에서 개발한 과학기술을 수용·활용하는 단계를 넘어서서 과학기술의 혁신을 주도하고 기술의 상업화를 앞당기는 국가로 도약하는 데 중점을 두고 있다.

그러나 말레이시아의 시장개방문제는 관련해서는 ‘유치산업 보호’의 논리를 내세우면서 부분적으로 유보적인 입장을 견지하고 있다.

나. 사회구조

말레이시아가 2020년까지 선진국으로 발돋움하기 위해서는 무엇보다도 부미푸트라의 경제적 지위향상을 목표로 하는 사회구조 정립아 불가피할 것으로 보인다. 인구의 절반을 차지하는 부미푸트라가 경제활동 각 분야에서 다른 인종집단에 비해 상대적으로 낙후되어 있어, 이들의 자생능력을 높이고 정부의존도를 낮추기 위한 노력이 시급하기 때문이다. 부미푸트라가 경영능력과 기업가 정신을 함양해 자생능력을 지니도록 하기 위해서는 정부가 금전적 지원을 해주기보다는 교육과 기술훈련 및 사회간접자본을 제공하는 것이 중요하다고 보고, 인적자원개발 확충을 위한 교육개혁에 박차를 가하고 있다.

특히, 민족(부미푸트라, 인도인, 중국인)간 격차와 지역간 격차(말레이시아 반도, 사바, 사라와크) 및 계층간·산업부문간 격차를 해소하기 위한 조화와 균형을 추구하면서 인적자원개발에 있어서 민간부문이 큰 역할을 담당하도록 유도하고 있다.

◈ 제 8차 말레이시아 계획(The 8th Malaysia Plan, 2001~2005)

① 주요목표

말레이시아는 국가경제의 확고한 기반구축을 위한 지속성장에 초점을 둔 제 8차 경제개발계획을 추진하고 있다. 주요 목표는 국민생활의 질 향상 및 지식 기반경제 구축을 통한 국민 간 동등한 기회 제공, 교육, 보건, 주택 등 보다 많은 서비스 제공을 주요목표로 삼고 있다.87)

② 제8차 계획의 3대 주요 취지

첫째, 성장요소를 단순 투입위주에서 지식위주로 전환한다.

둘째, 농업, 제조업 및 서비스부문의 구조조정을 더욱 가속화한다.

셋째, 국가의 부를 공평히 분배하여 사회경제적 안정을 강화한다.

지난 경제위기 기간 동안 복합민족 국가인 말레이시아는 인종, 지역, 지자체간 소득불균형이 더욱 심화되어 사회불안 요인으로 잠재되어 왔었다. 따라서 정부는 이러한 요인의 척결 없이 국가안정이란 이룰 수 없다는 인식하에 저소득층의 수입증대는 물론 두터운 중산층 형성에 역점을 두었다. 1인당 GNP는 2000년 US$ 3,515에서 2005년에는 US$ 4,679로 증가할 것으로 확신하고 있다.

향후 9차 경제개발계획기간(2006~2010) 5년 동안 낮은 인플레에 연평균 7.5%의 경제성장을 목표로 하고 있다. 비록 2001년에 미국경기 둔화의 영향으로 수출 및 성장에 나쁜 영향이 미칠 것으로 예측되었지만 중기전망은 매우 낙관적이라 할 수 있다.

말레이시아 정부는 제 9차 5개년 계획기간 중 총 2,300억 링깃의 예산을 편성해 이중 약 50.2%인 1,160억 링깃 상당을 경제부문에, 475억 링깃을 사회부문에, 700억 링깃을 국방부문 등에 각각 배정할 계획으로 있다. 전문가들은 제 9차 경제개발계획 기간 동안 제조업부문은 연평균 8.5% 정도 성장할 것으로 내다본다. 오는 2010년까지 제조업 부문이 국내총생산(GDP)의 62.5% 정도로 그 비중이 높아질 것으로 보이며, 수출주도형으로 그 위상이 강화돼 전체 수출액 중에서 그 비중이 91%까지 높아질 것으로 보인다.

특히, 수출주종품목인 전기전자산업을 집중 육성해 제조업부문 연평균 성장률을 웃도는 8.8% 달성을 목표로 하고 있다. 세계 유수의 우주항공업체와 합작 및 기술 이전을 통해, 동남아 중심 항공

---

87) 해외건설협회 참조

우주산업센터로 키워나간다는 야심에 찬 계획을 추진하고 있다. 이밖에도 고무제품산업, 화학 산업, 의약산업을 미래 주력산업으로 선정해 집중적으로 육성한다는 계획이다.

이를 뒷받침하기 위해 정부는 9차 경제개발계획기간 중 연구개발비를 7차 계획 기간 중 할당된 2억 링깃 보다 2배 높아진 4억 링깃을 투입할 계획이다. 공공 부문 개발사업에 8차기간의 15% 증가한 3,100억 링깃을 할당했다. 아울러 인프라 및 공공시설 확충에 270억 링깃(71억 달러)를 투입한다는 계획이다.

4. '말레이시아 비전 2020' 에 대한 평가

1) 연관성과 연속성

'비전 2020'에 나타난 대부분의 추진전략은 무척 추상적이고 산만하나, 추진전략에 상호관련성과 여러 계획들 간의 위계적 질서 유지에 만전을 기한다는 계획이다. '비전 2020'을 뒷받침하는 하부 계획들을 살펴보면, 단기실천계획으로는 예산집행계획이 있고, 중기실천계획으로는 6차 5개년 계획이 상위계획으로 추진되고 있다.

장기계획으로 제시된 2차 OPP계획이 차 상위계획으로 추진되고 있다. 따라서 새로운 계획획, 즉 '2020'의 추진으로 인해 과거 계획들의 추진이 단절되는 불행한 사태는 발생하지 않고 있다.

2) 추진주체

'비전 2020'에 따르면 경제사회전반에 걸쳐 민간부문이 개혁의 주도권을 쥐게 된다. 그러나 장기구상의 방향은 정부가 민간부문

보다 정보나 전문성면에서 우월하다는 입장에서 정부의 판단력을 위주로 수립되어 있다. 따라서 개혁추진 주체로서 민간과 정부가 상하관계로 정립되어 있다. 특히, 마하티르 수상의 가부장적인 관심사와 개인적 성향이 지배적인 영향을 미치고 있다. 마하티르는 말레이상에 일본인들의 가치관과 일본식 경영방식과 사고방식을 도입하는 것이 말레이시아를 위해서 매우 바람직하다는 입장이다.

이와 같은 정부 주도의 개혁이 불가피한 것은 말레이시아의 시장경제 체제가 아직 후진성을 면하지 못하고 있는 데에서 비롯한다. 특히 부미푸트라가 경쟁과 효율의 원칙에 입각한 경제활동을 수행하는데 효율적이지 않기 때문이다. 그로 인해 말레이시아가 30년 이내에 선진국의 반열에 들어서는 데에 중요한 걸림돌로 작용할 가능성이 크다.

결국 말레이시아 정부는 부미푸트라라는 독특한 변수를 고려해 경제 운영의 효율성을 제고하기에 적합한 방향으로 '경쟁의 규칙'과 유인 구조를 바꾸기보다는 경제주체들의 행태를 바꾸려는 노력을 기울이고 있다.

3) 사회개혁과 의식개혁

'비전 2020'은 결국 사회개혁과 의식개혁의 청사진으로, 고차원의 사회공학이라고 할 수 있다. 그러한 관점에서 기업이 사회적 책임감을 갖도록 '가치관 정립교육'을 실시하게 된다. 개인의 인적자원 개발에 있어서는 과학기술교육을 강화하기 이전에 가치관과 윤리의식의 개조에 중점을 둬 추진하고 있다. 이슬람 교리에 입각한 경제사회의 정의가 구현되도록 사회를 개조하는 한편, 민간부문이 효율적이고 활발하게 작동하도록 정부가 어느 정도는 간섭할 필요가 있다는 입장이다. 결국 '말레이시아의 비전 2020'은 지도자의 가부장적 관심과 정부와 일부 민간지도자가 주도하는 사회개혁운동이라고 할 수 있다.

◈ 참고문헌Ⅱ

- 대외경제정책연구원(1996), 「말레이시아 편람」
- 말레이시아대사관(2007), 「말레이시아 정치경제」
- 말레이시아 산업개발청(1999), 「말레이시아」
- 박번순(1999), 「우리나라와 말레이시아의 비교: 외환위기 극복의 2가지 방법」, 삼성경제연구소

  -----(1999), 「아시아경제재건을 위한 방안」, 삼성경제연구소

  -----(2001), 「최근 동남아 경제상황 점검」, 삼성경제연구소
- 박찬일(1994), 「동남아 주요국의 금융개혁과 경제성장」, 한국경제연구원
- 정재원(1999), 「말레이시아 경제회생 및 수입수요전망」, 대외경제정책연구원
- 정영규(2006), 「국제경제론」, 연경문화사
- 정영규(2004), 「국제지역경제론」, 서울경제경영

  -----(2007), 「인도네시아 경제학」, 연경문화사

  -----(2001), 「말레이시아산업 및 무역구조 변화」, 무역학회지 26권 1호

  -----(2002), 「말레이시아 경제론」,여행정론비즈니스
- 안종석(2001), 「조세피난처를 통한 자본거래 증가와 대응방안」, 한국조제연구원
- 한국개발연구원(1995), 「KDI정책포럼」
- 한국금융연구원(1999), 「동남아 주요국의 금융제도」
- 한국무역협회(2002), 「말레이시아 경제·무역 및 우리나라와의 교역 동향」』
- 한국수출입은행(2006), 「세계각국편람」

-----------(2008), 「수은해외경제」

-----------(1999), 「외환위기와 IMF」

-----------(2006), 「ECA·국제기구편람」

- 한국은행(2008), 「해외경제정보」
- 해외건설협회(2008), 「국별 통계」
- 해외자원개발(2008), 「해외자원개발」
- 통계청(2007), 「국제통계연감」
- Amitava Krishna Dutt and Kenneth P.Jameson(1992), *New Directions in Development Economics*, Great Britain by Billing and Sons. Ltd, Worcester.
- Bank Negara Malaysia, *Bank Negara Malaysia,* Year Book.
- David Greenaway and Chris Milner(1993), *Trade and Indust rial Policy in Developing Countries*, The Macmillan Press LTD.
- Denis Fred Simon(1995), *The Emerging Technological Trojectory of the pacific RIM*, M.E. Sharpe.
- EIU(The Economist Intelligence Unit), Country Report *Malaysia Brunei,* Year Book.
- IMF, *Direction of Foreign Trade Statistics*, Year Book.
- IMF, I*nternational Financial Statistics*, Year Book.
- Jon Woronoff(1995), *Asia's Miracle Economies*, second edition.
- Lewis T. Preston(1993), *The East Asian Miracle*, the World Bank Oxford University Press.
- Shu-Chin Yang (1994), *Manufactured Export of East Asian Industrializing Economies,* USA.
- UNIDO, *Industrial Development Global Report*, Year Book.

저자 _ 정영규(丁榮奎)

약력

- 한국외국어대학교 및 동 대학원 졸업 (문학사, 경제학 · 석사)
- 박사과정중 국비장학생 선발
- University of Indonesia 경제학부 연구교수 (교육부파견)
- 세종대학교 대학원졸(경제학박사)
- 한국외국어대학교 동남아연구소 초빙연구원
- 호서대학교 경상학부 교수
- University of Indonesia 경제학부 초청교수
- University of Philippines 경제학부 초청교수
- 행정자치부 국가고시 출제위원(고시 및 7급)
- 한국외대 중동연구소 HK연구교수

현) 한국외국어대학교 대학원 교수
한국외대 중동연구소 HK연구교수
행정자치부 국가고시 출제위원
한-인니경제협력위원회 위원

저서

- 「인도네시아 경제론」, 한울아카데미출판사. 1998.
- 「아시아태평양 : 1998-99」(공저), 서울대학교출판부. 1999.
- 「국제지역경제론」, 도서출판 서울경제경영. 2002.
- 「말레이시아 문화경제론」,(안영호·정영규 저), 정론여행비즈니스. 2002.
- 「동남아시아 경제의 이해」, 도서출판 다해. 2003
- 「인도네시아 지역경제론」, 도서출판 연경문화사. 2003
- 「동남아시아 사회와 문화」, 율곡출판사. 2003
- 「Economic Cooperation Korea and Indonesia」 Univ. of Indonesia 출판부. 2004
- 「경제학원론」, 도서출판 연경문화사. 2005
- 「경제학원론&연습」, 도서출판 연경문화사. 2005
- 「국제경제론」, 도서출판 연경문화사. 2006
- 「2008년 예산안 주요과제분석」, 국회예산결산특별위원회. 2007

이슬람경제의 이해(1)
-이란의 경제정책과 말레이시아 산업정책

초판 1쇄 인쇄 | 2008년 2월 20일
초판 1쇄 발행 | 2008년 2월 25일

저 자 | 정영규
펴낸이 | 이정수
펴낸곳 | 연경문화사

출판등록 제1-995호
121-840 서울시 마포구 서교동 394-25 동양한강트레벨 1403호
전화 : (02)332-3923/4 팩스 : (02)332-3928

정가 20,000원
ISBN 978-89-8298-101-2 (93320)